LAS FUENTES GRIEGAS

QUE DIERON ORIGEN A LA BIBLIA Y A LA TEOLOGÍA CRISTIANA

RAÚL ZALDÍVAR

Editorial CLIE
www.clie.es

EDITORIAL CLIE
C/ Ferrocarril, 8
08232 VILADECAVALLS
(Barcelona) ESPAÑA
E-mail: clie@clie.es
http://www.clie.es

LAS FUENTES GRIEGAS QUE DIERON ORIGEN A LA BIBLIA
Y A LA TEOLOGÍA CRISTIANA
ISBN: 978-84-19055-83-5
Depósito legal: B 3036-2024
Estudio bíblico - Hermenéutica y exégesis
REL006400

Datos biográficos

RAÚL ZALDÍVAR es presidente de Alef University, una universidad cristiana en línea con razón social en la ciudad de Chicago. Es actualmente catedrático de teología. Ha sido profesor de derecho en la Universidad de Honduras y profesor visitante en la Universidad Mariano Gálvez de Guatemala. Es miembro del Colegio de Abogados de Honduras. Es autor de una colección numerosa de libros que abarca temas de derecho, liderazgo, Biblia y teología. Ha sido conferenciante en universidades y foros religiosos en más de 45 países sobre temas relacionados con su producción literaria. También sirve como presidente del consejo directivo de la revista *Biblia y Teología Hoy* producida en España. Para conocer mejor al profesor Zaldívar visite www.raulzaldivar.com

A mis mentores de la academia, 30 años después.

A Joan Lluís Piñol i Rull
Catedràtic de Dret Internacional Públic
Universitat Autònoma de Barcelona

Quien no quiso ser mi mentor, que cuando estaba listo para defender mi tesis después de tres años de investigación no me dejó hacerlo, el hombre que me estereotipó sudamericano con toda la connotación sociológica que esa etiqueta tiene para un profesor catalán.

Gracias por enseñarme la diferencia entre la mediocridad y la excelencia, gracias por haberme levantado la vara así de alto, gracias por no haber negociado el *cum laude*, gracias por invitar a mi tribunal de tesis a celebridades del Derecho Internacional incluyendo al secretario de la Corte Internacional de Justicia de la Haya, gracias por haber puesto los recursos de la Universidad a mi disposición, gracias por invitarme a considerar la posibilidad de quedarme viviendo en Barcelona y sobre todas las cosas, gracias porque a día de hoy puedo desenvolverme en la academia con solvencia y éxito.

Gràcies, Joan Lluís, sempre estaré en deute amb tu.

A Oriol Casanovas i la Rosa
Catedràtic emèrit de Dret Internacional Públic
Universitat Pompeu Fabra

Quien me enseñó la pasión de enseñar, no puedo olvidar después de treinta años su emoción al hablar de *Les répertoires de droit international public*. Un poliglota con una mente privilegiada, en escasos minutos había esbozado de la nada la heurística de un capítulo de mi tesis. Gracias Oriol por enseñarme el respeto a la academia, gracias por no negociar nada menos que la excelencia, gracias por haberme afirmado como un académico, nunca lo olvidaré. Gracias por haber sido el presidente de mi tribunal de tesis, ¡qué honor!

Gràcies, Oriol, el record del teu magisteri em seguirà sempre.

A Luis Ignacio Sánchez Rodríguez
Catedrático de Derecho Internacional Público
Universidad Complutense de Madrid

Luis Ignacio, ya no estás con nosotros, cruzaste el umbral del más allá, sin embargo, tu recuerdo perdura en mí. Gracias por haberme recibido en tu despacho de Madrid tantas veces, gracias porque cuando actuabas como abogado en la Corte Internacional de la Haya me recibiste en tu habitación de hotel para hablar conmigo. Nunca tendré palabras para agradecerte aquella frase que me hizo recapacitar, habías leído mi tesis mediocre y me dijiste, *puedes defenderla y serás doctor, ¿y qué?* La expresión… ¿y qué? me hizo volver en sí. Seguí dos años más trabajando hasta desvanecer el ¿y qué? para siempre. Gracias por ser parte de mi tribunal de tesis.

Gracias Luis Ignacio, tu obra académica me inspiró a ser lo que hoy soy.

Índice

Prólogo

Escribir es siempre, además de un esfuerzo más o menos fatigoso, un proceso dinámico de aprendizaje y madurez, que nos lleva a nuevos campos, nuevas cimas —cuando no nos hunde en un abismo sin fondo— desde las que se amplía nuestra perspectiva de la realidad y de los objetos de nuestro interés. Y por encima de todo, cuando uno no está encastillado en su propia infalibilidad y ya creer saber todas las cosas sin necesidad de que nadie le enseñe nada, es una experiencia de rejuvenecimiento en la que hacen acto de aparición factores como la novedad, la sorpresa, la emoción del explorador; la conciencia de estar asistiendo a nuestro propio crecimiento en el descubrimiento de nuevos territorios que expanden nuestra experiencia vital e intelectual, de modo que si bien el cuerpo nos da avisos del paso de los años, en el acto de aprender la mente, el espíritu da saltos de alegría por lo que cada día va descubriendo con el encanto y la fascinación de nuestro niño interior que despierta una y otra vez como en el primer día que se asomó al maravilloso mundo del conocer.

Raúl Zaldívar ha escrito este libro con ese espíritu de juventud ilusionado por la amplitud del mundo que se ofrece a su visión y que no se detiene ahí, sino que le transporta al pasado, literalmente, para comprender mejor el presente.

Los evangélicos siempre hemos tenido una predilección muy acusada por las fuentes hebreas de la fe cristiana, hasta el punto de llegar a extremos que rozan el desvarío, no voy a decir herejía, pues muchos no son conscientes ni agentes voluntarios de la misma. Para un gran número de creyentes parece como si lo hebreo —idioma y mentalidad— fuese superior al resto. ¿Nos hemos parado a pensar en qué idioma se reveló Dios a Noé, o a Abraham? Todo lo que no sea hebreo parece padecer el defecto de lo impuro, de lo imperfecto, incluso de lo corruptor. Así que todo aquel que quiere refrendar una doctrina nueva, como un resorte monótono siempre echa la culpa a la filosofía griega de haber tergiversado la enseñanza de la Escritura hebrea. Lo griego mancilla, mancha, contamina. Olvidan que Dios también habló en griego: *primeramente al judío, pero también al griego* (Rm 1:16).

Griega fue la Biblia de los judíos de la diáspora; griega fue la Biblia mayormente usada y citada por los autores del Nuevo Testamento. Un conocimiento deficiente de la historia judía lleva a muchos a imaginarse al judaísmo como una cultura monolítica en torno a lo hebreo, arameo en los días de Cristo, desde el tiempo de Esdras y Nehemías, cerrada a las influencias de su mundo entorno. Se ignora la significativa influencia griega en Israel y los israelitas, con las naturales reacciones de aceptación y oposición; asimilación y rechazo. Junto a los *hasidím* («fieles» o «piadosos») del siglo II a. C., que se resistieron a las influencias griegas y paganas en la religión de Israel, en defensa estricta a la ley judía, y que son probablemente los antecesores de los fariseos, se encontraban los *misyavnim*, los «helenizados», que, sin dejar de ser judíos, dialogaban con la cultura helena y llegaron a producir la traducción de la Torá al griego, lo que ese gran estudioso del tema, Natalio Fernández, dice que es la perla del judaísmo helenístico. «Suplantó a la Biblia hebrea en el judaísmo helenístico y es posible que se usara más tarde en la liturgia de la sinagoga y en la escuela cuando el hebreo ya no era comprendido en las comunidades de la diáspora egipcia» ("El judaísmo helenístico y la Biblioteca de Alejandría", *Razón y Fe*, diciembre 2010).

En algunos círculos evangélicos de orientación mesiánica, no contentos con la naturaleza griega de los escritos fundamentales del cristianismo, el Nuevo Testamento, quisieran, y a diario lo intentan, retro-traducir el griego al hebreo, como si lo hebreo hiciera más sagrado, más verdadero, más auténtico lo que se nos narra en los Evangelios o en las Cartas de Pablo, Pedro, Juan..., sobre el Señor Jesús y su mensaje. No se dan cuenta que Dios habló en otros tiempos a los padres por los profetas «muchas veces y *de muchas maneras*» (Hb 1:1), en hebreo, arameo, después griego, finalmente en todas las lenguas de la tierra, «cada uno les oía hablar en su propia lengua» (Hch 2:6), dando lugar así a la Iglesia cristiana, primicias de la nueva creación, pues Dios no es un Dios tribal, sino universal, en quien la humanidad recupera su unidad esencial como nos enseña la profecía de Juan (Ap 5:9; 7:9).

En esta obra tan original y necesaria en nuestros medios, su autor, el Dr. Raúl Zaldívar, tan inquieto y tan preocupado por la excelencia académica en la enseñanza evangélica, nos ofrece una introducción magistral de lo que significa, con todas sus complejidades y dificultades, el elemento helenista en la Biblia, comenzando por el principio, cuyo origen se encuentra en Alejandría, donde se gesta la Biblia griega o Septuaginta, tan importante para el cristianismo de los primeros siglos.

El autor no se arredra los temas que pueden resultar polémicos a la mentalidad conservadora evangélica, como el delicado tema de los deuterocanónicos, mal llamados apócrifos, y su inclusión o exclusión en el canon bíblico, abriendo así un campo de discusión que puede resultar enriquecedor si se encara con objetividad.

Esta es una obra para leer y estudiar con detenimiento, que tiene muchas implicaciones en la teología cristiana, como muestra en el capítulo dedicado al período posapostólico y la influencia de la filosofía helénica en Agustín y, posteriormente, en Tomás de Aquino, después de haber analizado el pensamiento de Clemente, Orígenes y Atanasio, todos ellos cristianos alejandrinos.

Esperemos que esta introducción y compendio de las *fuentes griegas* sirva para iniciar a las nuevas generaciones de estudiantes evangélicos a una nueva manera de acercarnos a los estudios bíblicos, que corrija y renueve determinados planteamientos que nos desvían de la gran cadena del pensamiento cristiano, esa gran tradición que siempre ha mantenido y mantendrá que Jesucristo es el *Salvador del mundo*, que su gracia no destruye nada bueno de las culturas a las que llega, sino al contrario, las eleva a una síntesis superior, más perfecta y completa, habiéndolas "purificado en el lavamiento del agua por la palabra" (Ef 5:26).

Alfonso Ropero Berzosa
Director editorial
CLIE

Abreviaturas

1. Revistas

ADHC	*Anales de la Historia Contemporánea*
ADHI	*Anuario de Historia de la Iglesia*
ADT	*Anales de Teología*
ASM	*Anales del Seminario de Metafísica*
AB	*Aportes Bíblicos*
AJOT	*American Journal of Theology*
AJR	*Ancient Jew Review.*
ANTESTERIA	*Antigüedad Antesteria*
AGORA	*Papeles de filosofía*
ARETE	*Revista de Filosofía*
BYTH	*Revista Biblia y Teología Hoy*
CAMENULAE	*La revue en ligne Camenulae*
CBQ	*The Catholic Biblical Quarterly*
CIRCE	*Circe de Clásicos y Modernos*
CONCILIUM	*Revista Internacional de Teología*
CANE	*Cuadernos Americanos. Nueva Época*
CSF	*Cuadernos Salmantinos de Filosofía*
CD	*Cuadernos Doctorales*
CDT	*Cuadernos de Teología*
DL	*Davar Logos*
ETF	*Espacio, Tiempo y Forma*
EE	*Estudios Eclesiásticos*
HPQ	*History of Philosophy Quarterly*
HELMATICA	*Revista de filología clásica y hebrea*
HTR	*Harvard Theological Review*
'ILU	*Revista de Ciencias de las Religiones*
JPS	*Journal of Philosophical Studies*
JBL	*Journal of Biblical Literature.*

JTS	*Journal of Theological Studies*
JHI	*Journal of the History of Ideas*
TJR	*Journal of Religion*
JORS	*Journal of Roman Studies*
JLT	*Journal of Literature & Theology*
JSNT	*Journal for the study of the New Testament*
JOP	*Journal of Philosophy*
JQR	*The Jewish Quarterly Review*
JLA	*Jewish Law Annual*
NTS	*New Testament Studies*
RBYR	*Revista Biblia y Razón*
RB	*Revista Bíblica*
RIBET	*Revista Iberoamericana de Teología*
RIBLA	*Revista de Interpretación Latinoamericana*
RLAT	*Revista Latinoamericana de Teología – UCA*
RCatT	*Revista Catalana de Teología*
RTX	*Revista Teológica Xaveriana*
RCEM	*Revista Chilena de Estudios Medievales*
RDSR	*Revue des sciences religieuses*
RB	*Revue Biblique*
RER	*Revista de Estudos de Religião*
RTL	*Revue Théologique de Louvain*
TYMA	*Teología y Mundo Actual*
RHCS	*Revista de Historia y Ciencias Sociales*
RSPT	*Revue des sciences philosophiques et théologiques*
REA	*Revue des Études Anciennes*
RTEDP	*Revue de Théologie et de Philosophie*
RIPR	*Revue internationale et pluridisciplinaire de religion*
RDQ	*Revue de Qumrân*
SCIENTIARUM	*Acta Scientiarum.*
TEOLOGÍA	*Revista Teología*
TYC	*Teología y Cultura*
VYP	*Vida y Pensamiento*

2. Comunes

GDEB	*Gran Diccionario Enciclopédico de la Biblia*
TM	Texto Masorético

v.g.	Por ejemplo
LXX	La Septuaginta
MSS	Manuscrito
NVI	Nueva Versión Internacional
RV1960	Versión Reina Valera de 1960
PI	Período Intertestamentario
ProvLXX	Libro de Proverbios en la Septuaginta

Presentación del libro

Este libro se origina a raíz de una sugerencia del profesor Alfonso Ropero después de leer y prologar mi libro *Análisis de fuentes que dieron origen al Nuevo Testamento*. Aunque él me sugería que incluyera el tema *griego* en dicho libro, consideré que algo tan apasionante merecía un tratamiento exclusivo, exhaustivo y delicado y no es para menos, esta es una investigación que rompe con paradigmas mentales obsoletos y desmitifica creencias que irracionalmente se han enseñado en la Iglesia.

El libro anterior hablaba de las fuentes pseudoepígrafes y deuterocanónicas que usaron los redactores del Nuevo Testamento. Aunque dichas fuentes han sido históricamente cuestionadas, ambas vienen del mundo judío, pero ahora el asunto cambia, aquí lo que se dice es que la filosofía griega sirve de base para redactar la Biblia, que se constituye en fuente primigenia de la teología cristiana. Dichas declaraciones constituyen un atrevimiento que sin duda me pasará una factura. Aunque soy un hombre de iglesia, amante de la Biblia y furibundo creyente de la obra redentora de Cristo en mi vida, siempre hay mentes irracionales que hablan por hablar. Dan opiniones y a veces argumentan sin ningún tipo de ciencia cosas que ellos mismos no saben. He decidido que la insolencia de las mentes obtusas no va a detener el ejercicio iconoclasta de mi pluma, así que me arriesgo, eso sí, con temor y temblor.

Todo este trabajo gira alrededor de lo que ocurrió y se escribió en la ciudad de Alejandría, razón por la cual desde el día uno de esta investigación supe que era una condición *sine qua non* venir a esta ciudad. Si voy a hablar de lo que aquí pasó, necesito pisar esta tierra, necesito tocar, degustar su cocina, conocer sus olores, su riqueza, su miseria, su grandeza, su historia, interactuar con su cultura, visitar sus museos, caminar por sus calles, ir a la Iglesia de San Marcos, al *Serapeum*, al faro, caminar por sus mercados y soñar bajo el cielo alejandrino sobre cómo era la ciudad en el tiempo del obispo Clemente o de su discípulo Orígenes. Preguntarme, ¿...y dónde estuvo la escuela de Panteno, o la casa donde vivió Plotino?

La experiencia vivida en Alejandría no tiene nada que ver con el cristianismo. La oración puntual de los musulmanes por los alto parlantes me recuerda que estoy en territorio islámico. El viernes me dice claramente que el día sagrado y de descanso no es el domingo. Estoy en la época próxima a un evento crucial en mi fe, la celebración de la Navidad, el advenimiento de mi Salvador, aquí en Alejandría tal cosa no existe. La que otrora fuera la cuna del cristianismo hoy todo lo que queda es una iglesia completamente intranscendente, llámese copta ortodoxa, católica romana o protestante. Durante mi estadía no hubo noche que no me hiciera la pregunta: ¿qué hubiera pasado si esta ciudad no hubiera sido conquistada por los musulmanes? ¿Viviría mejor que como vive ahora? Porque a decir verdad, Alejandría es una ciudad altamente contaminada, sucia hasta el extremo. Un edificio se construye y nunca más se le da mantenimiento, tal parece que es una ciudad que está en constante guerra. Sí, la gente trabaja, pero la pobreza y miseria campea. Al caminar por lugares inverosímiles de la ciudad me dio la oportunidad de palpar como vive la inmensa mayoría. Me pregunto y me vuelvo a preguntar, ¿sería lo mismo? O ¿el evangelio hubiera hecho mella en la cultura y esta ciudad fuera totalmente diferente?

Por otro lado, me ha impactado estar estudiando cosas que ocurrieron y se escribieron en una ciudad donde a la gente que aquí vive no le importa y simplemente las ignora. ¿Tiene sentido estudiar un libro que se escribió en un lugar donde tal cosa no tiene ningún valor? ¿Por qué creer, enseñar y predicar cosas que se dijeron 2300 años atrás y que ahora no tienen ningún sentido en esta sociedad? ¡Qué extraña sensación! Ante el asalto de semejantes preguntas no tengo otra opción que echar mano de la Biblia y repetir: ...*porque el dios de este siglo les cegó el entendimiento a todos los incrédulos para que no les resplandezca la lumbre del evangelio*... No puedo esconder mi profundo dolor al ver a la gente caminar por las calles de la ciudad, sin fe, sin Dios y sin esperanza, aunque ellos tienen su fe, su dios y su esperanza. ¡Qué paradoja tan brutal!

Así que, mientras por un lado *mi espíritu se enardecía viendo la ciudad entregada a la idolatría*, [islam]... por el otro se regocijaba al estar en la monumental y nueva biblioteca de Alejandría, una obra faraónica de arquitectura propicia para la investigación. Mi espíritu rememoró mi época de *muchacho* cuando escribía mi tesis doctoral y me tocó visitar una veintena de bibliotecas en España, Francia, Países Bajos y los Estados Unidos, así que el volver a respirar el polvo de viejos libros que a nadie le interesan ha sido una experiencia maravillosa. La firma de arquitectos noruegos que diseñó la biblioteca pensó en cada detalle que ha hecho mi trabajo, no solamente más fácil sino algo deleitoso. No tuve ningún problema para encontrar las fuentes de conocimiento que necesitaba, pues no se usó el sistema bibliotecario del legendario Calímaco sino el de John Dewey, el cual conozco desde mi juventud. Ya sabemos que dentro de los parámetros del 100 encontramos todo lo relacionado a filosofía o psicología y que en el 200 encontramos religión.

Mientras hacía mi investigación y me detenía para admirar la arquitectura del majestuoso edificio, escuchaba el eco de las enseñanzas de Panteno, escuché a Orígenes refutar a Celso, a Alejandro defender con vehemencia la doctrina de la Trinidad. Vi a Atanasio refutar a Arrio y en mi imaginario intelectual vi a Clemente escribir *El Pedagogo*. El solo saber que estaba muy cerca de donde se redactó la Biblia, el libro a través del cual Dios me ha hablado tantas veces, me emocionó. Han pasado más de 25 generaciones, pero el eco de las voces de aquellos hombres se sigue oyendo potente y no en Alejandría sino en el mundo entero, una voz que me sedujo y que me trajo a esta histórica ciudad. Cuánta razón hay en la Palabra: *…y sus obras con ellos siguen…*

¿Valió la pena venir a Alejandría? Sí, valió la pena, soy otra persona, mi cosmovisión es otra, mis horizontes mentales se extienden, mi fe se afirma, Jesucristo es para mí el Dios encarnado, en el cual residen dos naturalezas, que es el mismo con el Espíritu que habita por la fe en nuestros corazones. Que le plació salvarnos y llamarnos para servirle en el ministerio. Nos ha hecho embajadores de esta fe, ministros competentes de un nuevo pacto y sobre todas las cosas, hombres con una esperanza gloriosa, la de la resurrección del cuerpo.

En virtud de todo lo anteriormente expresado, celebro la redacción del cuerpo literario sagrado en esta ciudad que tanto ha bendecido mi vida por los últimos 43 años de ser cristiano, endoso sin reserva los escritos de los Padres de la Iglesia que han nutrido mi fe y mi intelecto y le doy gracias a Dios *…porque escondiste estas cosas de los sabios y de los entendidos, y las revelaste a los pequeños…*

Raúl Zaldívar
Biblioteca de Alejandría, 30 de noviembre del año 2022
Ciudad de Alejandría

INTRODUCCIÓN

La Biblia no es un libro mágico que surge *ex nihilo* en el cual sus escritores escriben con su mente *tabula rasa* lo que el Espíritu les ordena que escriban. En tal sentido han surgido una serie de teorías sobre cómo se escribió el texto sagrado[1]. En nuestro libro anterior demostramos como los escritores del Nuevo Testamento usaron fuentes religiosas del período intertestamentario[2], en este libro vamos más lejos, ubicamos el *hagiógrafo* en la cultura alejandrina y demostramos como esa cultura arropa todo lo que escribe, al grado de utilizar el pensamiento que surge de las entrañas de hombres paganos como fuente primigenia de sus escritos. Es importante señalar también que ese pensamiento pagano pasa por el filtro del Espíritu de Dios quien opera en la persona, o personas, que redactan el texto final que es sancionado con el carácter de sagrado posteriormente por la Iglesia[3].

1. En las teologías sistemáticas, en la parte que corresponde a la bibliología y específicamente a las teorías de la inspiración, cada teólogo se esfuerza por explicar el origen del texto; hecho que los ha llevado a construir toda una gama de teorías de las que después escogen una para presentarla como la verdadera. Usualmente niegan la teoría que la influencia del Espíritu Santo va más allá de la dirección del pensamiento y que llega a la selección misma de las palabras. Erickson le llama la teoría verbal, en cambio Chafer le llama teoría del dictado. Para un estudio completo sobre el tema de la inspiración bíblica se recomienda Erickson, M. *Teología sistemática*. Edit. Clie. Viladecavalls, España. 2008., pp. 231-245. También Chafer, L.S. *Teología sistemática*. Publicaciones españolas. USA. 1986., pp. 71–91.

2. Véase Zaldívar, R. *Fuentes que dieron origen al Nuevo Testamento*. Edit. Clie. Viladecavalls. España. 2020. Lo cierto es que cualquier autor que falle en considerar el tema de las fuentes tanto escriturales del período intertestamentario o la filosofía y cultura griega, tendrá un razonamiento incompleto. Es un requisito *sine qua non* incluir todos estos elementos en la ecuación. En conclusión, hay que reformular el concepto de inspiración bíblica tomando en cuenta el tema de las fuentes y la intervención de los concilios porque, al final de cuentas, son ellos quienes toman la decisión del carácter sagrado del texto.

3. Los redactores de los escritos sancionados como sagrados, tanto del Antiguo como del Nuevo Testamento, no sabían que estaban redactando un cuerpo literario que iba a ser canonizado y que iba a ser considerado como inspirado por el Espíritu de Dios. Es importante señalar también que los escritos canonizados pasaron por un largo proceso de aceptación primaria, discusión y acuerdo final por los diferentes sectores del cristianismo. Finalmente, es oportuno apuntar que en lo relacionado al Antiguo Testamento

A. Objeto de estudio

El objeto de estudio de esta investigación es probar como la filosofía griega en especial y la cultura helénica *tropicalizada* en Alejandría[4] en general se convierte en la fuente principal para la redacción Nuevo Testamento y de la teología cristiana, así como del género literario sapiencial del Antiguo Testamento.

Se convierte en fuente principal del Nuevo Testamento en el momento en el que sus redactores usan la Biblia griega[5] o Septuaginta como el fundamento de sus escritos y en segundo lugar cuando envuelven toda la producción literaria en la cultura griega.

Cabe aclarar que el hecho que gran parte de la Biblia, así como la teología cristiana estén influenciadas por la filosofía y cultura griega alejandrina, no significa en ningún momento que esto sea un acto arbitrario del hombre sin que Dios haya intervenido. Todo lo contrario, el Dios soberano ya sea por decreto ejecutivo o circunstancial, permite que se den todas las circunstancias que crean el escenario perfecto no solamente para que se redacte su Palabra sino para que se propague. La cultura griega se convirtió en el vehículo perfecto para universalizar el mensaje de Dios a los hombres, primero su lengua, segundo su filosofía, luego sus métodos, en fin, la intervención de Dios en todo es evidente.

no existe un acuerdo en relación con cuales son los libros sagrados hasta el día de hoy, evidenciando de esta manera la complejidad del tema.

4. La cultura helénica es mucho más que el idioma, que la filosofía o sus obras monumentales de arquitectura como el Partenón, por ejemplo. La cultura griega es literatura, la Ilíada de Homero era la biblia que Alejandro llevaba en sus campañas militares; es drama, las obras de Esquilo, Sófocles, Eurípides y Aristófanes son clásicos. Véase Hadas, M. *Greek Drama*. Bantam Classic. USA. 2006. La cultura griega está fundamentada en ocho pilares, según Stephen Bertman, es a saber, el humanismo, buscar la excelencia, la práctica de la moderación, el autoconocimiento, el racionalismo, la curiosidad, el amor por la libertad y el individualismo. Él dice que *como las ocho columnas que sostienen la entrada del Partenón, existen ocho pilares ideológicos que sostienen el edificio de la civilización griega, ocho principios que explican su poder creativo y resistente.* Véase Stephen, B. *The eight pillars of the greek wisdom*. Fall River Press. USA. 2007, p. 7.

5. La academia hace un reconocimiento expreso a la Septuaginta como la Biblia griega, no la llama versión, donde griego no significa etnicidad sino el origen cultural del escrito sagrado. Para una mejor comprensión del término Biblia griega se recomienda ver la magnífica introducción que hacen los eruditos profesores Natalio Fernández Marcos, María Victoria Spottorno Díaz–Caro y José Manuel Cañas Reíllo en *La Biblia griega. I El Pentateuco*. Ediciones Sígueme. Salamanca. 2008, pp. 11 y ss.

B. Propósito de la investigación

Entrar en el mundo griego[6] para efectuar esta investigación es un trabajo complicado y arriesgado[7] que no se puede hacer sin visitar Alejandría; el teatro de las acciones y sin una motivación poderosa y propósitos bien claros, los cuales se exponen a continuación.

1. Demostrar que la Septuaginta no es una versión griega del texto hebreo, sino la Biblia griega que sirve de base para la redacción del Nuevo Testamento y la teología cristiana.

2. Probar que la imposición del helenismo no obedecía al capricho de un hombre o de un pueblo, sino que era parte de un plan trazado por Dios para universalizar el mensaje de salvación dado por Jesucristo.

3. Identificar la filosofía griega en conceptos teológicos del Nuevo Testamento que hoy sirven de base para la teología cristiana[8].

4. Identificar al apóstol Pablo como el personaje que universalizó la Palabra de Dios a través de la cultura griega.

5. Mostrar la relación que existe entre la filosofía griega y la teología de los Padres de la Iglesia tanto alejandrinos como latinos.

6. Reivindicar el método alegórico de interpretación bajo el fundamento que es el método usado por muchos de los redactores del Antiguo Testamento y el apóstol Pablo en el Nuevo.

6. Para entrar al mundo griego y relacionarlo con la Biblia nada mejor que estudiar la obra de Antonio Piñero, profesor de la Universidad Complutense de Madrid. El profesor Piñero dirige una obra monumental que consta de 18 artículos escritos por eruditos profesores que tratan toda esta temática, v.g. el encuentro de Israel con el helenismo, el judaísmo helenístico, los últimos escritos del Antiguo Testamento y la influencia helenista, Pablo y las corrientes gnósticas de su tiempo, *inter alia*. Véase Piñero, A. *Biblia y Helenismo: el pensamiento griego y la formación del cristianismo*. Ediciones El Almendro. España. 2006.

7. Es complicado y arriesgado porque expone y contradice paradigmas mentales que la Iglesia protestante ha enseñado como verdades de quinta esencia, no así la Iglesia católica que ha profundizado en el tema de la influencia de la cultura griega en la redacción de la Biblia y la teología.

8. Los griegos, que fueron religiosos por antonomasia, nunca tuvieron un libro sagrado, sin embargo, su filosofía ha sido influencia para el cuerpo de libros sagrados tanto de la religión de los judíos como de los cristianos. En el *ars vivendi* de los griegos el objeto de la filosofía era vivir bien y con eso en mente pensar correctamente de Dios, del mundo y de uno mismo, que equivalía a decir, metafísica, moral y religión. Ver Inge, W.R. «Religion» in *The Legacy of Greece*. Edited by R.W. Livingston. Oxford Clarendon Press. Londres. Ed. 1937, pp. 43 y 45.

7. Desmitificar el concepto errado de que la filosofía humana es espuria. Demostrar que la filosofía *per se* no es buena o mala, lo malo es el corazón del hombre que hace las interpretaciones.

La tarea que nos hemos impuesto con esta investigación queda clara con los propósitos a los que nos hemos referido anteriormente y marca la ruta que seguiremos en el transcurso de este trabajo académico.

C. Limitaciones de la investigación

El tema de la influencia de la cultura griega en el cristianismo es sumamente amplio y rebasa el propósito de nuestra investigación. Así que nuestro cometido es uno solamente, identificar cualquier elemento del pensamiento y cultura griega[9] en los libros sapienciales del Antiguo Testamento, en los libros del Nuevo Testamento y en la teología cristiana que nos permita alcanzar los propósitos establecidos para esta investigación.

D. Justificación del trabajo

De la misma manera que un hijo que creció sin padres quiere saber quiénes fueron estos, de que entrañas se originó su vida, nosotros queremos saber de dónde viene la Biblia que predicamos y enseñamos como norma de fe y de conducta, así como cuál es el origen de la teología que enseñamos. Sí, se nos dijo que el Espíritu Santo inspiró a los *hagiógrafos* y que las cosas debemos creerlas porque sí, sin ningún tipo de razonamiento[10]. El problema es cuando estamos hablando de temas que no entendemos o estamos enseñando historias bíblicas ficticias como si estas fueran reales simplemente por desconocer la metodología literaria y filosofía de los antiguos. Esto no es justo.

---

9. Al referirnos a pensamiento y cultura griega estamos hablando de aquella que ha sido filtrada en Alejandría pues es esta la que tiene que ver directamente con nuestro objeto de estudio.

10. Sobre esta postura dogmática en algunos círculos de la Iglesia protestante es ilustrativa la siguiente cita: *La versión protestante del cristianismo llega a América Latina vía los Estados Unidos, mayormente quienes nos imponen una teología en cuyo paquete viene incluido tanto prejuicios como mitos. La teología impuesta tenía dos características: la primera era la ortodoxia teológica europea pasada por el tamiz de los teólogos de los Estados Unidos y la segunda característica era el sesgo denominacional. Vivir bajo la pesada losa de tal imposición se volvió en una carga insoportable porque castró una de las facultades más preciadas del ser humano: pensar. El que no creía en el dogma sectario o no practicaba la liturgia impuesta… era excomulgado y tratado peor que un hereje.* Zaldívar, R. «Teología hoy: Tres momentos que marcan un antes y un después». *BYTH*. Vol. 1, Núm. 1. 2021, p. 9.

A lo anterior hay sumarle la cultura en la que fuimos formados; una cultura consumista del saber donde los recipientes del conocimiento tienen que creer porque sí. Así que cuando nos dijeron que Vasco Núñez de Balboa había descubierto el océano Pacífico, nosotros llegamos a creer realmente que así había sido. Nunca nos detuvimos a analizar el exabrupto, habíamos sido educados para creer y punto. Eso mismo pasó y sigue pasando en la Iglesia, nos enseñan doctrinas irracionales y hacen interpretaciones bíblicas alegóricas condenando el método alegórico de interpretación.

Esta investigación nos clarifica como Dios mueve los hilos de la historia, primero con Alejandro que impone una cultura y después con Ptolomeo Soter[11] que funda una dinastía, pero no una dinastía cualquiera, funda una dinastía que iba a promover la cultura, el conocimiento, las artes, el pensamiento humano y que se iba a convertir en la infraestructura intelectual y académica para universalizar el mensaje de salvación de Jesucristo al mundo.

Esta investigación penetra hasta lo más profundo del mundo alejandrino e identifica, luego analiza todo aquello que da origen a nuestro libro sagrado y correspondiente teología. La cultura alejandrina son las entrañas de dónde venimos, allí se fraguó nuestra Biblia, allí vivieron y escribieron los Padres de la Iglesia. La biblioteca de Alejandría y todo lo que esta representaba fue el epicentro del conocimiento que sirvió para que el conocimiento liberador del evangelio fuese propagado.

Todo lo anterior justifica con creces la investigación que se efectúa, porque nos provee un conocimiento valioso que quita el telón de la ignorancia, que desmitifica a las historias ficticias que encontramos en la Biblia, que fueron escritas intencionalmente de forma alegórica para que cada generación descubriese las verdades espirituales eternas que subyacen atrás de ellas[12]. Se justifica porque demuestra que el cristianismo es la culminación de un proceso de siglos donde Dios ha movido los hilos desde el día uno.

11. Ptolomeo Sóter I (323-284 a. C.) Era hijo de Lagos y vino a Egipto como gobernador en el 323 a. C. Después de la muerte de Alejandro. En el año 305 se declaró a sí mismo rey, tomó un nombre real y se convirtió en una divinidad. La principal política tanto interna como externa era ser cauto. A nivel interno decidió emplear a ciertos oficiales egipcios, empero reservó los puestos más importantes para los griegos. Él trató de unir a la población tanto política como religiosamente. Introdujo la divina tríada de Alejandría, Isis, Serapis y Carpócrates. En este culto, Alejandro era el primero que había que adorar. Información Tomada del *Museo Nacional de Alejandría*. 30 de noviembre del 2022.

12. Esto puede relacionarse, *mutatis mutandis,* con el círculo hermenéutico que propone Juan Luis Segundo que nos habla de tomar en cuenta los cambios continuos en la interpretación de la Biblia en función de los cambios de la realidad presente, tanto individual como social.

E. Metodología de investigación

La temática que se desarrolla es la que determina siempre el método que el investigador deberá emplear para efectuar su trabajo. En el caso que nos ocupa, el método que predomina a lo largo de toda la investigación es el método inductivo; porque extrae conclusiones lógicas y válidas a partir de un conjunto de premisas o proposiciones[13]. Un ejemplo concreto lo encontramos en el capítulo dos cuando abordamos el tema de la Biblia griega en el cual llegamos a la conclusión que esta no es una versión sino un canon de las Escrituras. Se llega a esta conclusión después de una operación lógica en la cual se analizan una serie de premisas que nos conducen a tal conclusión.

También se utiliza el método *analógico*[14] porque en varias partes de la investigación se establece una conexión entre un pensamiento griego y un tema de la teología, por ejemplo, o una conexión entre el elemento griego y texto de la Biblia. Este método se ve reflejado en el capítulo tres cuando se trata de establecer la conexión entre el pensamiento griego y los libros sapienciales.

Finalmente se usa el método *alegórico*[15], específicamente en la interpretación del libro de Ester que aparece en el anexo uno de esta investigación. Este es el método que usaban los Padres alejandrinos de la Iglesia para explicar el sentido profundo y espiritual detrás del texto.

13. El método inductivo es aquel que trata de explicar la relación entre las premisas y la conclusión de un argumento válido y proporcionar técnicas para determinar argumentos deductivos, esto es para discriminar entre deducciones válidas o no. Copi, I y Cohen, C. *Introducción a la lógica*. Noriega Editores. México. 2007, p. 209.

14. Cuando se usa este método, el investigador transfiere conocimientos desde una situación más conocida (análogo base) hacia otra más novedosa (análogo meta). Para el estudio del *modus operandi* de este método en la investigación se recomienda Olguín, M. V., Taverini, L. M., Gómez, A. E. «Métodos en el estudio del pensamiento analógico: tradiciones y nuevas perspectivas». *Perspectivas metodológicas*. Vol. 15. Nº 16. 2015, p. 58.

15. La alegoría es una forma literaria que está vinculada con dos procedimientos: primero, la forma como se compone el escrito y la forma como se interpreta. En el caso del libro de Ester, por ejemplo, el redactor le da un sentido aparente refiriéndose a otro. Segundo, se explica el libro descubriendo el otro sentido, aquel que va más allá de lo aparente. La alegoría tiene su origen en la cultura griega y era usado como método exegético para interpretar tradiciones antiguas que no podían ser entendidas en sentido literal. En conclusión, la interpretación alegórica en las Escrituras pretende encontrar el sentido profundo y espiritual detrás del texto al que no se le puede llegar con el sentido literal. Sobre este tema se recomienda, *inter alia* a Whitman, J. «Allegory», *The New Princeton Encyclopedia of Poetry and Poetics*. Princeton University Press. 1993, pp. 31-35. Se recomienda: Bostock, G. «Allegory and the interpretation of the Bible in Origen» *JLT*. Vol. 1, March 1987, pp. 39-53. Así como el clásico de Shotwell, J. «Christianity and History. Allegory and contribution of Origen». *JOP*. Vol. 17. N. 5. 1920, pp. 113-120.

F. Las fuentes de conocimiento

Para efectuar un trabajo de esta naturaleza, una de las fuentes más importantes es la historia, de la que hemos echado mano para crear la base de nuestra investigación. La segunda fuente de conocimiento utilizada es la filosofía griega. El pensamiento griego es fuente primigenia tanto para la construcción de la Biblia griega como para la teología cristiana. La tercera fuente de conocimiento es la rica producción literaria de los padres alejandrinos, quienes sentaron las bases doctrinales de nuestra fe. Cuarto, la producción literaria gnóstica. Al ser esta una interpretación producto de una simbiosis de la filosofía griega y la teología cristiana, su estudio se vuelve indispensable y, por último, que muy bien puede ser nuestra primera fuente de conocimiento, la Biblia griega o Septuaginta, que sirvió de base a los redactores del Nuevo Testamento para la construcción teológica que allí encontramos.

Como puede comprobarse, un trabajo de esta envergadura requiere el uso y estudio de fuentes multidisciplinares que permitan alcanzar el propósito impuesto por el investigador. A diferencia del pasado, el mayor número de fuentes que se utilizan en las investigaciones hoy día las podemos encontrar de forma gratuita o compradas en las bibliotecas virtuales, o buscadores de Internet, así como en plataformas de ventas de libros. Ahora, para el caso que nos ocupa había que incluir un elemento que le iba dar un carácter *sui generis* a este trabajo; y es el haber hecho parte de la investigación en la Biblioteca de Alejandría[16], en Alejandría misma, es decir, en el

16. En el año de 1987 el gobierno egipcio en colaboración con la UNESCO decidió construir la nueva Biblioteca de Alejandría para rememorar aquella que maravilló al mundo antiguo y donde se redactó la Biblia griega o donde Euclides inventó la geometría. La nueva biblioteca fue inaugurada el 16 de octubre del año 2002. Tiene en su estantería 2.5 millones de volúmenes y está dotada de las más modernas tecnologías de la información, entre otras cosas tiene un departamento de digitalización de manuscritos, programas académicos para desarrollar especialidades en conjunción con la Universidad de Egipto y aquellas de más prestigio en el mundo. Su diseño arquitectónico es único, creado por una firma noruega liderada por cinco jóvenes arquitectos menores de 30 años antes de presentar su proyecto al concurso anunciado por el gobierno egipcio. El edificio representa un disco solar que emerge de la tierra mirando hacia el mar en una alegoría a la apertura y a la inmensidad del saber. Además de la biblioteca y su espectacular sala de lectura para 2000 personas, hay un centro de conferencias con un aforo para 3500 asistentes, un planetario, cinco institutos de investigación, un centro de Internet, tres museos y cuatro galerías de arte. El costo final de esta obra arquitectónica se estima fue de 220 millones de dólares. La superficie de este mega edificio es de casi 37 000 metros cuadrados que comprende 11 niveles, cuatro de ellos bajo tierra. Aunque tiene la sala de lectura más grande del mundo hay otras bibliotecas que tienen más libros. Lo que sí se puede decir es que el complejo de edificios que la constituye es el más espectacular en su género en todo el planeta y está en el mismo nivel de la Casa

teatro de las acciones. Todo esto para experimentar el eco de las voces de los Padres de la Iglesia, contemplar el mar que contempló Filón o conocer el lugar donde se gestó la Biblia griega, por mencionar solo algunas cosas.

G. Plan de estudio

Cuando se tiene un tema en mente, el gran desafío que tiene el investigador es su estructura heurística porque la misma debe reunir una serie de requisitos que asegure la solidez y el mensaje que se quiere transmitir. En la investigación que nos ocupa el planteamiento heurístico se efectúa en ocho capítulos.

El primer capítulo tiene que ver con la imposición de la cultura griega, la filosofía griega y la tensión que se creó con el mundo hebreo que no aceptó de buena gana la influencia de esta, aunque después no tuvo más remedio que sucumbir ante ella, al menos un sector del judaísmo y posteriormente el cristianismo.

El segundo capítulo está dedicado a la Biblia griega y todo lo que esta representa para el Nuevo Testamento y la teología cristiana. Aquí se asevera que la misma es el resultado de una política de Estado y que fue la fuente primigenia para la redacción del Nuevo Testamento y la teología cristiana.

El tercer capítulo está dedicado a la literatura sapiencial y como esta es el resultado de la evolución del pensamiento filosófico griego que crea un género literario hasta entonces desconocido, el sapiencial.

El cuarto capítulo es el estudio de los judíos que adoptan la cultura griega, siendo el apóstol Pablo la primera persona asimilada por esta cultura que se vuelve en el vehículo creado por Dios para la universalización de su Palabra. Aquí se expone todo lo relacionado a las tensiones que esto causó en el mundo judío de Israel y como este al final tuvo que desaparecer de la escena.

El quinto, profundiza en el tema de la hermenéutica cultural, porque al final todo es un asunto de interpretación. En este capítulo se efectúa un estudio del método de interpretación alegórico de la escuela de Alejandría en contraste con la escuela literalista de Antioquía. Se deja claro que el método de interpretación alegórico no es un método espurio sino aquel que el apóstol Pablo utilizó en reiteradas ocasiones para efectuar *midrash* del Antiguo Testamento.

El capítulo seis aborda el trabajo literario de los Padres alejandrinos y como la filosofía griega se vuelve en una de las fuentes importantes para la

de la Ópera de Sídney, en Australia, o el museo Guggenheim en Nueva York, por mencionar algunas obras arquitectónicas emblemáticas de la civilización humana actual.

construcción de su teología. Este capítulo nos permite ver como los Padres de la Iglesia alejandrina y latina efectúan una relectura del pensamiento griego y haciendo un *midrash* de este construyen una teología que sirve de fundamento para la Iglesia de todos los tiempos.

El capítulo siete, identifica pensamientos concretos de la filosofía griega que sirve para construir temas específicos de la teología cristiana. Este capítulo nos deja ver con claridad meridiana como lo profano se vuelve en sagrado cuando pasa por el corazón de una persona regenerada por el Espíritu Santo. Así que conceptos extraños como *logos* sufra una dignificación y se le adjudique a la deidad.

Y finalmente tenemos el capítulo ocho que nos muestra la interpretación gnóstica como producto de una simbiosis que hace entre cristianismo y filosofía griega. Este capítulo nos deja saber que no siempre resulta algo positivo de la mezcla de lo profano con lo sagrado. Que siempre existen personas con mentes torcidas que tergiversan la verdad de Dios haciendo interpretaciones que dan origen teologías espurias e inaceptables como el gnosticismo.

Lo anterior nos da como resultado un libro *sui generis* que pone en contexto al estudiante que quiere saber el origen del libro sagrado que predicamos y enseñamos y al que llamamos la Palabra de Dios.

La imposición de la cultura griega

Sumario:

1.1 La helenización. 1.2 La cultura griega como medio de propagación de la fe cristiana. 1.3 El valor de la filosofía griega. 1.4 La tensión entre la cultura griega y la judía.

El nombre que se había pensado para este capítulo era el *establecimiento de la cultura griega,* sin embargo, después de analizar el tema se llegó a la conclusión que una cultura no se establece, sino que se impone antes de establecerse y si se impone, es siempre a través de la violencia[17], como muy bien lo dijera Mao Tse Tung, *mutatis mutandis, el poder surge del cañón de una pistola[18].*

Alejandro, conocido por la historia como *el grande* creyó que la cultura en la que él había sido criado era algo valioso y llegó a la conclusión que el mundo debía conocerla y disfrutarla. Alejandro había pasado años siendo educado por uno de los hombres más preclaros que ha parido la humanidad: Aristóteles[19]. Este no solo le enseñó filosofía, sino que fincó

---

17. Nos referimos a cuando la imposición de una cultura es una política de Estado como es el caso del helenismo. Ahora, entrando en algunos detalles es importante saber que cuando los griegos llegaron a territorio egipcio había 8 millones de habitantes, de ahí que como gobernantes extranjeros su gran desafío era reconciliar ambas sociedades, la invasora y la autóctona. Como es obvio, el poder político descansaba en la fuerza y en tal sentido Ptolomeo se había hecho de mercenarios para mantener el orden y poder gobernar a placer. La helenización se dio a través del desprecio de los griegos por la cultura de los egipcios. Ellos se rehusaron a aprender la lengua de la tierra, por ejemplo, sus costumbres y su forma de vida. Así que los egipcios tuvieron que aprender *strictu sensu* la forma de vida griega y al hacerlo fueron asimilados o helenizados. Los que no lo hicieron estaban condenados a vivir en la marginalidad. Para un relato completo de la imposición de la cultura griega y del *modus operandi* social de aquella época es útil leer el capítulo «Egypt and Asia under the successors» en Botsford and Robinson's *Hellenic History.* Fifth Ed. McMillian Publishing Co. USA. 1969, pp. 412 y ss.

18. Véase citas del presidente Mao Tse Tung. Ed. 1977. Frase pronunciada en discurso de 1938 sobre la guerra prolongada. https://www.memoriapoliticademexico.org/Textos/6Revolucion/IM/1964-Mao-Citas-Rojo.pdf. Consultada el 20 de julio de 2022.

19. Se recomienda el clásico de Tarn, W. *Alexander The Great.* Cambridge University Press. Londres. 1979. Este libro tiene 33 citas directas sobre Aristóteles donde queda establecido el papel que este jugó en la educación de Alejandro.

en su mente la grandeza de la cultura griega e inflamó el espíritu de aquel mancebo que decidió emprender una de las empresas más titánicas de la historia de la humanidad: imponer una cultura.

Como muy bien se ha señalado, una cultura se impone y se impone por la fuerza, de manera que el primer obstáculo a vencer era el poder de los persas, quienes representaban el poder político y militar hegemónico de la época. Con la caída de Darío, el joven Alejandro tuvo el camino allanado para conquistar otros pueblos e iniciar lo que la historia conoce como la helenización[20].

La carrera de Alejandro fue efímera, murió según reza la historia, a los treinta y tres años, así que en realidad lo que Alejandro hizo fue sentar las bases para que sus generales sucesores, entre los que destaca Ptolomeo, mejor conocido como *Sóter*[21]*I*, iniciará el proceso cultural conocido como la helenización.

En este capítulo serán objeto de estudio cuatro puntos principales, a saber, (1) la helenización como fenómeno cultural, (2) la cultura griega como medio de propagación de la fe cristiana, (3) el valor de la filosofía griega y (4) la tensión entre la cultura griega y la judía.

1.1 La helenización

La helenización[22] es un proceso intencional cuya segunda etapa comienza en la ciudad de Alejandría; y comienza en el momento en el que Ptolomeo I, fundador de la dinastía griega de los Ptolomeos, decide crear la célebre Biblioteca de Alejandría. El hombre se impone una tarea cultural única en la historia de aquella época. Para lograr su objetivo se hace de los servicios

20. Descrita de una forma magnífica por Domínguez Monedero, A. «Alejandro vs. Darío: de guerra de represalia a la conquista de Asia». En *Enemistades peligrosas. Encuentros y desencuentros del mundo antiguo*. Sociedad Española de Estudios Clásicos. España. 2013.

21. *Sóter* significa *salvador* en el idioma griego.

22. Nadie mejor que Irene Vallejo para describir en leguaje actual lo que fue la helenización: ...*primitiva globalización... costumbres, creencias y formas de vida comunes arraigadas en los territorios conquistados... la arquitectura griega era imitada en lugares tan remotos... el idioma griego servía para comunicarse a asiáticos y africanos... en Babilonia se leía a Homero... entre Pakistán, Afganistán e Irán cantaban las tragedias de Sófocles y Eurípides... el mundo empezó a experimentar una llamativa asimilación cultural... el paisaje desde Europa hasta la India estaba salpicado de ciudades con rasgos reconocibles (calles amplias que se cruzaban en ángulo recto... ágoras, teatros, gimnasios, inscripciones en griego... eran los signos distintivos de aquel imperialismo, como hoy lo son la Coca Cola, los McDonald's, los productos Apple...* Véase Vallejo, I. *El infinito en un junco*. Siruela Biblioteca de Ensayo. 28 ed. España. 2021, pp. 51-52.

de Demetrio de Falero[23] quien es el artífice de aquel megaproyecto. Sobre este personaje Irene Vallejo señala:

> Demetrio trasplantó a Egipto el modelo de pensamiento aristotélico, que en aquella época estaba en la vanguardia de la ciencia occidental… su paso por Egipto dejó huellas duraderas. Gracias a él, un fantasma protector se instaló en la biblioteca, el de Aristóteles, el apasionado de los libros[24].

En palabras sencillas, podemos decir que la Biblioteca de Alejandría y el hecho que esta ciudad se haya convertido en el centro cultural y académico del mundo es parte del legado de Aristóteles. Fue así como en pocos años Alejandría desplazó a Atenas y sentó las bases para que se originara la Biblia griega, la teología cristiana y una serie de filosofías y teologías que fueron tildadas más tarde como heréticas.

La fuerza es siempre necesaria para imponer una cultura, pero no basta, es necesario la ciencia, los libros, en otras palabras, la letra es un requisito *sine qua non* para el éxito de la helenización. Los ptolomeos entendieron bien esto y fundaron el museo y la biblioteca.

Primero, el museo[25] fue una de las instituciones más ambiciosas del helenismo, como señala Irene Vallejo …*una primitiva versión de nuestros cen-*

---

23. Demetrio de Falero es todo un personaje proveniente de la escuela de Aristóteles, que vivió entre los años 348 y 282 a. C. Fue de origen plebeyo y un hábil político que perteneció al partido democrático de Atenas y que por los avatares sociales de la época tuvo que exiliarse en varias ocasiones hasta que Casandro lo designó gobernador de Atenas donde gobernó del año 317 al 307 a. C. Esta etapa de su vida le granjeó una gran experiencia y prestigio que sobrepasó las fronteras de Grecia. Después de 10 años de gobierno tuvo que volver a salir al exilio y esta vez llegó a Egipto precedido de una gran fama que no fue desaprovechada por Ptolomeo I, quien le encargó la revisión de una serie de leyes y le nombró uno de sus consejeros. Fue en este contexto que Demetrio de Falero concibió la idea de crear un centro de conocimiento único en el mundo de aquella época sin imaginar siquiera el impacto que este iba a tener. En virtud de lo anterior Demetrio de Falero es presentado actualmente en la Biblioteca de Alejandría como su inspirador, es decir, la persona que convenció a Sóter I a construir dicha obra. En este mismo sentido se expresa el erudito profesor Ricardo H. Elia del Centro Islámico de Argentina… *la Biblioteca alejandrina se estableció en el año 297 a. C. y fue por iniciativa del filósofo peripatético Demetrio de Falero (350-282 a. C.), discípulo de Teofrasto de Lesbos (ca. 371-ca. 287 a. C.) (…).* Véase Elia, Ricardo, H. «El incendio de la Biblioteca de Alejandría por los árabes: una historia falsificada». βyζαντιον nea hellás. N. 32. 2013, p. 39.

24. Véase Vallejo, I. *El infinito en un junco. Op. cit.*, p. 49.

25. El *Musaeum* o centro dedicado a las musas (divinidades inspiradoras de las artes), se le llamó también la biblioteca madre, que estaba ubicado en el distrito del palacio de la ciudad, muy cerca de la actual Biblioteca de Alejandría y lugar donde Ptolomeo alojaba a los científicos y personalidades de las artes que ahí desempeñaban sus labores.

tros de investigación, universidades y laboratorios de ideas[26]. Este centro de investigaciones fue sufragado completamente por el Estado, permitiendo el desarrollo del conocimiento. Allí convergían matemáticos, físicos, filósofos, abogados, teólogos, inter alia, con el único propósito de crear ciencia[27]. El modelo de escuelas que hubo en la Atenas del siglo V a. C. fue tomado por los alejandrinos, de ahí que se convirtiera en un centro cultural neurálgico y el lugar donde todo mundo quería ir para educarse.

Segundo, la biblioteca que fue un esfuerzo consciente y deliberado del Estado por proveer en un único lugar a los científicos del museo, a las mentes más brillantes de la época y al público en general[28] el acceso directo al conocimiento de diversas culturas que iba a servir de base para el desarrollo de la ciencia. Sin ningún tipo de discusión, la humanidad está en deuda con este megaproyecto de la dinastía ptolomea.

Poder cultural sin poder económico es una ecuación que no funciona, de ahí que Ptolomeo se impusiera también el cometido de convertir Alejandría en una potencia económica. Tenía todo a su favor, estaba ubicada en un punto geográfico estratégico que le permitió convertirse en el puerto más importante del Mediterráneo en unos pocos años, y desde la perspectiva geopolítica en una polis hegemónica, equivalente el día hoy a una potencia mundial del primer mundo[29]. Tanto en el pasado como el presente, una ciudad no trasciende si no tiene obras de infraestructura ma-

26. Véase Vallejo, I. El infinito en un junco. Op. cit., p. 54.

27. En el museo alejandrino desfilaron personalidades del mundo de la ciencia como Euclides, que formuló los teoremas de la geometría; Estratón, el mejor físico de la época; el astrónomo Aristarco; Eratóstenes, que calculó el perímetro de la tierra; Herófilo, pionero de la anatomía; Arquímedes, inventor de hidrostática; Dionisio de Tracia que escribió el primer tratado de gramática; los poetas Calímaco y Apolonio. En fin, el museo fue un centro de investigaciones que sentó las bases del conocimiento científico en muchas áreas del saber, incluyendo la teología.

28. Es importante señalar que en la época de Ptolomeo III se construyó una biblioteca filial fuera del distrito del palacio, en el santuario del dios Serapis y fue destinada para el uso del público en general, mientras que la gran biblioteca o museo fue utilizada para uso exclusivo de los científicos. Según el escritor latino Aulio Gelio (ca. 123-ca. 165 d. C.), el autor de las Noches áticas, en la biblioteca hija había 700 000 volúmenes, aunque hay que tener sumo cuidado a la hora de interpretar este número. Cuando los helenos hablan de volúmenes se referían a rollos de papiros, y cada uno de ellos equivalía a unas 64 páginas actuales, así que se necesitaban muchos para formar un libro. Difícilmente una obra cabía en un solo rollo. Véase Elia, Ricardo, H. «El incendio de la biblioteca de Alejandría por los árabes: una historia falsificada» Op. cit., p. 40. Según La Biblioteca Nacional de Alejandría 700 000 volúmenes equivalen a 128 000 libros actuales.

29. Al sur de Alejandría estaban los famosos graneros. Allí se almacenaban las cosechas de las ricas llanuras de aluvión bañadas del Nilo. Millares de sacos eran transportados a los muelles a través de una red de canales. Los barcos zarpaban llenos a las principales ciudades portuarias donde esperaban con ansiedad sus cargamentos.

jestuosas que despierten el interés de las personas en visitarlas. De ahí que los ptolomeos comenzaron a crear una ciudad que cuando lo gente la viera dijera *...y he aquí, no se me había contado ni la mitad. Tú superas en sabiduría y prosperidad la fama que había oído...*[30], la edificación más emblemática fue el célebre faro de Alejandría de 400 pies de altura, construido en la isla del mismo nombre y que fue considerado una las siete maravillas del mundo antiguo. El distrito del palacio con regias construcciones como el museo y la biblioteca, los canales, el puerto mismo volvieron a Alejandría un centro turístico codiciado por el mundo antiguo.

Otro de los aspectos que favoreció el proceso de helenización fue la migración étnica que experimentó la *polis*. Las grandes obras de infraestructura atrajeron la mano de obra de los países vecinos, la biblioteca atrajo la intelectualidad de Europa y el bienestar económico atrajo a familias enteras que buscaban mejores derroteros para sus generaciones futuras. Entre los muchos pueblos que migraron a Alejandría estaban los judíos, quienes pronto iban a establecer una de las colonias más grandes de la diáspora que iba a permanecer allí, a pesar de los avatares de la vida, hasta el día de hoy. Era lógico que aquellos pueblos fueron *reciclados* culturalmente y si vamos a utilizar el término sociológico, fueran *asimilados*. No solamente adoptaron el idioma griego, sino que muchas de las costumbres y estilo de vida. Al haberse expuesto a la cultura y riqueza de Alejandría estos judíos no iban a ser igual al resto de los judíos, surgiendo de esta manera una pugna con aquellos que vivían en Israel; pugna que se ve reflejada en el Nuevo Testamento[31].

Los judíos, a pesar de ser un pueblo dedicado a la cría de animales y otros menesteres eran un pueblo de letras y encontraron en Alejandría el lugar perfecto para desarrollar todo ese potencial que tenían. De ahí que no tardaron mucho en involucrarse en el mundo intelectual y crear escuelas de pensamiento, producir una basta literatura filosófica–religiosa que marcó la base para articular la teología cristiana. En otras palabras, la helenización fue la plataforma de lanzamiento de la intelectualidad judía que iba a permear la mente del gran apóstol Pablo y de los Padres de la Iglesia alejandrinos que establecieron los principios teológicos por los que hoy regimos nuestra vida.

Para concluir, podemos afirmar que sin Alejandría no hubiera habido helenización, sin helenización no se hubieran sentado las bases de la teolo-

---

30. 2 Crónicas 9:6.

31. En Hechos 6:1 se lee: *Por aquellos días, al multiplicarse el número de los discípulos, surgió una queja de parte de los judíos helenistas en contra de los judíos nativos, porque sus viudas eran desatendidas en la distribución diaria de los alimentos.* Este pasaje es una pequeña demostración de una realidad latente entre los judíos.

gía cristiana ni de la propagación de la revelación de Dios, de ahí que solo cabe teologizar y afirmar que, en la economía de Dios, Él había levantado a Alejandro para iniciar el proceso de imponer una cultura que con los años iba a ser el instrumento para propagar su Palabra a todos los pueblos de la tierra hasta el día de hoy.

1.2 La cultura griega como medio de propagación de la fe cristiana

El arte, la religión o una filosofía, *inter alia,* necesitan de una cultura para propagarse. Es completamente imposible hacerlo en un vacío cultural y la razón es bien sencilla, todo ser humano quiera o no está adscrito a una cultura.

En el caso del cristianismo es extraño y hasta paradójico que se utilizara la cultura griega para universalizarse; y es extraño porque la cultura hebrea es la cultura del pueblo que Dios escogió para revelarse a la humanidad. Lo lógico hubiese sido que el cristianismo hubiese sido transmitido a través de la cultura hebrea. Las preguntas que originan esta realidad son obvias: ¿por qué Dios escogió una cultura pagana para transmitir la verdad de su evangelio? ¿Es la cultura griega superior a la cultura hebrea? ¿No es contradictorio escoger una cultura pagana para transmitir la verdad de Dios? Todas ellas son preguntas legítimas que esperamos sean contestadas a lo largo de este trabajo de investigación, sin embargo, ahora podemos filosofar sobre esta "contradicción".

A nadie le es desconocido la vocación *xenófoba* de los judíos; vocación que es inculcada a los niños a través del estudio de la *Torah* y del *Misná* y el *Talmud* actualmente. La expresión *pueblo escogido de Dios* habla por sí misma. La xenofobia es una práctica atestiguada en todo el *tanaj, v.g.* el libro de Esdras, cuando este pronuncia aquel furibundo discurso en contra de la exogamia y a favor de la endogamia[32], haciendo que los judíos abandonaran a sus mujeres paganas porque estas iban a desviar su corazón de YHWH, está reforzando la xenofobia. Al ser formados con una mentalidad exclusivista donde todos son incircuncisos[33], que equivale a decir malos, y ellos son los únicos buenos, no encaja con el espíritu del cristianismo. Esto lo vemos en la declaración del apóstol Pablo en Filipenses: ...*circuncidado*

---

32. Véase los capítulos 9 y 10 de Esdras. En el 10:18 da una lista de culpables, es decir, personalidades del pueblo que se habían casado con mujeres extranjeras.

33. La expresión de David contra Goliat: *¿quién es este filisteo incircunciso, para injuriar a las huestes del Dios viviente?* (1 Samuel 17:26). Es una expresión cargada de orgullo nacional y xenofobia. Tiene implícita la exclusividad del pueblo de Israel frente a un pueblo que ellos consideraban espurio.

al octavo día, del pueblo de Israel, de la tribu de Benjamín, hebreo de pura cepa; en cuanto a la interpretación de la ley, fariseo, en cuando al celo, perseguidor de la iglesia; en cuanto a la justicia que la ley exige, intachable[34]. Como es obvio, una persona con ese paradigma mental no puede ser un ministro del evangelio de Cristo. Su mente obtusa le impedía ver más allá de sus narices y había que perseguir a todos aquellos que pensaran diferente. Afortunadamente para Pablo, logró hacer el cambio de paradigma mental, él mismo lo dice: *...sin embargo, todo aquello que para mí era ganancia, ahora lo considero pérdida por razón del incomparable valor de conocer a Cristo Jesús, mi Señor...*[35]. Cuando vemos el asunto con detenimiento nos damos cuenta de que el ministerio de Jesús, la predicación del evangelio y el mandato de universalizarlo es un cambio de paradigma radical que provocó las exacerbaciones más virulentas de los judíos amantes de las tradicionales y celosos de su herencia que no tuvieron más remedio que urdir una patraña y quitarle la vida a Jesús y lo hicieron porque Él representaba una contracultura y el colapso de todo un andamiaje que era ya obsoleto. Después de la destrucción del templo los judíos fueron dispersados, estableciendo la élite religiosa en Jammia donde sentaron las bases del judaísmo como lo conocemos hoy en día. A esta élite se les conoce en la historia como los *sabios* que en realidad representan el lado oscuro del mover de Dios en la historia. Uno de los actos tristemente célebres de estos *sabios* fue la promulgación del *Birkat ha-minim,* una oración de maldición contra los judeocristianos usada hacia finales del siglo I; también utilizada contra todos cuantos se oponían al grupo de los *sabios* o judíos de Jammia. El objetivo de esta oración era excluir a los judeocristianos de las sinagogas. Recordemos que, en el plano histórico, por esta época (años 80-90), el conflicto entre judíos y judeocristianos tuvo lugar en el seno del judaísmo; cristianismo y judaísmo todavía no se habían separado[36]. Con esta maldición quedó oficializada la brecha entre el judaísmo y el cristianismo hasta el día de hoy.

Después de lo anteriormente expuesto queda suficientemente claro que la cultura hebrea no podía ser el vehículo para universalizar el evangelio, además que las condiciones sociopolíticas lo impedían y por lo tanto no existía la infraestructura académica para articular la teología de la nueva

---

34. Filipenses 3:5 y ss.

35. *Id.*

36. Jaffé, D. *El Talmud y los orígenes judíos del cristianismo.* Desclée De Brouwer. España. 2007, pp. 127 y ss. También se recomienda altamente Jaffé, D. *Le Judaïsme et l'avènement du Christianisme. Orthodoxie et hétérodoxie dans la littérature talmudique I-II siècle.* París 2005, pp. 38-41. Mimouni, S.C. «La "Birkat ha-minim"; une prière juive contre les judéochrétiens», en *Revue des sciences religieuses* 71. 1997. p. 278. Bobichon, P. «Persécutions, calomnies, "Birkat ha-minim" et émissaires juifs de propagande antichrétienne dans les écrits de Justin Martyr», en *Revue des études juives* 162. 2003, pp. 403-419.

religión y menos las condiciones para orquestar la propagación y defensa de la fe; dos acciones indivisibles y sumamente necesarias para el desarrollo del cristianismo. El helenismo por otro lado ofrecía todas las condiciones para universalizar la fe cristiana, comenzando con el idioma que era la *lingua franca* y después con el paradigma mental que incluía la búsqueda mayor de racionalidad, una visión más ontológica o esencialista de la vida humana con una tendencia al dualismo, es decir la separación del espíritu de la materia y lo más importante, la infraestructura intelectual forjada durante siglos en las escuelas de Platón, Aristóteles y últimamente en la de los estoicos y epicúreos que fueron tan importantes para personajes como Filón y posteriormente para Pablo y los Padres de la Iglesia, que bebieron hondamente de todas estas reflexiones que les permitieron construir un pensamiento teológico que le dio consistencia al cristianismo. Mientras los judíos se encerraban en el *ghetto,* los griegos propagaban su cultura y valores al mundo. Esa es precisamente la esencia del cristianismo, penetrar en todas las culturas del mundo y permearlas con la potencia del evangelio para que los hombres sucumban ante ella y la adopten como norma de vida. Ese es el trabajo de los misioneros, de los evangelistas y de la Iglesia en general, *cristianizar* o dicho en griego *helenizar* al mundo. Así que la cultura griega se acerca más a los valores del cristianismo que la cultura hebrea y por lo tanto no nos debe extrañar que haya sido el instrumento que Dios escogió para universalizar la fe cristiana.

1.3 El valor de la filosofía griega

Tanto el judaísmo como el cristianismo entraron en contacto con la filosofía griega en Alejandría. En relación con el cristianismo, este acercamiento tuvo lugar en algún momento del siglo II d. C. La primera reacción de los maestros de la Iglesia fue de rechazo por las discrepancias que existen entre ambas. Los ataques fueron mutuos y todo parecía indicar que la suerte estaba echada; ruptura dialógica entre el cristianismo y la filosofía griega, sin embargo, para sorpresa de ambos hubo un acercamiento que dio como resultado la asimilación de la filosofía por parte de los maestros y apologetas de la Iglesia[37]. Para entender el porqué de la asimilación es importante

---

37. Para el estudio de la filosofía griega existen trabajos extraordinarios hechos en las academias de más alto prestigio del planeta. Uno de ellos es el *Oxford studies in ancient Philosophy*. Es una serie líder en temas de filosofía griega y romana. El primer volumen se publicó en el año de 1983, y en el año 2016 se publicó el volumen 50, es decir, una colección monumental sobre filosofía antigua. Los artículos seleccionados que componen esta colección representan la más alta academia del mundo sobre el tema. En relación con la filosofía griega, la temática es erudita y abundante. Otro trabajo erudito son los seis volúmenes de Guthrie quien hace un análisis de todo el pensamiento griego. Véase Guthrie, W.K.C. *A history of greek Philosophy.* Cambridge University Press. Great Britain.

conocer el concepto del profesor Alfonso Ropero en relación con religión y filosofía:

> *Tanto la religión como filosofía coinciden en buscar una verdad que sirva para salvar las contradicciones y ambigüedades de la existencia. La búsqueda define el carácter de la filosofía y la fe auténtica*[38].

Queda claro el concepto del profesor Ropero, tanto la filosofía como el cristianismo *buscan una verdad...*, es decir, hay puntos de coincidencia no solamente en cuestiones metodológicas sino en asuntos de fondo, de manera que sería absurdo desechar la filosofía por prejuicios de una falsa piedad que no va acorde con las necesidades sociales a las que la Iglesia debe responder, así la filosofía se volvió en la mejor aliada de la teología como lo dejaron bien claro personalidades como Agustín de Hipona y Tomás de Aquino, ambos maestros de cómo se puede poner la filosofía al servicio de los intereses del cristianismo.

Es importante señalar que la filosofía no es patrimonio exclusivo de la cultura griega, también existe filosofía en la cultura hebrea. La diferencia entre una y otra es que la filosofía hebrea aborda temas morales más que todo; temas que se ven reflejados en la literatura sapiencial, en cambio la filosofía griega reflexiona sobre temas relacionados con origen del universo, o temas existenciales y también sobre temas morales haciendo una serie de preguntas con el objeto de llegar a las últimas causas.

Sobre la filosofía griega es importante añadir dos hechos: (1) esta globalizó el saber humano, todo era filosofía: las matemáticas, la física, la retórica, *inter alia*. Fue a través del tiempo que estas ciencias fueron desmembrándose de la filosofía. Este hecho puso *ipso facto* a la filosofía griega en un plano de privilegio. (2) Ninguna cultura en el hemisferio occidental había apostado por el saber humano con tal profundidad y pertinencia como los griegos, al establecer escuelas, producir conocimiento y transmitirlo, tanto los aspectos de forma[39] como los de fondo[40], estaban haciendo cosas *sui generis* que solo ellos hacían y que conectan a la perfección con

---

1962. El manual de Eduard Zeller es muy útil y sobre todo práctico porque sin profundizar nos da una panorámica completa desde Tales de Mileto hasta Plotino no sin antes efectuar una breve introducción al estudio de la filosofía. Véase Zeller, E. *Outlines of the history of greek Philosophy*. Meridian. England.13 Ed. 1955.

38. Ropero, A. *Introducción a la Filosofía*. Edit. Clie. Viladecavalls, España. 1999, p. 33.

39. Dentro de los aspectos de forma podemos mencionar la lógica y la epistemología que son aspectos de forma relacionados con el conocimiento.

40. Por aspectos de fondo nos referimos a los temas torales de la filosofía como la metafísica, la teodicea, la moral, la existencia, entre muchos otros.

los grandes temas que trata la Biblia: el origen de las cosas, el hombre, el alma, la muerte, etc.

Fue así como el cristianismo *asimiló* a la filosofía griega y para usar una metáfora, la filosofía griega fue la Juan Bautista que sirvió de precursora de la teología cristiana. Fue la que allanó el camino para que los redactores del Nuevo Testamento pudieran confeccionar un cuerpo literario que iba a ser canonizado por la Iglesia, cuyo contenido tiene una síntesis teológica a la que nosotros llamamos teología cristiana que tiene su fundamento en el pensamiento desarrollado por los griegos. Los Padres de la Iglesia alejandrinos fueron los primeros que bebieron hondamente en esta filosofía y su método para redactar los primeros escritos cuyo eje central de reflexión es la figura de Jesucristo. El más grande o prolífico de todos fue Orígenes, erudito teólogo que, junto con Clemente, Atanasio por mencionar algunos, sentaran las bases de la teología cristiana. En el pensamiento de ellos vemos claramente la influencia y la importancia del pensamiento de los sabios griegos.

Partiendo de lo aseverado anteriormente, solo se puede llegar a una conclusión y esta es que la filosofía griega tiene un gran valor para la teología cristiana, no en cuanto al resultado final del pensamiento de los griegos que es contrario al resultado final del pensamiento cristiano, sino a la temática abordada, a la metodología, a las técnicas de adquisición de conocimiento y en resumen a toda la técnica utilizada para abordar temas existenciales sobre los cuales el hombre debe tener pensamientos claros.

1.4 La tensión entre la cultura griega y la judía

La tensión entre la cultura griega y judía surgió en el período intertestamentario cuando la aristocracia de Israel fue seducida por la cultura griega entrando, en ese mismo momento, en un antagonismo con la gran mayoría de la población que se resistía estoicamente ante aquella avalancha cultural que les había invadido. Sobre este tema se pronuncia el autor Ruz Saldívar:

> ...la cultura griega había penetrado en el mundo judío y la había seducido, sobre todo a la población más privilegiada... el grueso de la población mantenía su identidad con la tradición y los valores del judaísmo, por lo que solamente se requería la chispa que iniciara el enfrentamiento final entre helenismo y judaísmo...[41].

41. Ruz Saldívar, C. «Jánuca, el enfrentamiento entre el helenismo y el judaísmo». *RHCS*. Febrero, 2013, p. 5.

La tensión se agravó en el momento que Jasón ofreció a Antíoco Epífanes IV una gran suma de dinero para que este lo nombrara sumo sacerdote, lo mismo hizo Menelao en su momento, prostituyendo de esta manera el oficio del sumo sacerdocio. Al tener los seleúcidas un liderazgo religioso monigote, estos se creyeron con el derecho de hacer los que les venía en gana. Fue así como comenzaron con una política abusiva anti-judía que atacaba la médula espinal del judaísmo, su religión. Fue así como:

> ...los invasores iniciaron una persecución religiosa prohibiendo las costumbres judías, no podían observar los mandamientos, realizar circuncisiones, estudiar o poseer una Torah, observar el Shabat y otras fiestas, así como la nueva obligación de adorar a los ídolos de los invasores y construir sus altares... tolerar al invasor, convivir con ellos, negociar e inclusive imitar su forma de vida era aceptable para la mayoría, pero atentar contra su propia identidad y el medio de cohesión que los había mantenido unidos durante casi 1500 años era lo último que podían soportar...[42]

La chispa de la rebelión que encendió un gran fuego fue cuando Antíoco Epífanes profanó el templo y provocó la ira de Matatías y sus cinco hijos dando origen a lo que la historia conoce como la revuelta de los macabeos.

Una vez que los macabeos triunfan, se origina la dinastía hasmonea que gobernó política y religiosamente el territorio de Israel por unos 150 años. Durante este período se dio el fenómeno a la inversa: la judaización del helenismo. El profesor Pedro Jiménez de Aragón señala lo siguiente sobre este fenómeno social:

> Pero cuando empezó la expansión hasmonea con Juan Hircano, dio comienzo la judaización de los pueblos sometidos. Si en la mayor parte de las ciudades del Próximo Oriente la helenización fue sin duda mayoritaria, no debe descartarse que la judaización fuera importante, ya que para la población autóctona oprimida la helenización era el proceso de aculturación dirigido por las élites explotadoras, mientras que la judaización era una alternativa de resistencia que las culturas autóctonas a veces no pudieron plantear...[43]

---

42. Ibid., p. 6.

43. Jiménez de Aragón Sierra, P. «Helenización del judaísmo y judaización del helenismo». *Tras los pasos de Momigliano*. Ediciones Bellaterra. Barcelona. 2019, pp. 81-82.

Los hasmoneos impusieron por la fuerza la cultura judía a pueblos como los idumeos, galileos e itureos. Herodes el Grande, por ejemplo, que gobernó Israel por muchos años venía de los idumeos[44].

En esta época había un segmento religioso conocido como los *hasidim* que eran las salvaguardas del judaísmo y todo lo que este representaba. Estos dieron origen a los fariseos que se opusieron en el nombre de la santidad a todo aquello que oliera a cultura griega. En ese sentido los fariseos acusaron tenazmente a los saduceos, otro grupo que se levantó en esa época, de ser un grupo religioso prohelénico[45] y se volvieron en sus adversarios encarnizados. Era la misma acusación de siempre, unos eran liberales y los otros conservadores. Unos representaban la ortodoxia y los otros la heterodoxia, unos son los santos y otros los paganos.

Al surgir el cristianismo la tensión cultural subyace, solo que ahora los actores de la controversia son otros. Por un lado, tenemos a los judíos cristianos projudíos y por otro lado tenemos a los judíos cristianos progriegos. La carta a los Gálatas nos muestra de una forma clara esta tensión. El reclamo de Pablo a estas iglesias es una evidencia de dicha pugna: *¡Oh gálatas insensatos! ¿Quién os fascinó para no obedecer a la verdad, a vosotros ante cuyos ojos Jesucristo fue ya presentado claramente entre vosotros como crucificado?*[46] Lo que había ocurrido es que cristianos projudíos habían llegado a estas iglesias y los habían obligado a seguir ritos y tradiciones del judaísmo. Los cristianos sucumbieron ante tal seducción causando la desilusión y el reclamo de Pablo. Esa tensión existió hasta que la Iglesia se consolidó fuera de Israel y su liderazgo estuvo formado por gentiles.

A manera de síntesis, vemos dos políticas de helenización, la de los seléucidas y la de los ptolomeos. Los primeros fueron violentos y torpes. Trataron de imponer su cultura atacando uno de los aspectos más sensibles de los judíos, su religión. *A contrario sensu,* los ptolomeos, aunque sometieron políticamente a los judíos, estos respetaron su religión. Con el tiempo, la colonia judía en Alejandría se incrementó significativamente donde los judíos fueron asimilados culturalmente de forma pacífica, guardando muchos de ellos la esencia del judaísmo primero y la del cristianismo después.

44. Para una mejor comprensión sobre este tema de la tensión entre la cultura judía y griega en el período intertestamentario es un requisito *sine qua non* el estudio de II de Macabeos que nos hace un relato exhaustivo de dicho conflicto cultural.

45. En este sentido se pronuncia el erudito profesor de Nuevo Testamento, Robert Gundry cuando asevera que ...*their contacts with foreign overlords tended to diminish religious devotion and carry them further in the direction of Hellenization...* Véase Gundry, R. *A survey to the New Testament.* Zondervan Publishing House. 3rd. Edition. USA. 1994, p. 75.

46. Gálatas 3:1.

No podemos desconocer que la cultura griega tiene elementos contrarios a la fe cristiana. Si no sabemos manejar este tema y no poseemos el discernimiento de *tomar lo bueno y rechazar lo malo* podemos fácilmente incurrir en pensamientos y conductas que lejos de acercarnos a Dios nos alejan. La historia está llena de esos ejemplos, quizás el más representativo de todos sea el gnóstico, un pensamiento cristiano que sucumbe ante la filosofía griega, equivoca el camino y llega una síntesis teológica inaceptable, tildada por la ortodoxia como herética. También podemos mencionar otras teologías inaceptables como el arrianismo que utilizaron la lógica para torcer la esencia del pensamiento cristiano.

Este capítulo representa los cimientos sobre los cuales se edifica esta investigación, se habla de la helenización como un fenómeno sociológico en el cual un Estado impone una cultura a otros Estados mediante el uso de la fuerza; y la impone porque la considera superior, porque quiere tener el placer de ver a otras sociedades sucumbir ante la hegemonía de su cultura. Con la muerte de Alejandro, sus διάδοχος (diádocos o sucesores) comienzan la segunda etapa de este proceso social. Para efectos de nuestra investigación el que nos interesa es el que comienza Ptolomeo I en Egipto, en la ciudad de Alejandría. La helenización en Egipto estuvo marcada por las letras, por la ciencia. La creación del museo y la biblioteca pavimentaron el éxito del fenómeno.

En este capítulo vimos como Dios escoge la cultura griega como el vehículo para universalizar el evangelio, y como los Padres de la Iglesia, así como los apologetas, asimilan la filosofía griega y la ponen al servicio de la Iglesia. No se deja por fuera la lógica tensión que provocó la cultura griega y todo lo que representa, primero con el judaísmo y después con el cristianismo.

Finalmente, hay que señalar que esta temática nos lleva al segundo capítulo que abordará todo lo relacionado al mayor aporte de Alejandría al cristianismo; la Biblia griega, que fue la base para la redacción del N. T., así como para la articulación de la teología cristiana.

La Biblia griega

Sumario:

2.1 El origen de la Septuaginta. 2.2 ¿Versión del texto sagrado o canon del A. T.? 2.3 El *corpus litterarum* de la Septuaginta. 2.4 El papel de la Septuaginta en la formación del N. T. y la teología cristiana.

Mucha agua ha corrido por el río Nilo desde que escuché hablar de la Septuaginta[47] por primera vez, y no fue en un aula de clase sino en los

47. Sobre la Septuaginta, difícilmente existe un trabajo tan erudito y completo como el de la profesora Marguerite Harl de la Universidad de la Sorbonne de París. La obra consta de 23 volúmenes con un aparato crítico simplemente impresionante de cada libro y muchísimos versículos de todo el Antiguo Testamento. El objeto de este trabajo crítico es triple: (1) el objetivo *filológico*. Explicar el sentido exacto de las palabras griegas empleadas por el traductor en el contexto de su época, (2) el objetivo *comparativo*. Explicar las diferencias entre el texto pre-masorético de la Septuaginta y el texto masorético de las versiones actuales y (3) el objetivo *exegético*. Explicar el desarrollo de la interpretación tanto judía como cristiana del texto griego objeto de estudio. Véase *La Bible d'Alexandrie*. Commenté par Harl, M. Vol. 1–23. Éditions Les Éd. Du Cerf. France. 1986–1999. Sobre la obra monumental de Marguerite Harl, Jean Marie Auwers ha señalado lo siguiente ...*Marguerite Harl retrace tout à la fois sa carrière de professeur de lettres classiques et post-classiques, son activité de chercheur et l'itinéraire intellectuel qui se confond avec celles-ci'. Cette grande dame de l'Université française rappelle comment les études sur Philon d'Alexandrie et sur les Pères de l'Église l'ont conduite à découvrir la Bible grecque, à créer un séminaire de troisième cycle sur la Septante dans le cadre du Centre Lenain de Tillemont rattaché au CNRS et à envisager la publication d'une traduction annotée de la Septante, publiée livre par livre au sein d'une collection que le directeur littéraire du Cerf, Nicolas-Jean Séd, eut l'idée de nommer La Bible d'Alexandrie, pour la distinguer de La Bible de Jérusalem, œuvre de l'École Biblique de Jérusalem.* Véase Auwers, J. M. «La 'Bible d'Alexandrie. Note sur l'esprit d'une entreprise en cours». *RTL*. T. 30, 1999, pp. 71-82. También es importante mencionar que la *Society of Biblical Literature* patrocina lo que se llama *Septuagint and cognate studies*. Esta es una serie dedicada al estudio de la Septuaginta, crítica textual, testigos de MSS y otras versiones. Entre las muchas publicaciones destacan los congresos, donde se dan sendas ponencias sobre la Septuaginta que quedan plasmadas en estos libros. También producen un *Journal* cuyo nombre es *Journal of the Septuagint and cognates studies*. En resumen, hay personas e instituciones que se han dedicado al estudio y lo promoción de la Septuaginta por considerarla de suma importancia para el entendimiento del Nuevo Testamento y de la teología cristiana. Véase Society of Biblical Literature. *Septuagint and cognate Studies*. Vol. 1–76. Atlanta, USA. 1972–2022.

pasillos de la iglesia y no de un erudito profesor sino de una de las personas que cuidaba el templo. Como ignoraba el tema, simplemente guardé silencio. Años después comencé estudios formales de teología y el tema de la Septuaginta era un capítulo obligatorio en las clases de Biblia. Fue en ese ínterin cuando leí la mitológica historia de los 72 eruditos que fueron de Jerusalén a Alejandría y que en 70 días tradujeron el Antiguo Testamento. Como esta historia aparecía repetida en cada manual que estudiábamos, he de confesar que llegué a creerla, de forma irracional por supuesto, porque en aquella época no teníamos otra opción. Con el paso de los años y cuando sometemos los hechos ante la razón y efectuamos los ejercicios de análisis, síntesis y valoración crítica adquirimos la capacidad de refutar el mito y argumentar escenarios creíbles que tienen sentido.

Para comenzar, hay que estar claro que el inicio de la formación de la Biblia griega se da en el marco de una política de Estado y esta incluía todo manuscrito de cualquier cultura que tuviera un interés público. La ley incluía la confiscación temporal de los libros que hubiese en los barcos que atracaban en el puerto de Alejandría[48], una vez que estos eran traducidos eran devueltos. Al ser los judíos una de las comunidades más grandes que vivían en dicha ciudad, era lógico que se tradujera su literatura sagrada, la cual era de sumo interés para los administradores de la Biblioteca.

En conclusión, la Biblia griega comienza a formarse en el marco de una política de Estado en la que se tradujeron gran cantidad de libros. Hablando de la Biblia griega, los eruditos profesores Natalio Fernández Marco y la profesora María Victoria Spottorno Díaz señalan:

> ...es una colección de escritos, la mayoría de ellos traducidos del hebreo y algunos compuestos originalmente en griego, que engloba obras de distintos géneros literarios y cuya traducción o composición se produjo a lo largo de cuatro siglos, desde el III a. C. hasta el I d. C. ...[49]

---

48. La bibliotecóloga española Cecilia Fernández, presidenta de la Asociación de Archiveros y Bibliotecarios de España, citando a Galeno asegura que: *Galeno también nos habla de la confiscación que en el Puerto de Alejandría se hacía sobre los libros que había en los barcos que atracaban en él. Los libros se llevaban a la Biblioteca, se copiaban, la Biblioteca se quedaba con los originales y a los dueños se les entregaban las copias. A estos manuscritos los filólogos alejandrinos les llamaron fondos de los navíos.* Véase «La Biblioteca de Alejandría. Pasado y futuro». *Revista general de información y documentación.* Vol. 5. Universidad Complutense. Madrid. 1995, p. 161. En este mismo sentido la bibliotecóloga de la Universidad de Barcelona Gemma Estrugas Mora. Véase «La Biblioteca de Alejandría». *Abendua.* España. Dic. 2005, p. 17. Ella cita la fuente original que es Galeno, *Comentario al libro III de las Epidemias de Hipócrates,* XVII II, p. 4.

49. Fernández Marco, N., Spottorno Díaz, M. V. *La Biblia griega Septuaginta. I El Pentateuco. Op. cit.,* p. 11.

Tres cosas dejan bien claro, primero que la Septuaginta es una traducción del hebreo, pero también es una composición de libros o adiciones escritas en el idioma griego y lo último que señalan es que la LXX es el resultado de un proceso que duró cuatro siglos. De manera que el dogma que nos obligaron a creer en relación con que la Septuaginta es una traducción solamente, de ahí *versión de los setenta,* es una falacia que nos deja como corolario una creencia irracional e inaceptable. Es una traducción sí, pero es una confección de libros y adiciones también. ¿Qué queremos decir con esto? Que los judíos de Alejandría no solamente hicieron una traducción de escritos de los judíos de Jerusalén, específicamente de la *Torah,* sino que confeccionaron un cuerpo literario que fue canonizado por la *enveterata consuetudo.*

Los judíos de Jammia nunca reconocieron la Biblia griega y desecharon la literatura deuterocanónica, así como las adiciones que hicieron a algunos manuscritos como fue el caso de Daniel, sin embargo, los redactores del N. T., los Padres de la Iglesia y los cristianos de los primeros siglos sí la reconocieron canonizándola *de facto.* Cuando leemos en 2 de Timoteo 3:16: *Toda Escritura es inspirada por Dios y útil para enseñar, para reprender, para corregir, para instruir en justicia…* sin lugar a duda, la persona que redactó este texto no se refiere al *tanaj* de Jammia, pues en este momento histórico el único *corpus litterarum* considerado sagrado era la Biblia griega. El uso que los redactores del N. T., el mismo apóstol Pablo y la Iglesia en general hacía de la Biblia griega un testimonio elocuente del carácter sagrado del escrito, que equivale a decir su canonización. Como coralario de lo anteriormente expresado, los cristianos del primer siglo creyeron que la Biblia griega *era inspirada por Dios y útil para enseñar, para reprender, para corregir…* En virtud de lo anteriormente expuesto es absurdo catalogar a la Biblia griega como la *versión de los setenta.* La Biblia griega es un *corpus litterarum* confeccionado por judíos piadosos domiciliados en Alejandría en un período de cuatro siglos que fue considerado por los cristianos del primer siglo como Palabra de Dios.

Una vez introducido este fascinante tema, se procederá a discurrir sobre el mismo de una forma más minuciosa en cuatro apartados principales.

2.1 Origen de la Septuaginta

El origen de la Biblia griega no se puede establecer en la leyenda de la carta de Aristeas a Filócrates[50], sino en una política de Estado instaurada por el

---

50. La *Carta* constituye, naturalmente, el documento más antiguo que conocemos acerca de la traducción de la ley judía al griego; no resulta extraño que, como tal, presente un estado de la leyenda aún poco desarrollado, sin elementos maravillosos

fundador de la dinastía ptolomea, Sóter I, quien al fundar la Biblioteca de Alejandría estaba haciendo un parteaguas histórico, estaba marcando un hito; un antes y un después. En relación con esta biblioteca Irene Vallejo señala:

> ... *fue la primera biblioteca de su especie y la que más cerca estuvo de poseer todos los libros entonces existentes... la biblioteca se abrió a la amplitud del mundo exterior. Incluyó las obras más importantes de otras lenguas, traducidas al griego...*[51]

Cuando Vallejo señala *de su especie* es porque antes de Sóter I, Asurbanipal de Asiria había creado una magnífica biblioteca, excepto que esta era para su uso privado, en cambio la de Alejandría estaba abierta al público y a la investigación, haciéndola el primer centro intelectual y académico del mundo de aquella época.

Un factor muy importante que tomar en cuenta, en cuanto al origen de la Biblia griega, es la existencia de la comunidad judía y en concreto la existencia de un equipo de intelectuales bilingües que unían a su formación de escribas en las escuelas judías unos conocimientos notables de la lengua y cultura griega, y como señala el profesor Natalio Fernández ... *esta conjunción nos hace pensar en un medio académico próximo al de la Biblioteca. Pues una obra de esta envergadura es impensable sin el apoyo real y algún tipo de infraestructura como la de la Biblioteca*[52]. Dicho de otra manera, para realizar este proyecto era necesario tener el elemento humano, así como los recursos financieros para ejecutarlo. Espiritualizando este tema del origen de la Septuaginta, podemos decir que Dios movió los hilos de tal manera

excepto la 'coincidencia' entre el número de traductores y los días empleados, setenta y dos. Sobre esta carta se recomienda altamente Thackeray, M. A. *The letter of Aristeas*. Wipf and Stock Publishers. USA. 2003. Aquí se encuentra la carta de forma íntegra con una explicación exhaustiva que explica el tema de la traducción de la Biblia al idioma griego. Al final es una ficción bien redactada que parece creíble y que por esa razón mucha gente así lo ha creído de generación en generación. También es útil ver Pòrtulas, J. «La carta de Aristeas a Filócrates». *Revista de la Historia de la Traducción*. N. 1. Universidad de Barcelona. España. 2007. Otro trabajo erudito sobre este tema es el de Collins, Nena. *The Library in Alexandria and the Bible in Greek*. Brill. Leiden, The Netherlands. 2000. Este trabajo consta de cinco capítulos y el más importante es el quinto que gira alrededor de la controversia sobre quién originó la Septuaginta, si los judíos de Alejandría o la monarquía ptolomea por recomendación de Demetrio de Falero. La profesora Collins argumenta que esta fue una iniciativa de la comunidad judía en virtud de una necesidad real que ellos tenían en aquella época.

51. Vallejo, I. *El infinito en un junco. Op. cit.*, p. 41.

52. Fernández Marco, N., Spottorno Díaz, M. V. *La Biblia griega Septuaginta. I El Pentateuco. Op. cit.*, p. 14.

que usó gente del mundo pagano para que financiara uno de sus más caros proyectos, la transmisión de la revelación escrita a toda la humanidad. Así como el haber creado las circunstancias sociopolíticas que hizo necesario que un segmento de la sociedad judía trasladara su domicilio a Alejandría para asentarse en dicha metrópoli y que fuesen arrastrados irresistiblemente a la órbita de la cultura griega, que como señala Natalio Fernández, citando a E. Levinas: ...*trajo como consecuencia inmediata la necesidad de decir en griego las cosas judías*[53] pero que en realidad era Dios moviendo los hilos para universalizar su Palabra.

Finalmente, no está de más señalar que dentro de esta política de Estado no solamente se tradujo la *Torah* judía, sino muchos otros escritos sagrados pertenecientes a otras culturas, *v.g* la traducción de textos iraníes atribuidos a Zoroastro, de innumerables versos que siglos después se consideraban como una empresa memorable[54].

En relación con la Biblia griega lo que se tradujo fue solamente la *Torah* que fue la que descansó en los anaqueles de la Biblioteca.

2.2 ¿Versión del texto sagrado o canon del A. T.?

Como se señaló en la introducción, los tratadistas han designado a la Septuaginta como una versión y es así como es conocida en un sector de la academia, sin embargo, el redactor de 2 de Timoteo la señala como inspirada, efectuando un reconocimiento expreso de su canonicidad. Esto que estamos señalando es de capital importancia, porque una versión es una cosa y un canon es otra. Una versión es una simple traducción de un texto de una lengua a otra, en este caso del hebreo al griego y canon es la sanción de un cuerpo autorizado de un *corpus litterarum* al cual le confiere el carácter de sagrado. Técnicamente esto no ocurrió con la Septuaginta, como tampoco ocurrió con el canon dizque protestante de la Biblia Reina Valera que nosotros usamos. Los judíos tuvieron su Jammia, los católicos su Trento y los ortodoxos su Trullo, los protestantes no tuvimos un concilio para sancionar nuestro canon que difiere de los otros sectores del cristianismo.

En ese mismo sentido, no hay registro histórico que haya habido un concilio de judíos en Alejandría para determinar el canon griego, empero, el reconocimiento de un sector del pueblo judío, de los redactores del N. T., de los Padres de la Iglesia y el reconocimiento expreso de los cristianos de los primeros siglos no deja lugar a dudas que la Septuaginta no es una versión, sino un canon que surge por la *enveterata consuetudo,* es decir, el

53. *Ibid.*, p. 15.
54. Vallejo, I. *El infinito en un junco. Op. cit.*, p. 41.

acto que se repite una y otra vez hasta formar una costumbre que acaba formando una ley.

Como consecuencia directa de la aseveración de la canonicidad de la Biblia griega, tenemos que concluir en su inspiración[55]. Es un asunto de lógica aristotélica que nos lleva a afirmar sin ningún tipo de prejuicios que la Biblia griega es inspirada por el Espíritu Santo, de una forma más directa, es Palabra de Dios. Si un texto canonizado por la Iglesia como inspirado, como lo es 2 Timoteo 3:16, afirma que: *toda Escritura es inspirada* y esa Escritura a la que se refiere es la Biblia griega, luego entonces, la Biblia griega es inspirada. Es la forma más simple del silogismo de Aristóteles.

Hasta aquí nadie tendría mayor dificultad con lo que hemos aseverado, el problema surge cuando la Biblia griega tiene un conjunto de libros que la Iglesia protestante llama despectivamente apócrifos y no los reconoce como inspirados aun cuando los redactores del Nuevo Testamento y el mismo apóstol Pablo sí los reconoció, incluso fueron utilizados como fuentes importantes para la redacción del Nuevo Testamento. No vamos a entrar en ese debate porque tal cosa rebasa nuestro propósito en este apartado.

Lo que sí queremos dejar claro es que no tiene sentido dejar por fuera escritos que fueron considerados por la Iglesia del primer siglo como sagrados y que son fuente primigenia de la teología del Nuevo Testamento. Es también irracional defender simplemente o creer algo porque así nos lo enseñaron sin echar un vistazo a la historia y valorar hechos como el acto arbitrario de la Sociedad Bíblica Británica y Extranjera que en 1827 decidió eliminar los libros deuterocanónicos de todas las Biblias que ellos

---

55. En este mismo sentido se pronunció el padre Pierre Benoit, uno de los más grandes eruditos que ha parido la academia en el s. XX. Estudio en la *École Biblique* de Jerusalén donde fue profesor y director. También dirigió la *Revue Biblique*, quien se pronunció a favor de la inspiración de la Septuaginta en los siguientes términos: *La certeza de la inspiración divina de la Septuaginta fue decisiva para su adopción por los primeros cristianos. El que haya sido escrita en griego la transformó en un instrumento fundamental para la evangelización del mundo greco-romano. Justino, Ireneo, Tertuliano, Clemente de Alejandría y Eusebio consideraron que Dios había iluminado cada paso en la elaboración de su composición. A mediados del siglo II d. de C., san Justino, el filósofo cristiano, describió cómo se reverenciaban copias de la Septuaginta en algunas sinagogas judías, aun cuando un influyente número de rabinos había renegado de su empleo por considerar que el cristianismo las había hecho suyas. San Ireneo de Lyon se refirió a la Septuaginta como "auténticamente divina". "Las Escrituras fueron interpretadas con tal fidelidad y por la gracia de Dios, y de la misma forma en que Dios preparó y formó nuestra fe hacia su Hijo, ha preservado inadulteradas las Escrituras en Egipto", sentenció san Ireneo. Ver Benoit, P. ¿Está inspirada la versión de los Setenta? Tomo U. Exégesis y teología. Madrid: Studium. 1974, pp. 155-156.*

producían incluyendo la Reina Valera[56]. El texto de la Reina Valera que actualmente usamos nos llegó sin los deuterocanónicos, primero en la versión de 1862[57] y luego en la de 1909. Esta época coincide con la llegada de los primeros misioneros a América Latina que nos trajeron la Reina Valera sin los libros deuterocanónicos, de manera que la Iglesia protestante de este continente nunca vio los deuterocanónicos en su Biblia. Fue así como se nos enseñó que tales libros eran apócrifos y que ni siquiera debíamos

56. En los años comprendidos entre 1825-1827 la Sociedad Bíblica Británica y Extranjera vivió una controversia que amenazó su existencia. La manzana de la discordia fue los libros deuterocanónicos, conocidos desde finales del s. XVI en Inglaterra como apócrifos. El asunto surgió a lo interno, pues la mayoría de los miembros de la junta de directores deseaba su exclusión, a diferencia de una minoría que sostenía la tesis que se permitiera su circulación en aquellos países donde las sociedades bíblicas afiliadas a Londres así lo desearan. Ya en el año de 1813 había un movimiento en Inglaterra de exclusión de estos libros, sin embargo, países como Alemania, Austria y Suecia se oponían. Fue en el año de 1825, cuando la Sociedad Bíblica de Edimburgo envió su ultimátum a Londres diciendo que si no eliminaban los libros deuterocanónicos de la Biblia iban a retirar su apoyo financiero. La controversia se extendió hasta el año de 1827 cuando la Sociedad Bíblica Británica y Extranjera sucumbió ante las presiones provocando un cisma en toda Europa. Muchas de las sociedades bíblicas de Europa continental se apartaron de Londres. Para una compresión exacta de esta interesante historia se recomienda altamente el artículo del erudito profesor de Yale, Charles Torrey. «A new era in the history of the apocrypha». *The Monist*. Oxford University Press. Vol. 25. Nº 2. 1915, pp. 286-294. El historiador colombiano Pablo Moreno nos dice como Diego Thompson, nacido en Escocia, llegó a Argentina como miembro de la Sociedad Bíblica Británica y Extranjera y se convirtió en uno de los colportores históricos del continente. (Hay una Biblia de estudio que lleva su nombre, la Biblia Thompson). En Colombia, la Sociedad Bíblica Británica y Extranjera se estableció en el año de 1825 con el apoyo del presidente Santander. Para más información sobre el tema véase Moreno, P. *Por momentos hacia atrás… por momentos hacia adelante. Una historia del protestantismo en Colombia 1825-1945*. Edit. Bonaventuriana. Cali, 2010, pp. 17 y 38. Queda claro que en este momento histórico es la Sociedad Bíblica Británica y Extranjera la que tiene la hegemonía en América Latina en relación con la publicación y distribución de la Biblia.

57. En el año de 1858 llega a Oxford el célebre Lorenzo Lucena quien es comisionado a revisar el texto de la Reina Valera. Su labor consistió no solo en cambiar la ortografía antigua, sino también, en muchas ocasiones, revisar formas y expresiones carentes de sentido en el castellano moderno. Esta revisión fue completada para la segunda gran exposición de Londres, fue impresa en Oxford en 1862, y la segunda y tercera edición en 1865 y 1869 respectivamente. Al final, la revisión de Lucena fue adoptada por todas las demás sociedades bíblicas evangélicas, con la única excepción de la Sociedad Bíblica de América. Y a partir de este año, 1869, el texto de Lucena aparece en Biblias publicadas en Londres, Madrid y Barcelona. Toda información en relación con la versión Reina Valera de 1862, primera versión sin los libros deuterocanónicos, también conocida como la versión de Lucena, véase Memory, J. «Lorenzo Lucena Pedrosa (1807-1881) Recuperando una figura señera de la segunda reforma española». *ADHC*. 17. Junio, 2001, pp. 223 y ss.

verlos cuando lo cierto es que solo un concilio de la Iglesia protestante pudo haberlos suprimido y tal evento nunca ocurrió.

El adoptar el canon de Jammia es sencillamente contraproducente, esta es la gente que maldijo al cristianismo y pidió a Dios que fuéramos raídos de la tierra. Su pugna contra Alejandría y todo lo que tuviera que ver con la cultura helénica era como lo es ahora infundada. Ya lo hemos dejado claro, que la cultura griega es el vehículo que Dios usó para revelarse a todos los pueblos del planeta. El evangelio no puede darse ni existir en un vacío cultural, la cultura es el ropaje que envuelve el *kerigma* redentor del aquel que se humanó para traer salvación al ser humano.

Por último, es completamente cierto que hay historias fantásticas en los libros deuterocanónicos y pasajes que son dudosos y hasta difícil de creer que entren dentro de la categoría de *inspirados,* pero esto también es cierto para libros y pasajes de los libros canónicos que nos muestran narrativas y episodios que provocaron debates álgidos antes de canonizarlos por contener historias sin comprobación histórica, como el libro de Ester, el Cantar de los Cantares y el mismo libro de Eclesiastés que fueron canonizados no después de mucho debate.

2.3 El *corpus litterarum* de la Septuaginta

Antes de iniciar este tema, es de suprema importancia aclarar que cuando nos referimos a la Biblia griega, Septuaginta o LXX estamos hablando del canon del A. T. expresamente; canon sobre el cual no hay un acuerdo entre los grupos cristianos hasta el día de hoy. Los protestantes admiten 39 libros solamente, los católicos agregan en su integridad el *corpus litterarum* alejandrino, es decir, reconocen a la Biblia griega como inspirada. Es importante señalar que a ese conjunto de libros se les llamó *libros deuterocanónicos* que literalmente significa segundo canon, no porque tengan un menor valor espiritual sino porque fueron admitidos como parte del canon hasta el Concilio de Trento de 1546. La Iglesia protestante llama peyorativamente al *corpus* alejandrino *libros apócrifos* lo cual tiene una connotación sectaria que tiene una intención expresa de desmarcarse de todo lo relacionado a la Iglesia católica. Ahora, hay un conjunto de libros a los cuales la Iglesia católica llama *apócrifos,* y que aparecen como parte del canon en la Iglesia cristiana ortodoxa. Sobre este tema el profesor Timothy Michel Law señala:

>   ...*las iglesias ortodoxas consideran los apócrifos en su conjunto y siguen leyéndolos en su liturgia... hay otras distinciones entre las iglesias ortodoxas:*

las iglesias armenias, siríaca, copta, georgiana, eslavónica y etíope tienen cáno-
nes diferentes, y solamente la iglesia etíope ha canonizado los libros de I Enoc
y Jubileos… algunos de esos escritos fueron composiciones originales en griego
que no tenían un original semítico…[58]

Lo anterior solamente evidencia que existe en el cristianismo un desacuerdo en relación con el canon del A. T. y aunque los tres sectores tengan una
argumentación sólida para incluir o excluir libros o adiciones, lo cierto es
que no hay un ser humano sobre la faz de la tierra que pueda afirmar que
incluir o que excluir y aun cuando hubiera un concilio ecuménico cristiano
ad hoc, lo único que tendríamos es un consenso eclesial que traería unidad
al cuerpo; lo cual es bueno, pero al final del día, decir qué es y qué no es,
es una pretensión muy arrogante de parte del hombre.

Ahora, entrando en materia, procederemos al estudio crítico de los libros del *corpus* alejandrino no reconocidos por la Iglesia protestante.

2.3.1 Libro de Judit

Según Timothy Michel Law hay razones para pensar que el libro de Judit[59]
fue escrito originalmente en el idioma griego[60] en algún momento del s. II
a. C. En relación con este relato hay que subrayar varios puntos:

Primero. El libro de Judit no se puede estudiar aparte del libro de Ester,
mutatis mutandis es la misma historia. Cambia los aspectos secundarios de
la trama y los personajes, pero en esencia es la misma historia. Una mujer
heroína, Ester y Judit, luego tenemos un perverso que quiere destruir al
pueblo de Dios, Amán y Holofernes. En ambos relatos las mujeres arries-
gan su vida y ejecutan acciones heroicas que salvan a su pueblo volviéndo-
las en personalidades respetadas por el pueblo.

Lo anterior nos hace concluir que ambos escritos son contemporáneos
y que obedecen a una situación de persecución que estaba sufriendo el

---

58. Law, T. M. *Cuando Dios habló en griego. La Septuaginta y la formación de la Biblia
cristiana*. Ediciones Sígueme. España. 2014, p. 87-88.

59. Sobre el libro de Judith se recomienda la siguiente bibliografía: Joosten, J. «The
Original Language and Historical Milieu of the Book of Judith». *Meghillot: Studies in
the Dead Sea Scrolls*. Vol. 1, 2007, pp.159-76. Philonenko, M. «L'origine essénienne du
livre de Judith». Comptes rendus des séances de l'Académie des Inscriptions et Belles-
Lettres. N. 4, 1996, pp. 1139-1156. Doré, D. «El libro de Judit o La guerra de la fe». *Cuaderno Bíblico 132*. Verbo Divino. España. 2066. Dumm, D. R. «Judi». en *Comentario bíblico
de san Jerónimo II*. Madrid. 1971, pp. 731-741.

60. *Ibid.*, p. 92.

pueblo que precisaba de este tipo de historias que levantara su moral. En la época en que ambos relatos son fechados es cuando se están dando las guerras entre los seleúcidas y ptolomeos donde Israel estaba en el centro del huracán y por lo tanto fue objeto de persecución y muerte. Todo esto está bien documentado en el libro de Daniel, así como en la historia secular, así que el *sitz im leben* de los relatos encaja a la perfección con el *sitz im leben* de la historia.

Segundo. Las historias tanto de Ester como de Judit no son históricas, es decir, no ocurrieron literalmente. Son narraciones que hay que interpretarlas alegóricamente. Es menester recordar que en esta época el método alegórico es el método en boga en el mundo intelectual de Alejandría. Este es un tema que será abordado posteriormente con todo tipo de detalles[61]. Es comprensible que una declaración de esta naturaleza cause un tipo de golpe emocional porque el método alegórico es ajeno a nuestra cultura.

Lo cierto es que no existe documentación histórica o arqueológica que pruebe la existencia de Ester y los relatos que allí son descritos. Asuero no es un nombre que aparezca en la dinastía persa, como también es improbable que un rey pagano tenga a una mujer de un pueblo conquistado como reina de su imperio. Por el lado de Judit, el asunto es más evidente, en la época del episodio Nabucodonosor ya había muerto y el Imperio babilónico ya no existía y para sellar la evidencia no existe ni el menor indicio en la realidad histórica de la narración.

Por lo anteriormente expresado, no es complicado ni requiere mayor ciencia llegar a la conclusión que ambos son relatos alegóricos extraordinarios con un mensaje espiritual potente de parte de Dios.

Tercero. Nadie desconoce el debate que hubo entre los judíos para canonizar a Ester y es que no es para menos, en ninguna parte menciona a Dios[62], por ejemplo, aunque su intervención está implícita en el relato, a diferencia del libro de Judit donde Dios está de principio a fin en el relato. La oración de Judit: ...*Señor, Dios de mi antepasado Simeón...*[63] demuestra palmariamente la fe de esta mujer en YHWH.

Sin embargo, los judíos de Jammia no reconocieron a Judit, pero sí a Ester, a pesar de que ambos relatos están sintonizados en la misma frecuencia con un mensaje muy importante para aquella sociedad y con lecciones espirituales para nosotros.

---

61. Véase *infra* capítulo 5, específicamente el 5.2.
62. Aunque en la versión griega el nombre de Dios aparece mencionado muchas veces.
63. Judit 9:2.

2.3.2 Libro de Tobías

El descubrimiento de fragmentos del libro de Tobías[64] en hebreo y arameo en Qumrán demuestran que una de estas fue la lengua original del libro, aunque la fecha de composición se estima en el s. III o II a. C.[65] La traducción al griego es posterior y se cree tuvo lugar en Alejandría. En relación con este libro huelga señalar lo siguiente:

Primero. Es una historia fantástica e irreal ambientada en la época del exilio para ser interpretada a través del método alegórico, pues atrás del relato se esconden verdades espirituales valiosas para cualquier época.

Segundo. Es el único relato donde aparece el nombre del ángel *Rafael*. En los libros canónicos aparece Miguel y Gabriel, pero no Rafael, que literalmente significa *Dios sana*. Otra de las curiosidades del relato es la mención del número 7. Aquí se nos habla de una mujer cuyos 7 maridos habían muerto en la noche de bodas[66]. Como es sabido, el número 7 es simplemente un símbolo en la literatura judía y nunca debe interpretarse de forma literal. Una tercera curiosidad es que se le dé un nombre propio a un demonio, el de *Asmodeo*. Esto último es importante porque demuestra que el libro fue escrito en el período intertestamentario, pues es aquí donde surge el concepto de Satanás y los demonios. También que este nombre no es mencionado en ningún otro libro canónico.

2.3.3 Los libros de Macabeos

Existen cuatro libros de Macabeos de los cuales solo el primero y el segundo aparecen en la Biblia griega, razón por la cual nos vamos a centrar en ellos[67], no sin antes clarificar que la Iglesia cristiana ortodoxa sí acepta III y IV de Macabeos como parte del canon del A. T.

64. Sobre el libro de Tobías se recomienda altamente la siguiente bibliografía: Simpson, D. C. «The chief recensions of the book of Tobit». *JTS*. Vol. 14, Nº 56, 1913, pp. 516–30. Comienza haciendo una exposición de los manuscritos donde aparece este libro como el código Sinaítico, Vaticano, Alejandrino entre muchos otros. Thomas, J. D. «The Greek Text of Tobit». *JBL*. Vol. 91, Nº 4, 1972, pp. 463–71. Macatangay, F. M. «Μισθός and Irony in the Book of Tobit». *Biblica*. Vol. 94, Nº 4, 2013, pp. 576–84. Schellenberg, R. «Suspense, Simultaneity, and Divine Providence in the Book of Tobit». *JBL*. Vol. 130, Nº 2, 2011, pp. 313–27. *Inter alia.*

65. Law, T. M. *Cuando Dios habló en griego. La Septuaginta y la formación de la Biblia cristiana. Op. cit.*, p. 94–95.

66. Tal parece que esta historia de los siete maridos es la misma a la que se refieren los saduceos en Mateo 22:24 y ss.

67. Sobre el tema se recomienda la siguiente bibliografía: Berlín, A., and Paul J. Kosmin, eds. *The Middle Maccabees: Archaeology, History, and the Rise of the Hasmonean Kingdom*. The Society of Biblical Literature, 2021. Schwartz, D. R. *Judeans and jews: four*

Primero. Ambos libros son históricos porque nos relatan los acontecimientos del conflicto entre los seléucidas y los judíos[68], aunque en ambos relatos encontramos pasajes fantásticos que no se pueden entender literalmente[69]. En esencia, la mayoría de los hechos relatados en ambos libros pueden comprobarse a través de la historia universal.

Segundo. En relación con el autor de estos relatos podemos decir que en el caso de I de Macabeos no se sabe quién pudo haberlo hecho, excepto que debió haber sido un hombre con un sentimiento nacionalista bien arraigado. En la relación con su fecha de composición se puede afirmar que en tanto que menciona al sumo sacerdote Juan Hircano (135–105 a. C.) significa que el libro tuvo que haber sido escrito durante o después de este personaje. El segundo libro de Macabeos es un resumen de una obra más extensa y su autor se desconoce. En relación con la fecha de escritura esta pudo haber sido hacia el año 124 a. C.

Tercero. El primer relato es eminentemente histórico, se refiere a las tensiones que la imposición de la cultura griega causó a los judíos, donde destaca la cruenta persecución de Antíoco Epífanes y su infame hecho de profanar el templo judío que dio como resultado lo que la historia conoce como la Revuelta de los Macabeos. Aquí aparece la figura patriarcal de Matatías y sus cinco hijos quienes encabezan un movimiento revolucionario que dio como resultado la emancipación política y religiosa del pueblo de Dios hasta el día que Pompeyo invadió Israel en el 64 a. C. El segundo libro además de ser histórico es un libro altamente instructivo con principios teológicos bien claros sobre la soberanía de Dios y el cuidado que tiene por su pueblo. El castigo de los impíos y trata uno de los temas más interesantes que es la redención final de los mártires a través de la resurrección de los muertos.

Cuarto. Existe una relación directa con el libro de Daniel que es contemporáneo a los relatos y composición de los Macabeos. El capítulo 11 de Daniel es una descripción no del futuro, a pesar de que el lenguaje que

faces of dichotomy in ancient Jewish history. University of Toronto Press. 2014. Honigman, S. *Tales of High Priests and Taxes: The Books of the Maccabees and the Judean Rebellion against Antiochus IV.* 1st ed., University of California Press. 2014. Orian, M. «The Temple Archive Used for the Fabrication of 1 Maccabees 10.25b–45». *JQR.* Vol. 108. Nº 4, 2018, pp. 502–16, *inter alia.*

68. Doran, Robert. «The Revolt of the Maccabees». *The National Interest,* Núm. 85. 2006, p. 99. Sostiene, *inter alia,* que la historia se dice en dos versiones. En el primer libro se glorifica las hazañas de los hasmoneos a través de la liberación que le da al pueblo de Israel. En cambio, en la segunda versión presenta a Dios como el defensor y protector de su pueblo y de su templo, siempre y cuando obedezcan la ley.

69. Un ejemplo, uno entre muchos, la historia del sacrificio de los siete hermanos en presencia de su madre en II de Macabeos 7, es una alegoría empero con un mensaje poderoso de Dios para su pueblo, no solamente de aquella época sino de la actualidad.

utiliza está en el futuro, es una descripción del pasado[70]. Lo que describe este capítulo es la guerra que hubo entre los ptolomeos y los seleúcidas. La mención de la abominación desoladora en el 11:31 es una alusión directa a la profanación que había hecho Antíoco Epífanes años antes y que es mencionada en el primer libro de Macabeos.

Quinto. El segundo libro de Macabeos no es una continuación del primero sino un resumen como lo explica su autor, de una obra más extensa escrita por otro judío, Jasón de Cirene[71], la cual no se conserva (2:19-32). Aunque se refiere a los mismos hechos que el primero, este abarca menos tiempo. Se centra en la personalidad de Judas Macabeo y trata de despertar el interés de los judíos de Alejandría por los judíos de Israel.

Sexto. Expresiones como ...*me sentiré satisfecho si esta historia quedó bien escrita y ordenada. Si no es así, y tiene poco valor, deben saber que hice lo mejor que pude...* en II de Macabeos 15:38 hacen que un sector de la Iglesia no considere el relato como inspirado. Esto tiene que ver con el concepto de inspiración que se tiene, de que el redactor final escribió bajo un éxtasis divino donde la humanidad es suprimida, así que cuando aparece un redactor presentando su humanidad causa un escándalo en un sector de los lectores. Lo cierto es que este resumen del período de los Macabeos fue canonizado en la Biblia griega y por lo tanto es Palabra de Dios reconocida por los cristianos de los primeros siglos, que también lo adoptaron como sagrado por considerar las historias de los mártires macabeos como un modelo y precedente digno de imitar[72].

2.3.4 Libro de Eclesiástico

Este es el libro más extenso de los deuterocanónicos y se le llama de diferentes maneras, *v.g.* Eclesiástico, *i.e. libro de asamblea,* que es el nombre latino que acuñó Jerónimo y que es el más común de todos. En griego se llama *Sabiduría de Jesús, hijo de Sirá,* en hebreo esta última partícula se dice *ben Sirá,* de ahí viene el nombre de *Sirácida* como le llaman otras personas[73].

70. El hecho que los judíos nunca consideraron este pseudoepígrafe como profético es una confirmación de nuestra aseveración anterior.

71. Parker, V. «The date of the material in 'II Maccabees': The bureaucratic evidence». *Hermes.* Vol. 141, Nº 1, 2013, pp. 34-44. En la primera nota de pie de página efectúa una explicación y da una amplia bibliografía sobre la obra de Jasón de Cirene y el epitoma de II de Macabeos.

72. Sobre este tema de la adopción de los libros de los Macabeos dentro del canon se recomienda ver a Ropero, A. *Mártires y perseguidores.* Edit. Clie. Viladecavalls. 2010, pp. 49-52.

73. Calduch-Benages, Nuria. «Ben Sira y el canon de las Escrituras». *Gregorianum.* Vol. 78. Nº 2, 1997, pp. 359–70. Reymond, Eric D. «New Hebrew text of Ben Sira». *RDQ.* Vol. 27. Nº 1 (105), 2015, pp. 83-98.

Es curioso que mientras que a los otros sapienciales y poéticos como Cantar de los Cantares mencionan a Salomón como su autor directa o indirectamente, este es categórico en mencionar a su autor[74].

El texto original fue escrito en hebreo empero pronto cayó en desuso y desapareció[75], así que el texto que perduró fue la traducción que hiciera el nieto del autor que se cree emigró a Alejandría desde donde efectuó la traducción. La mejor forma de definir el libro es de la siguiente manera:

> ...*es una antología de valores, principios y reglas en cuanto a cómo vivir una vida con significado y destino, anclada en Dios y su Ley, y expresada en las buenas relaciones con el ser personal y los semejantes...*[76]

Lo anterior deja bien claro de qué trata el libro, empero el meollo del asunto aquí es el *mileu* del autor que es lo que da origen a este tratado. Allá en el 175 a. C., el sacerdote usurpador Jasón, hermano de Onías III, realizó una apertura hacia el helenismo que iba a provocar la inconformidad del pueblo hasta el evento de la profanación del templo por Antíoco Epífanes, que significó la gota que derramó el agua; siendo esta realidad el contexto que dio lugar para que Jesús Ben Sirac, un judío ultraconservador, se opusiera tenazmente contra la casta sacerdotal y la infiltración griega a Israel y escribiera de la verdadera sabiduría[77]. Así que este libro, según esta tesis, es una reacción al helenismo, lo que *ipso facto* nos pone en un aprieto, pues nuestra hipótesis de trabajo es que el helenismo influenció el cristianismo, aunque en este momento histórico el cristianismo aún no existe. Por otro lado, también afirmamos que los libros deuterocanónicos son de influencia griega, que no sería el caso si la tesis de la reacción al helenismo de la casta sacerdotal fuera correcta. Hay dos hechos que podemos explorar aquí: (1) al no tener el texto original de Eclesiástico en hebreo, solo la traducción al griego del nieto del autor es muy probable que en la traducción se hayan hecho interpretaciones acordes a la cultura griega como hemos podido comprobar que se hicieron en la traducción griega del libro de los

74. En el prólogo del traductor del libro, el nieto de *Jesús ben Sirac* nos da detalles importantes del libro. Algunas personas no consideran este prólogo como inspirado.

75. Se han encontrado fragmentos de este libro en hebreo en Qumrán y Masada que datan de antes del 73 a. C. Todo lo relacionado con el texto de este libro, véase Enciclopedia católica online. «Eclesiástico». https://ec.aciprensa.com/wiki/Eclesiástico. Visto el 23 de octubre del 2022.

76. Martínez, A. «Sigue sus huellas y busca: la sapiencia según las memorias de Jesús, el hijo de Sirá». *RIBLA*.79 (1) Costa Rica. 2019, p. 62.

77. En este sentido se expresa Ruíz Larrea, I. «La sabiduría de Ben Sirá. El Eclesiástico y la libertad en la responsabilidad». *Textos del Judaísmo*. Universidad Complutense de Madrid. España. 2013, pp. 7 y ss.

Proverbios. (2) Al no haber sido aceptado este libro por los judíos de Jammia podemos especular que la existencia de elementos culturales griegos en el libro no les permitió reconocerlo como sagrado.

Lo que sí podemos decir es que autores como David A. de Silva[78] en su libro *Introducing the Apocrypha: Message, Context, and Significance*[79] del 2004 asegura que existen paralelos entre la Ilíada de Homero y el susodicho libro. Por ejemplo:

οἵη περ φύλλων γενεὴ τοίη δὲ καὶ ἀνδρῶν. φύλλα τὰ μέν τ' ἄνεμος χαμάδις χέει, ἄλλα δέ θ' ὕλη τηλεθόωσα φύει, ἔαρος δ' ἐπιγίνεται ὥρη· ὣς ἀνδρῶν γενεὴ ἣ μὲν φύει ἣ δ' ἀπολήγει.

[Como es la generación de las hojas, así es la de la humanidad. El viento esparce las hojas por el suelo, pero la madera viva vuelve a brotar con hojas en la estación del regreso de la primavera. Así una generación de hombres crecerá mientras otra muere][80].

En Eclesiástico 14:18 leemos: ...*como las hojas de un árbol frondoso, que unas caen y otras brotan, así las generaciones de los seres vivos: unas mueren y otras nacen...* la semejanza es más que evidente, costaría trabajo pensar que es una mera coincidencia, sobre todo cuando ha quedado claro que los redactores de los libros sagrados no escribieron en un *vacivus* cultural. Es justo decir que lo anterior no prueba que la Ilíada haya servido de fuente para la redacción, pero es muy posible que esta cita haya sido muy común en la época que se hizo la traducción griega en Alejandría. Sírvanos este único ejemplo como suficiente para demostrar que de una u otra manera existe una influencia griega en la redacción de los libros deuterocanónicos[81].

78. Un distinguido profesor de Nuevo Testamento y Griego del Ashland Theological Seminary de los Estados Unidos.

79. De Silva, D. *Introducing the Apocrypha: Message, Context, and Significance*. Baker Academic. USA. 2004, p. 165. El hecho que el autor le llame *apócrifo* a Eclesiástico demuestra la tradición protestante del mismo, de manera que el elemento griego al que él se refiere sirve para afirmar el hecho de la calidad de espurio que tiene este libro, así como el resto de la literatura deuterocanónica.

80. *Iliad* 6.146-149. Véase Homer. *The Iliad*. Translated by Richmond Lattimore. University of Chicago Press. USA. 1982.

81. Para más información sobre el tema véase a Phillip J. Long, editor del *Journal of Grace Theology* de la Universidad Cristiana de Grace. *Sirach and the Greeks*. https://readingacts.com/2017/02/04/sirach-and-the-greeks/. Visto el 23 de octubre del 2022.

2.3.5 Libro de Sabiduría

Hay un consenso en la academia que este libro[82] fue escrito en Alejandría por un maestro de una de las escuelas judías de aquella ciudad, bien informado de la cultura que imperaba y supremamente interesado en demostrar al mundo la validez de los principios y valores que debían regir a la sociedad. La alusión hecha a Salomón como su autor es la típica ficción literaria hecha en aquella época y que es propia de los libros sapienciales.

No hay un acuerdo en relación con su fecha de composición, pero sí existe la tendencia a situarlo antes de Cristo, en un período entre el 150 a. C. hasta el 27 a. C., fecha en la que gobernaba Augusto. Esto por lo que se dice en el 14:22: *Pero, no contentos con su error de no conocer a Dios, viven los hombres en una espantosa guerra causada por la ignorancia, ¡y a tan terribles males llaman paz!*, que se cree es una alusión directa a la *pax romana*[83] que se pregonaba en aquella época.

En relación con los destinatarios, el 1:1 nos señala lo siguiente: *Gobernantes de la tierra, amen la justicia, tengan buena idea del Señor y búsquenlo con corazón sincero...*, en este mismo sentido tenemos el 6:1: *Escuchen, reyes, y entiendan; aprendan, gobernantes de todo el mundo; pongan atención, ustedes que dominan multitudes y presumen de gobernar a muchos pueblos...*, si tomamos estas declaraciones literalmente estamos frente a un escrito abierto dirigido a los poderosos de la tierra, sin embargo, tal cosa no tendría ningún sentido porque los poderosos de la tierra en este momento histórico son los romanos y estos nunca iban a poner atención a tal escrito. Debemos tener claro que la literatura judía considerada sagrada era preponderantemente para los judíos. Así que parece tener un mejor sentido la opinión de Daniel Doré, profesor francés de Exégesis y Sagrada Escritura, cuando afirma:

> Esta defensa e ilustración de la religión de Israel está destinada, sin duda, a los judíos desarraigados, tentados a veces por la apostasía, a esos judíos que hay que alentar mediante un escrito que tuviera alguna amplitud... el maestro de sabiduría trata de hacer una obra de educación, de instrucción. El discípulo

---

82. Para un mejor conocimiento de este libro se recomienda ver Schökel, A, Zurro, E. Valverde, J. M. *Sabiduría*: Los Libros Sagrados. Ediciones Cristiandad. Madrid. 1974. Larcher, C. *Études sur le livre de la Sagesse*. Edit. Gabalda. París, 1969. Vílchez Lindez, J. «El binomio justicia-injusticia en el libro de la Sabiduría»: *Cuadernos Bíblicos*. Nº 7. 1981, pp. 1-16.

83. Es un enunciado que hace alusión a la paz duradera y se refiere al período en el que el emperador Octavio Augusto declaró el fin de la guerra civil que devastó al imperio en el año 28 a. C. Este período se extendió hasta la muerte de Marco Aurelio en el año 180 d. C. Aunque hay historiadores que dan fechas diferentes.

destinatario de un escrito semejante es el que mañana ocupará su lugar en el manejo de los asuntos de la sociedad...[84]

Muy sensata la acotación del profesor Doré cuando afirma que este es un libro de instrucción para personas que serán líderes en la sociedad el día de mañana, es decir, que es un libro dirigido a los jóvenes judíos de Alejandría empero con enseñanzas universales válidas en cualquier época, lo que le valió la canonización por un sector del cristianismo.

Hay que señalar también que este libro fue una fuente muy importante para la redacción de ciertos pasajes del N. T. Hay *midrash* claros en escritos como Romanos, 1 de Timoteo, Santiago[85] *inter alia* que atestiguan como este libro redactado en Alejandría juega un papel muy importante en conceptos teológicos como el tema del diablo[86] o las recompensas, así como en temas morales que encontramos en la carta de Santiago, por ejemplo.

Solo resta decir que, si este libro fue parte del cuerpo literario de la Biblia griega, fue una fuente para la redacción del *midrash* del Nuevo Testamento, reconocido por los Padres de la Iglesia y con principios filosóficos de vida extraordinarios, no hay una razón sensata para desecharlo y sindicarlo como apócrifo, nada más alejado de la verdad y del sano juicio.

2.3.6 La versión griega de Ester

Existen por lo menos tres relatos en la Biblia griega que están situados en la época de la diáspora judía, el primero de ellos es el libro de Tobías, una historia que está ambientada en el exilio Asirio, luego tenemos el libro de Daniel entre los deportados de Babilonia y finalmente el relato de Ester que se da durante el exilio persa.

Existe un consenso en la academia en el sentido que estos tres relatos no son históricos y que los mismos se encuentran ubicados en coordenadas ficticias. Lo cierto es que el estudio paralelo de los tres nos da un patrón conductual que vamos a bautizar como el *patrón de la diáspora*. En nuestro

---

84. Doré, D. *Libro de la sabiduría de Salomón*. Edit. Verbo Divino. España. 2003, pp. 9–10.

85. Este tema está bien explicado en Zaldívar, R. *Fuentes que dieron origen al Nuevo Testamento. Op. cit.* pp. 57–60.

86. A raíz de Sabiduría 2:24 nos damos cuenta de que el concepto del *diablo* ya había sido asimilado. Este se origina en el dualismo persa y luego pasa al pensamiento griego del que sin duda es tomado para hacer un *midrash* de los relatos de la creación que se encuentran en la *Torah*. Sobre este tema se recomienda altamente Brotóns Merino, M. J. *El diablo en la literatura griega del cristianismo primitivo: de los inicios a los Padres alejandrinos*. Tesis doctoral de la Universidad de Valladolid. España. 2015.

libro de *Fuentes que dieron origen al Nuevo Testamento* hablamos del *patrón apocalíptico* que consiste en una serie de elementos que se incluyen en las historias apocalípticas que son comunes. Lo mismo ocurre aquí, existen elementos conductuales que ocurren en este tipo de relatos. (1) *El pueblo está en la diáspora.* El pueblo de Israel fue llevado cautivo en dos ocasiones, primero en la época de Senacarib de Asiria y luego en la época de Nabucodonosor de Babilonia. Los deportados de Babilonia pasaron a ser deportados de Persia. (2) *Persecución étnica.* El elemento étnico está presente en todos los relatos, es decir, es un estigma el ser judío y por lo tanto hay que perseguirlos y destruirlos. (3) *El ardid religioso.* Los enemigos de Israel siempre van a encontrar un elemento en la religión judía que es incompatible a la religión de ellos y van a aprovechar eso para urdir un plan malévolo de destrucción. (4) *La intervención providencial de Dios a través de un héroe o heroína.* En todos los casos, Dios va a intervenir providencialmente y va a salvar a su pueblo del perverso que quiere destruirlo a través de una persona que levanta para ese efecto, llámese Daniel, Ester o Judith.

En el caso que nos ocupa es menester decir que existen dos versiones del libro de Ester, la hebrea o versión corta y la griega o versión larga[87].

87. Las porciones añadidas al *Libro de Ester* en la Biblia griega constituyen seis extensos pasajes –107 versos– que no se encuentran en el texto masorético. El primero de ellos narra el sueño de Mardoqueo, en el cual se anticipan los acontecimientos que ocurrirán después y también el descubrimiento por parte de este de la conspiración en contra del rey. El segundo y el quinto presentan los edictos reales, promulgados por Amán y Mardoqueo, respectivamente. El tercero incluye las oraciones de Mardoqueo y de Ester, en tanto que el cuarto es una exposición amplificada de la audiencia en la que Ester se presenta ante el rey sin que este la haya llamado. El sexto y último consiste en una explicación minuciosa del sueño de Mardoqueo. Para Ruth Fine de la Universidad Hebrea de Jerusalén: ...*es un intento de corregir y compensar las debilidades anteriormente señaladas en la versión original, es decir, la problematicidad del carácter histórico del libro pero, por sobre todo, la notoria ausencia del espíritu religioso. De este modo, el aporte más importante en la versión de la Septuaginta es la inserción de Dios (su nombre aparece allí unas cincuenta veces), la intervención de la Providencia divina para la salvación del pueblo judío, la importancia del ayuno y de la oración, la conciencia de una posible transgresión en las leyes alimenticias, que prohíben comer y beber en la mesa de un gentil, y de las leyes matrimoniales (el matrimonio mixto, con un gentil; ver especialmente la oración de Ester en 14:15-18), como así también la trascendencia del culto y del templo.* Fine. R. «*El libro de Ester: un posible referente bíblico para la gran sultana*». *Peregrinamente peregrinos.* Actas del V Congreso Internacional de la Asociación de Cervantistas, Lisboa, Fundaçâo Calouste Gulbenkian, 1-5 septiembre 2003. Asociación de Cervantistas. España. 2004. p. 1312. Ruth Fine es una profesora de origen argentino, es catedrática en la Universidad Hebrea de Jerusalén y ha escrito varios trabajos sobre el libro de Ester. Además del que ya hemos citado, ha escrito «Los rostros de Ester. Tres versiones dramáticas auriseculares del libro de Ester: *La hermosa Ester* de Lope de Vega, *La reina Ester* de Godínez y *La gran sultana* de Cervantes». *Hispania Judía.* Vol. 7. 2010, pp. 233–259. Véase también «Siendo yo hebrea, Señor: una lectura de *La reina Ester* de Felipe Godínez en clave conversa». Compostella Aurea. Actas del VIII. Congreso de la Aiso. 2008, pp. 1495 y ss.

Esta última es la que encontramos en la Biblia griega y por lo tanto no fue aceptada por los sabios de Jammia. Sobre estas dos versiones de Ester es menester apuntar lo siguiente: (1) La versión hebrea habla del rey Asuero, que es un personaje que no existe en la historia persa, aunque se le identifica como un título para referirse al rey. La versión griega usa el nombre Artajerjes que sí fue una persona histórica muy mencionada en la historia universal. (2) A diferencia de la versión hebrea que no menciona a Dios en ninguna parte, aunque su actividad está en todo el relato según se dice, la versión griega está salpicada con el nombre de Dios desde su mismo comienzo. (3) No existe nada en la versión griega que pueda considerarse a la luz de toda la Biblia como algo espurio e indigno.

Los tres puntos anteriores nos llevan a reflexionar de la siguiente manera: ¿Por qué rechazar la versión griega si esta es más exacta que la hebrea? Si menciona el nombre del rey de Persia correctamente y a Dios desde el principio hasta el fin, ¿tienen los judíos de Jammia más autoridad que los judíos de Alejandría? Si eso es así, ¿quién les dio esa autoridad y cuándo? Si los redactores del Nuevo Testamento incluyendo al apóstol Pablo reconocieron la Biblia griega, ¿qué autoridad tiene la Iglesia protestante para descalificar la versión griega? ¿Existe acaso un concilio de la Iglesia protestante donde haya demostrado palmariamente que dicha versión es apócrifa? Si vamos a reconocer las resoluciones de los sabios de Jammia como *vox Dei*, ¿aceptaremos el acta de maldición contra la iglesia cristiana? ¿O solo aceptaremos lo que nos conviene?

Lo cierto es que en un sector de la Iglesia protestante hemos sido un poco *borregos* y no dados a la reflexión académica, por eso cuando los teólogos alemanes sacaron toda la artillería pesada con el tema de la crítica bíblica lo que hicimos fue satanizarlos, incluyéndome a mí, porque nos era más fácil condenarlos que examinar sus escritos con seriedad para ver qué era lo que nos estaban diciendo y así hablar con ciencia.

Para finalizar el tema de Ester, después de la digresión anterior, sí existe un consenso que el relato de Ester no es histórico pues no existe el más mínimo indicio ni en la historia ni en la arqueología que sea real, ¿qué más da una versión u otra? Si la lógica nos enseña que debemos decantarnos por aquello que incluye *el todo*, ¿por qué aceptar la versión hebrea? Y si seguimos con la lógica y esgrimimos el *argumentum adverecundiam* que Pablo reconoció la versión griega, ¿Por qué rechazarla? Lo cierto es que para efectos prácticos no hace mucha o ninguna diferencia la una de la otra y no afecta la esencia del mensaje cristiano, luego entonces, nuestra conclusión es que da igual si usamos una u otra. Lo que sí debemos evitar es llamar falsa, apócrifa o espuria a la versión griega, porque sencillamente no lo es.

Después de haber efectuado un sucinto análisis crítico de los libros deuterocanónicos cabe preguntarnos, ¿es correcta su exclusión? ¿Es correcto denominarlos apócrifos? ¿Hizo bien la Sociedad Bíblica Británica de eliminarlos de la Reina Valera? Nadie mejor que Alfonso Ropero para contestar estas preguntas en una sola sentencia:

> ... *considero que fue una decisión errónea la exclusión del canon bíblico, pues supuso una grave perdida de perspectiva a la hora de entender el mundo en el cual surgió y se desarrolló el cristianismo primitivo. Perdimos una parte muy significativa de la historia y mentalidad que encontramos en el Nuevo Testamento...*[88]

Aunque la valorización crítica del profesor Ropero se refiere al libro de Sabiduría, la misma puede ser aplicable perfectamente al resto de los libros. En primer lugar, la Sociedad Bíblica Británica no estaba facultada para tomar este tipo de decisiones. Esto solo puede o debe hacerlo un concilio de la Iglesia, no una organización para-eclesiástica. En segundo lugar, al eliminar estos libros del canon se pierde la perspectiva a la hora de entender el mundo griego de Alejandría, lo cual es importante porque es donde tiene origen la Biblia griega que usó la Iglesia de los primeros siglos y donde se fragua la teología cristiana. Finalmente, el profesor Ropero señala que perdimos la historia y la mentalidad que encontramos en el N. T. Los libros de los Macabeos es esencial estudiarlos porque nos pone en contexto al N. T. Además, que estos libros fueron una fuente importante en la redacción del N. T. por lo que concordamos con la valorización del profesor Ropero: *fue una decisión errónea la exclusión del canon bíblico.*

2.3.7 *Adiciones al libro de Daniel*

El libro de Daniel es uno de los grandes enigmas de la Biblia por muchas razones, entre las que se pueden mencionar están las siguientes: (1) El usar un lenguaje profético sin ser un libro profético. Los judíos sabían que este

---

88. Ropero, A. «Contribución de los judeo–helenistas al cristianismo primitivo». *Biblia y teología hoy.* Editorial Clie. España. 2021, p. 42. En este mismo sentido el profesor Busto Saiz señala que: ...la Septuaginta es la Biblia de los apóstoles y del Nuevo Testamento y, por tanto, para la Iglesia. Agustín se mantiene en la concepción de Orígenes cuando interpreta Prov 23:10: *No eches atrás los hitos que pusieron tus padres,* en el sentido de mantener la autoridad de la Biblia griega recibida de los apóstoles. En su obra la *Ciudad de Dios se* llegará a decir que así como Dios quiso comunicarnos algo por Jeremías y otras cosas por medio de Isaías, de la misma manera hay algo que Dios ha querido comunicarnos por medio del texto hebreo y otras cosas por medio del texto griego. Ambos son textos de valor análogo... Véase Busto, J. R. «El texto lucianico en el marco del pluralismo textual. Estado de la cuestión y perspectivas». *EE.* España. 1990, p. 4.

era un pseudoepígrafe escrito en una época cuando los acontecimientos que "profetiza" ya habían ocurrido. Por eso no fue clasificado dentro de los libros proféticos (*Nebeím*) sino dentro de los escritos (Ketuvim). (2) Los manuscritos más antiguos de este relato están escritos en dos idiomas: arameo y hebreo, dando testimonio de una posible pluralidad de autores. Del versículo 2:4 al 7:28 está escrito en arameo, el resto está escrito en hebreo, empero esto representa un problema, pues como señala George A. Barton: *This Aramaic section crosses the line between chapter 6 and 7, where the division in the book has usually been made by critics*[89]. [Esta sección de arameo cruza la línea entre el capítulo 6 y 7, donde la división del libro ha sido usualmente hecha por los críticos]. Todos sabemos que el libro de Daniel cambia drásticamente en el 7:1, entonces, ¿cómo se explica que sea el mismo idioma de la primera parte y el capítulo 7 se considerada segunda parte? El hebreo comienza en el 8:1 y temáticamente está conectado con el capítulo 7 pero en diferentes idiomas. Desconocemos una respuesta fidedigna a este enigma, solo especulaciones de algunos eruditos. (3) La pregunta clave de toda esta perorata es: ¿por qué los alejandrinos hicieron tres adiciones al libro de Daniel? ¿Qué pretendían con esto? Sobre esta última pregunta trataremos de filosofar para ver si logramos ver algunos ángulos que nos arrojen cierta luz.

Las adiciones al libro de Daniel

Existen tres adiciones en el libro de Daniel[90]: La primera está comprendida entre Daniel 3:24 hasta 3:90. Esta adición es conocida como el *Cántico de los tres jóvenes*. En la versión católica Bover–Cantera la adición aparece en corchetes, en la Nácar–Colunga y en la Biblia de Jerusalén aparece sin corchetes. La segunda adición de los alejandrinos fue la historia de Susana que se encuentra en el capítulo 13 y la de Bell y el dragón en el capítulo 14.

Fuentes del libro de Daniel

El libro de Daniel con sus respectivas adiciones está formado por un mosaico de fuentes donde existe una pluralidad de autores y dos redactores finales; dos porque existen dos versiones, la corta que es la hebrea y la

89. Barton, G. «The composition of the book of Daniel». *JBL*. Vol. 17. Nº 1. 1898, p. 65.

90. Sobre el tema de las adiciones al libro de Daniel se recomienda altamente la siguiente fuente especializada que es un clásico: Daubney, W. H. *The three additions to Daniel: a study*. Christian Classics Ethereal Library. Grand Rapids. USA. 1906. En este trabajo el autor hace un estudio minucioso de cada detalle de las tres adiciones del libro de Daniel, *v.g.* canonicidad, estilo, teología, cronología entre otros aspectos claves para determinar su *sitz em leben*.

larga que es la alejandrina. Siguiendo al profesor René Kruger[91] nos centraremos en el capítulo 14 del libro de Daniel. El capítulo 14 contiene tres episodios completamente diferentes: el primero es la controversia en si Bel es un dios vivo o no. Daniel demuestra el fraude de los 70 sacerdotes y el rey los castiga con la muerte por la mentira. Este episodio está del 14:1-22.

El segundo episodio es el que tiene que ver con el dragón vivo a quien los persas adoraban. Daniel prepara una comida que le hace perder la vida al dragón demostrando que este no era un dios sino un simple y vulnerable animal.

Estas dos actuaciones y triunfos de Daniel suscitaron la envidia y malestar de los persas, quienes le pidieron al rey su cabeza. Es así como organizan un complot para deshacerse de él y por segunda vez en el mismo libro, Daniel es echado en el foso de los leones de donde salió ileso como en la primera ocasión.

Son tres episodios diferentes en un mismo capítulo, y nuestra presunción *juris tantum* es que el criterio heurístico de su ordenación es temático, pues al ser relatos ficticios no pudo ser cronológico. El primero, el de Susana es ambientado en Babilonia y el siguiente en Persia dejándonos ver el trabajo de agrupación que hace el redactor final. Finalmente hay que apuntar que se desconoce su paternidad literaria.

Interpretación

Como es lógico, al ser relatos ficticios no se pueden interpretar literalmente, en tal sentido, la única forma de interpretar estas adiciones, como la mayor parte del libro, es alegóricamente. Y si ese es el caso, toca descubrir las verdades que subyacen en las perícopas. Para efectuar este trabajo precisa tomar en cuenta los siguientes hechos:

(1) Las adiciones al libro de Daniel son tres, aunque la adición del capítulo 14 son tres perícopas diferentes, haciendo un total de cinco perícopas.

(2) Todas los perícopas son relatos ficticios con una sola temática: El ataque perverso y puntual contra judíos que eran piadosos y observaban la Ley de Moisés. Era una manifiesta xenofobia contra el pueblo de Dios.

(3) En todos los relatos hay una intervención divina y una liberación espectacular de Dios en la que sus enemigos quedan avergonzados.

91. Kruger, R. «Daniel 14: Un pintoresco desenmascaramiento de la fraudulenta religión politeísta imperial». *RIBLA.* Vol. 79. Nº 1. 2019, pp.

Las preguntas que estos hechos nos suscitan son las siguientes: ¿por qué se hicieron estas adiciones? ¿Por qué la temática de la xenofobia contra el pueblo de Dios? ¿Cuál es el mensaje que se quería dar a los judíos de Alejandría? Bien, no existe una respuesta contundente que diga estas fueron las razones, sin embargo, podemos explorar algunos hechos que nos pueden arrojar luz sobre el tema.

(1) Había un contexto sociopolítico de persecución de los herederos de Alejandro contra del pueblo de Israel.

(2) La necesidad pedagógica de enseñar a los judíos de la diáspora verdades teológicas eternas como la fidelidad de Dios al pacto con su pueblo, que el pecado es la única causa del sufrimiento de los judíos en manos de los impíos, el levantamiento de profetas o héroes que serán instrumentos en la liberación de su pueblo, la vergüenza de todos aquellos que se levanten contra Dios y su pueblo. Todas estas son las verdades que subyacen en los relatos fantásticos que encontramos en el libro de Daniel y en especial en las adiciones.

(3) El ángulo que propone el profesor René Kruger es muy interesante:

> ...nadie exige que Daniel 14 sea tomado como narración de eventos históricos y menos aún, como ejemplos que deban ser seguidos. Los castigos allí contados pertenecen en primer lugar a la dimensión de la protesta. Son expresiones del grito de desesperación de sectores explotados y oprimidos por el Imperio babilónico y su aparato político-religioso. Son, si se quiere, "castigos literarios" que satisfacen aspiraciones de justicia de esos sectores que no disponían de los medios jurídicos para exigir y hacer valer la justicia como los tenemos hoy, y entonces solo podían "castigar" a los corruptos haciéndolos desaparecer en un relato...[92]

El erudito profesor Kruger explora un ángulo muy interesante: relatos escritos como *castigos literarios* contra los impíos, pues al no tener los judíos

---

92. Kruger, R. «Daniel 14: Un pintoresco desenmascaramiento de la fraudulenta religión politeísta imperial». *Op. cit.*, p. 131 y ss. donde se puede ver las propuestas hermenéuticas que el profesor Kruger hace y donde en esencia señala: *...es decisivo ubicarse en la mentalidad del autor y su público lector. Sobre la base del carácter midráshico de muchos elementos y partes de Daniel, el agregado cap. 14 puede caracterizarse como narración edificante y pedagógica, necesaria según el autor en un momento en que peligraba la exclusividad de la fe monoteísta entre algunos judíos o incluso sectores mayores. Un relato tan fuerte como Daniel 14, con la destrucción de los ídolos babilónicos y la eliminación física de los sacerdotes corruptos y los enemigos de Daniel y también del rey "judaizado", era el remedio adecuado para hacerle frente a la tentación del sincretismo; y como el monoteísmo hebreo no admite componendas, pues de otra manera puede sucumbir, había que construir un texto lo más duro y tajante posible...*

los medios jurídicos para liberarse de la opresión de sus captores, este era su único recurso para satisfacer su necesidad de justicia.

2.3.8. Baruch

El libro de Baruch es el típico libro pseudoepígrafe, compuesto por tres discursos independientes que nos muestra la pluralidad de autores y el trabajo de un redactor final. No existe ningún manuscrito original en el idioma hebreo y es considerado como inspirado porque aparece en la Biblia griega y solo allí, fue traducido por Jerónimo en la Vulgata y fue canonizado por la Iglesia católica en el Concilio de Trento[93].

Baruch está ambientado en la Babilonia de la diáspora, aunque se cree fue escrito hacia el siglo II a. C. Comienza con la confesión de pecados del pueblo que explica la razón por la cual este está en una situación de destierro. Hay en el libro una serie de exhortaciones al pueblo que llevan al escritor a consolarlo. Termina con una carta del profeta Jeremías en contra de la idolatría a la que los judíos se iban a ver expuestos en el exilio.

A todas luces es la clásica historia con elementos ficticios escrita *a posteriori* con una serie de lecciones para el pueblo, en este caso, para los judíos alejandrinos. El pasaje que reza:

> …*y rogad por la vida de Nabucodonosor, rey de Babilonia, y por la vida de Baltasar, su hijo, para que sean sus días como los días del cielo sobre la tierra. Y nos dará el Señor fortaleza y alumbrará nuestros ojos, y viviremos a la sombra de Nabucodonosor, rey de Babilonia, y a la sombra de Baltasar, su hijo, y les serviremos muchos días y hallaremos gracia a sus ojos*[94].

El anterior pasaje es una especie de enigma, primero porque presenta a Nabucodonosor como a una persona digna cuando el libro de Daniel lo presenta como un inmisericorde verdugo, a quien Dios se ve obligado a castigar con una enfermedad por su soberbia. Por otro lado, Baltasar o Belsasar no era hijo de Nabucodonosor sino de Nabodino y fue el último rey de la dinastía. De la misma manera no debe entenderse literalmen-

---

93. Sobre este libro se recomienda la siguiente bibliografía: Goldstein, J. «The Apocryphal book of Baruch». en *Semites, Iranians, Greeks, and Romans: Studies in their Interactions*. Brown Judaic Studies. USA. 2020, pp. 191–207. Moore, Carey A. «Toward the dating of the book of Baruch». *CBQ*. Vol. 36. Nº 3, 1974, pp. 312–20. Finalmente se recomienda el comentario sobre los libros deuterocanónico: Yee, Gale A., et al., editors. *The Apocrypha: Fortress Commentary on the Bible Study Edition*. USA. 2016.

94. Baruch 1:11-12.

te… *Estas son las palabras del libro que escribió Baruch*… porque este relato es un pseudoepígrafe.

En esencia, es el acostumbrado relato alejandrino, pseudoepígrafe, con elementos ficticios, alegórico empero con un extraordinario mensaje. El libro de Baruch no es la excepción, es un libro en el que queda claro que la realidad espiritual de un pueblo determina su gloria o su ruina y que cuando el pueblo toma el mal camino Dios siempre provee una oportunidad para el arrepentimiento y una futura redención. Un mensaje de esta naturaleza puede ser aplicado en cualquier época y contexto, he ahí la siempre pertinencia del libro.

Después de efectuar un estudio somero del *corpus litterarum* de la Biblia griega es reprochable el desprecio manifiesto de la Iglesia protestante hacia los libros deuterocanónicos y lo es, no porque las historias que relatan sean ciertas, porque no lo son, o porque establecen doctrinas de quintaesencia, porque no lo hacen. En esta investigación se afirma que el método de los alejandrinos es el alegórico, en tal sentido la gran mayoría de este *corpus* contiene verdades, enseñanzas y teología del más alto nivel que hay que descubrir, que subyace al texto que se lee y que lo hace aplicable a cualquier época en la que un exégeta quiera hacer un *midrash* a la sociedad en la cual interactúa. El hecho que los redactores del Nuevo Testamento hayan usado la Biblia griega, entre los que destaca el apóstol Pablo, es un *argumentum ad baculum* irrefutable, incuestionable e innegable. Si esto fuera insuficiente, los Padres de la Iglesia hicieron lo mismo y fundaron la teología cristiana en base a la Biblia griega. Como se puede constatar a lo largo de este estudio, este *corpus litterarum* nos arroja una información valiosa sobre la historia, como es el caso de los libros de los Macabeos. Nos da un conocimiento muy importante sobre el contexto sociopolítico de los judíos como la historia del exilio que encontramos en Tobías o Ester. Nos proporciona una información valiosa sobre el fundamento de la filosofía de vida que sirve de fundamento a la ética cristiana que encontramos en los libros sapienciales. En fin, los libros deuterocanónicos deben ser una lectura obligatoria para todas aquellas personas que enseñan la Biblia o pretendan conocer el intrincado mundo de la Palabra de Dios y los dogmas que de ella se originan.

2.4 El papel de la Septuaginta en la formación del N.T. y la teología cristiana

Este tema fue ampliamente tratado en el libro *Fuentes que dieron origen al Nuevo Testamento* cuyo objetivo era, *inter alia*, demostrar que el Nuevo Testamento no surgió *ex nihilo*, sino que sus redactores usaron fuentes escriturales entre las que se encuentran los libros deuterocanónicos de la Biblia griega. La presente investigación pretende demostrar que la filosofía griega y el contexto cultural helenista de Alejandría influenció de una forma directa la traducción, interpretación y redacción de la Biblia griega.

Una vez aclarado lo anterior, huelga señalar que nuestro objetivo en este apartado es demostrar que para los redactores del Nuevo Testamento la Septuaginta no era la versión griega de la Biblia, sino la Biblia, de otra manera sería absurdo que estos hayan preferido usarla como su fuente para hacer los *midrash* que encontramos a lo largo de todo el Nuevo Testamento. En la primera subdivisión hemos seleccionado tres ejemplos de los muchos que existen en los cuales queda evidenciado el uso de la Septuaginta.

2.4.1 Citas de la Septuaginta en el Nuevo Testamento

A esta altura de la investigación queda claro que la Biblia griega era la única disponible para los cristianos de lengua no hebrea[95], así que es lógico concluir lo siguiente: (1) que los escritos judíos eran leídos e interpretados en el idioma griego y (2) que esa interpretación fue hecha, en gran medida, sobre la base del contexto cultural y teológico griego en el que se fundamentaron los redactores del N. T. (3) Lo anterior condicionó el modo como interpretaron a Jesús cumpliendo las expectativas del pacto de Dios con el hombre. Sobre este tema la erudita profesora de la Universidad de Salamanca, Inmaculada Delgado Jara señala:

> ...*la Biblia griega constituye la principal fuente de citas del Antiguo Testamento en el Nuevo: la mayoría no son de ningún modo dependientes del hebreo... el Nuevo Testamento se construye en un diálogo intertextual permanente con el Antiguo y que este se realiza a través de la Biblia griega y no a través del texto hebreo...* [96]

Existe un consenso claro en la academia en relación con las citas de la Septuaginta en el N. T. Siendo los libros más citados los Salmos, Isaías, Éxodo y Deuteronomio, por este orden. Así ocurre en Marcos que también cita a

95. Es importante mencionar que en esta época comenzó la tradición de explicar en idioma arameo pasajes del *tanaj* debido a que muchos judíos no entendían con solvencia el idioma hebreo. Esto dio origen mucho después a los famosos tárgumes de Onkelos y de Jonathan, empero en la época de Cristo y de los albores del cristianismo, la Septuaginta era la única colección de libros sagrados ampliamente reconocida. Sobre el tema de los tárgumes véase a Alarcón Sainz, J.J. «Tárgum: las versiones arameas de la Biblia griega». *'Ilu*. Universidad Complutense de Madrid. 2002. VII, pp. 63-73.

96. Delgado Jara, I. «La Septuaginta y el texto masorético en las citas literales de Marcos» en *Métodos y técnicas en ciencias eclesiásticas. Fuentes, historiografía e investigación*. Universidad Pontificia de Salamanca. España, p. 33.

Malaquías, Levítico, Jeremías, Génesis, Josué, Daniel y Zacarías[97]. En virtud de ser muchas las citas y que rebasa el propósito de nuestra investigación hacer un estudio pormenorizado de las mismas nos conformaremos con dar tres ejemplos concretos del *modus operandi* de estas. El primer modelo que analizaremos será Mc 7:6-7.

NVI Él les contestó: —Tenía razón Isaías cuando profetizó acerca de ustedes, hipócritas, según está escrito: Este pueblo me honra con los labios, su corazón está lejos de mí. en vano me adoran; sus enseñanzas no son más que reglas humanas".	LXX Este pueblo viene a mí, me honra con los labios, pero su corazón está lejos de mí y en vano me adoran, enseñando preceptos y doctrinas humanas.	TM Dice el Señor: Este pueblo me alaba con la boca, y me honra con los labios, pero su corazón está lejos de mí y el culto que me rinden es puro precepto humano, simple rutina.

El anterior es un ejemplo dado por T. M. Law, quien señala que todo gira alrededor de la pregunta: ¿qué impedía al pueblo dar culto verdadero? Marcos se decanta por la interpretación de la LXX que asegura que la *tradición* era el impedimento a diferencia del T. M. que señala que el *formalismo religioso* era el impedimento[98]. Si estudiamos el *sitz im leben* de la perícopa nos daremos cuenta de que esta declaración de Jesús es la reacción a la pregunta de los fariseos: *¿por qué no siguen tus discípulos la tradición de los ancianos, en vez de comer con manos impuras?*, pues estos habían visto a los discípulos comer sin lavarse las manos. El redactor del evangelio de Marcos sigue la Septuaginta[99].

97. Id.

98. Law, T. M. *Cuando Dios habló en griego. La Septuaginta y la formación de la Biblia cristiana. Op. cit.*, p. 140.

99. La profesora Inmaculada Delgado Jara señala que no es que Marcos citó literalmente la LXX, sino que hizo cambios menores. Sin duda el redactor está interpretando y haciendo ajustes redaccionales para que la perícopa quede bien escrita. Véase Delgado

NVI	LXX	TM
Pues como dice la Escritura:	Esto dice el Señor: os admirabais y gemías porque mi pueblo fue tomado gratis;	Pero ahora, ¿qué es lo que veo? Oráculo del Señor. Se han llevado a mi pueblo por nada, sus opresores dan gritos de triunfo, oráculo del Señor, y ultrajan mi nombre sin cesar.
—Por vuestra causa el nombre de Dios es ultrajado entre los paganos.	Esto dice el Señor. Por vuestra causa mi nombre se blasfema continuamente entre las naciones.	

De los evangelios pasamos a Romanos donde podemos constatar como el apóstol Pablo también usaba la Biblia griega como punto de partida de su redacción. En este pasaje de Romanos 2:24, Pablo utiliza la frase *por vuestra causa* que toma de la Septuaginta, de Isaías 52:5, y que como puede observarse no existe en el texto masorético. En conclusión, la redacción de Pablo es afín a la Biblia griega y diferente a la TM.

NVI	LXX	TM
Por eso, al entrar en el mundo, Cristo dijo:	Sacrificio y ofrenda no has querido, pero oídos has preparado para mí; holocausto y sacrificio expiatorio no has pedido.	Tú no quieres sacrificios ni ofrendas, pero me abriste el oído; no pides ni holocaustos ni víctimas.
«A ti no te complacen sacrificios ni ofrendas; en su lugar, me preparaste un cuerpo; no te agradaron ni holocaustos ni sacrificios por el pecado. Por eso dije: "Aquí me tienes —como el libro dice de mí—. He venido, oh Dios, a hacer tu voluntad"».	Entonces dije: Mira llego, en rollo de libro se ha escrito sobre mí; hacer tu voluntad, Dios mío, he deseado, y tu ley en medio de mi entraña.	Entonces yo digo: Aquí estoy, para hacer lo que está escrito en el libro sobre mí. Amo tu voluntad, Dios mío, llevo tu ley en mis entrañas.

Jara, I. «La Septuaginta y el texto masorético en las citas literales de Marcos» en *Métodos y técnicas en ciencias eclesiásticas. Fuentes, historiografía e investigación. Op. cit.*, p. 40.

La persona que hizo la redacción final de la carta a los Hebreos, específicamente en el capítulo 10:5-10, efectuó un *midrash* del Salmo 37:7-9 (en la versión hebrea que siguen nuestras traducciones es el Salmo 40:6-8), un *midrash* atrevido porque inserta en la ecuación la figura de Cristo que no estaba en la mente del redactor del Antiguo Testamento. Huelga señalar que el *midrash* que hace tiene una lógica increíble y calza a la perfección con lo que redactor de Hebreos quiere decirnos. La expresión, *pero oídos has preparado para mí* de la Biblia griega en realidad debe leerse, *pero cuerpo has preparado para mí,* como aparece traducido en la NVI, es decir, cuerpo en lugar de oídos como se encuentra también en los más antiguos MSS de la Biblia griega[100].

Lo anteriormente expresado nos indica que los redactores del Nuevo Testamento no hicieron uso exclusivo de la LXX, pues en algún momento debieron haber usado el texto hebreo, sin embargo, la huella de la LXX está bien marcada en escritos como la carta a los Hebreos pues como señala T. M. Law: *...no hay duda: este autor demuestra de forma innegable que depende de la Septuaginta y de sus revisiones griegas...*[101] y como este hay muchos otros escritos más del Nuevo Testamento.

Ha quedado suficientemente claro como los LXX fue la base sobre la cual los escritores del Nuevo Testamento redactaron sus escritos.

2.4.2 *Los libros deuterocanónicos como fuente de la teología cristiana*

Como ya se mencionó anteriormente, este tema aparece desarrollado en el libro de *Fuentes que dieron origen al Nuevo Testamento,* aquí lo que nos interesa apuntar es que la temática teológica abordada en los libros deuterocanónicos no surge *ex nihilo,* sino que son el resultado de las reflexiones de la filosofía griega en combinación con la realidad sociopolítica de la época, junto a los escritos sagrados y no sagrados de los judíos que llevó al teólogo a elaborar una síntesis, bajo la iluminación del Espíritu de Dios, que da como resultado un pensamiento teológico.

---

100. Sobre este tema T. M. Law señala: *la mayoría de los manuscritos griegos de los Salmos tienen "cuerpo" en el Salmo 39:7 (en la numeración hebrea es el Salmo 40:6) incluyendo el papiro primitivo Bodmer 2... la traducción "me has formado un cuerpo" aunque no sigue literalmente al hebreo, habría sido escogida como una manera sensata de comprender lo que quiere decir el salmista... «Cuerpo» es la lectura de la Septuaginta más antigua, la cual fue después eliminada a través de sucesivas revisiones. De ser así, una vez más el autor de Hebreos ha seguido la Septuaginta.* Véase Law, T. M. *Cuando Dios habló en griego. La Septuaginta y la formación de la Biblia cristiana. Op. cit.,* p. 153.

101. *Ibid.,* p. 151.

Hablando del caso concreto del libro de Macabeos vamos a observar una serie de aspectos que conectan perfectamente con lo que pretendemos demostrar:

1. Los relatos de Macabeos se dan en un contexto sociopolítico de una invasión de una potencia militar que no solamente pretende el sometimiento político sino el avasallamiento cultural.

2. La invasión militar desencadena una persecución brutal contra los rebeldes que se resisten al sometimiento. En ese contexto ocurren masacres y hechos espeluznantes contra ciudadanos judíos.

3. Ante la persecución y la impotencia del pueblo surge la necesidad de crear una teología a la que se le conoce como *género apocalíptico* que es una mera reacción a una realidad sociopolítica.

4. En el libro de II de Macabeos 7 encontramos a un verdugo asesinando a los siete hijos de una señora que ante la impotencia y el macabro hecho no tiene más remedio que pronunciar unas palabras que intentan lacerar la conciencia del esbirro: «*¡Asesino! Podrás quitarnos la vida, pero Dios, el Rey de este mundo, nos resucitará y nos dará la vida eterna. Dios hará esto por nosotros, pues morimos por obedecer sus leyes*».

5. Es la primera vez que se menciona en un libro que se considera sagrado este tema, sin embargo, de manera directa o indirecta este tema es mencionado en la filosofía griega. El diálogo de Platón que por antonomasia aborda el tema de la inmortalidad del alma es *Fedón*, al que nos referiremos con amplitud más adelante.

6. Si bien es cierto que no hay forma de conectar *Fedón* o un escrito específico de la filosofía griega con la resurrección de Macabeos, también es cierto que una teología no surge *ex nihilo* y menos en un vacío cultural, luego entonces, los libros de Macabeos que se dan en el contexto alejandrino, *strictu sensu* deben estar influenciados por *mileu* intelectual de la época.

El profesor Dag Øistein Endsjø en su magnífico libro *Greek Resurrection Beliefs and the Success of Christianity*,[102] efectúa un magnífico trabajo en el cual examina la relación entre el crecimiento del cristianismo en el mundo griego y la creencia de la resurrección de los muertos. Hace una clara presentación de aspectos desconocidos de la religión griega, tales como historias sobre personas que fueron hechas físicamente inmortales. En palabras sencillas, los griegos hablaron de esta temática antes que los judíos. Evi-

---

102. Øistein Endsjø, D. *Greek Resurrection Beliefs and the Success of Christianity*. Palgrave, Macmillan. USA. 2009.

dentemente, fueron los teólogos cristianos los que desarrollaron después todo este pensamiento que los llevó a convertir a los griegos a la nueva fe.

2.5 Controversia entre la Biblia hebrea y la Biblia griega

La pugna entre Jerusalén y Alejandría fue latente en el primer siglo y se vio reflejada en una serie de aspectos tanto dentro del cristianismo, como puede verse en el libro de los Hechos cuando hubo discrepancias entre los cristianos "griegos" y los cristianos "judíos" así como entre el cristianismo y judaísmo. Aquí, un punto de discordia, *inter alia,* fue la Biblia[103]. Los cristianos adoptaron la Septuaginta como el canon sagrado provocando de esta manera la animadversión del judaísmo más que todo por rechazo al cristianismo. Sobre este tema Irving Gatell afirma:

> *Los descendientes de los judíos alejandrinos que se integraron al Judaísmo Rabínico dejaron en el desuso absoluto la Septuaginta, y esta pasó a ser patrimonio religioso del cristianismo. Si en los siglos posteriores hubo una abierta animadversión judía contra la Septuaginta, fue debido a esto[104].*

A pesar de lo señalado anteriormente, la verdad simple sobre este tema es que se dejó de usar la Biblia griega porque después de que los sobrevivientes de la comunidad judía de Alejandría dejaron Egipto y se establecieron en Europa, el griego dejó de ser un idioma de uso común entre ellos.

Ha quedado suficientemente claro que la Septuaginta surge como producto de una política de Estado, dando origen a su formación en los siguientes cuatro siglos. La Septuaginta tiene una doble naturaleza, es una traducción y es una composición de escritos que dan como resultado un *corpus litterarum* que fue canonizado *de facto* por los redactores del N. T., por los Padres de la Iglesia y por los cristianos de los primeros siglos. Fue tajantemente rechazado por las escuelas rabínicas hasta el día de hoy. En el mundo cristiano, la Iglesia católica lo aceptó en el Concilio de Trento, de ahí lo de deuterocanónicos. La Iglesia cristiana ortodoxa lo aceptó y le agregó otros libros. La Iglesia protestante nunca se pronunció oficialmente

103. Irving Gatell de origen judío escribió un interesante artículo sobre la *guerra de las Biblias* donde nos habla sobre la controversia entre la Septuaginta y el texto hebreo y el esfuerzo de los judíos por corregir el texto griego como fue el caso de Teodoción y Aquila quienes hicieron una versión distinta al de la Septuaginta para asegurarse un texto único y diferente al que usaban los cristianos. Véase Gatell, I. «La guerra de las Biblias: un episodio casi olvidado de nuestra historia (parte III). Véase *Enlace Judío.* 3 de marzo 2017. https://www.enlacejudio.com/2017/03/03/la-guerra-las-biblias-episodio-casi-olvidado-nuestra-historia-parte-iii/. Visto el 29 de junio del 2023.

104. *Íd.*

y la Sociedad Bíblica Británica y Extranjera decidió eliminarlos de una forma arbitraria en el año de 1827. Podemos decir que los libros deuterocanónicos de la Septuaginta no forman parte del canon protestante por la *enveterata consuetudo* iniciada por la Sociedad Bíblica Británica y Extranjera, pues nunca hubo un concilio que definiera este tema.

Nuestro próximo capítulo estará dedicado al género sapiencial que surge en el PI bajo la influencia de la cultura griega y que sienta las bases de la ética cristiana desarrollada en los libros del N. T.

El toque griego a la literatura sapiencial

Sumario:

3.1 El contexto histórico de los libros sapienciales. 3.2 Los libros
sapienciales canónicos. 3.3 Los libros sapienciales deuterocanónicos.
3.4 La importancia de los libros sapienciales en la redacción del N. T.

En el período intertestamentario surgen dos géneros literarios bien marcados: el apocalíptico para traer esperanza a un pueblo perseguido y el sapiencial para dar dirección moral a las personas[105]. El *sitz im leben* del primero es la realidad sociopolítica del pueblo de Israel originada por la situación geopolítica de la época. El segundo género surge por varios factores, uno de ellos es la evolución que la filosofía griega había experimentado en aquel momento, había habido un salto cualitativo de reflexiones metafísicas especulativas a reflexiones morales plasmadas por las escuelas de los estoicos y epicúreos y por otro lado la realidad que Israel y los judíos alejandrinos vivían en el siglo segundo y primero antes de Cristo. Es importante señalar que la materia prima de la literatura sapiencial que son los dichos, refranes o sentencias morales no se origina en Alejandría, sino en el seno de las diferentes culturas orientales, sin embargo, el toque que los alejandrinos le ponen a esta literatura es único, incluso, muy diferente al que le ponen los judíos de Israel.

Procederemos ahora a estudiar todo lo relacionado con este toque griego a los libros sapienciales en los siguientes cuatro apartados.

105. Nada más ilustrativo que las palabras de Samuel Pagán sobre el tema de la literatura sapiencial: *En efecto, el campo de acción de la literatura sapiencial es el práctico y concreto, no es el especulativo o filosófico, pues la sabiduría intentaba contribuir positivamente a que las personas vivieran la vida con sentido de responsabilidad y dignidad al poner de manifiesto los valores y las enseñanzas en que se fundamentan la revelación divina. Este tipo de sabiduría e instrucciones no eran vistas en Israel como algún tipo de conocimiento teórico o meramente intelectual, no eran reflexiones abstractas que llegaban luego de la investigación científica y el análisis sistemático. Al contrario, la sabiduría verdadera era una forma particular de observar, analizar y enfrentar la existencia humana, que ponía claramente de relieve, entre otros valores, la honestidad, el perdón, la prudencia, el amor, la paz, el respeto, la dignidad, el decoro y la justicia...* Pagán, S. *Introducción a la Biblia hebrea.* Edit. Clie. Viladecavalls. España. 2012, p. 551.

3.1 El contexto histórico de los libros sapienciales

En la Biblia griega existen cinco libros sapienciales, es a saber, Job, Proverbios, Eclesiastés, Sabiduría y Eclesiástico; los últimos dos llamados deuterocanónicos. Como ya se ha afirmado, el género sapiencial y apocalíptico son contemporáneos, lo que nos permite afirmar que el *mileu* de los redactores de ambos géneros es el mismo, así como *sitz in leben* sociopolítico[106]. Los enfoques son completamente diferentes como es obvio, el *apocalíptico*, como ya se dijo, pretende traer esperanza al pueblo en medio de la persecución inmisericorde de las potencias militares de aquella época: los ptolomeos y los seleúcidas. En cambio, el género *sapiencial* pretende presentar un set de valores donde Dios es el centro de la sabiduría en contraposición directa a los valores que presentaba la filosofía griega, como la de los estoicos o epicúreos que se había infiltrado en la sociedad judía.

De los cinco libros sapienciales, solamente el de Sabiduría fue escrito en Alejandría y en idioma griego. Los otros cuatro fueron escritos en hebreo y traducidos al griego. La traducción del libro de Proverbios al griego nos demuestra palmariamente la introducción de elementos culturales griegos para que le sociedad judía alejandrina pudiese entenderlos. En ese sentido podemos decir que los libros sapienciales fueron *helenizados* al momento de su traducción e interpretación[107].

106. Sobre la relación entre la literatura apocalíptica y sapiencial escribe Iván Ruíz Larrea: *la obra de Ben Sirá formaría parte de una respuesta a la visión apocalíptica. Puede verse su desconfianza de los sueños (Si 34:1-8) y su apuesta por la práctica de la sabiduría que, mediante la elección del hombre prudente, libre, se aleja del engaño. No es pues la confianza en la imaginación onírica, ni la imputación del pecado como originado en una fuerza demoníaca y destructiva que posee al hombre (1 Hen [LV] 10,8). El hombre es libre de elegir su camino puesto que «el hombre que maldice a Satanás se maldice a sí mismo» (Si 21,27).* Ver Ruíz Larrea, I. «La sabiduría de Ben Sirá. El Eclesiástico y la libertad en la responsabilidad». *Textos del Judaísmo. Op. cit.*, p. 10.

107. Sabemos que gran parte de la Septuaginta es una traducción, pero no una simple traducción, pues al traducir se interpreta y se introduce en el texto una serie de elementos culturales y sociopolíticos que le dan una personalidad única al trabajo final. Traducir es una ciencia y se traduce de dos formas: la literal y libre. Sobre esta ciencia la profesora Petra Vavroušová de la Universidad de Praga afirma lo siguiente: *Traductores e intérpretes... desde tiempos inmemoriales están encargados de transmitir e inmortalizar ideas y acontecimientos históricos... son mediadores indispensables entre lenguas y naciones, ya que algunos hitos históricos nunca habrían ocurrido sin su presencia...* Vavroušová, P. «La traducción e interpretación en la historia cultural de Hispanoamérica». https://www. researchgate.net/publication/342919548_Traduccion_e_interpretacion_en_la_historia_ cultural_de_Hispanoamerica. Visto el 30 de julio, 2022. Sobre esta complicada ciencia hay un artículo antiguo de Jorge Luis Borges que es muy ilustrativo: *Las dificultades de traducir son múltiples... cada palabra tiene una significación peculiar, otras connotativas y otras enteramente arbitrarias. En prosa, la significación corriente es la valedera y el encuentro de su equivalencia suele ser fácil. En verso, mayormente durante las épocas llamadas de decadencia o*

En suma, el contexto histórico de los libros sapienciales es el PI, una época de turbulencia política y religiosa donde los judíos se vieron en medio de un conflicto militar que desencadenó una persecución cuando la potencia ganadora quiso avasallarlos social y religiosamente. La respuesta militar fue la revuelta de los macabeos, que desarticuló la envestida Siria. La respuesta religiosa fue el surgimiento de los fariseos y los esenios. La respuesta teológica fue la literatura apocalíptica que habló por primera vez de un mesías, de la redención del pueblo de Dios y de la esperanza después de la muerte[108]. La respuesta filosófica fue la literatura sapiencial que ponía a Dios en el centro de la ecuación: *el principio de la sabiduría es el temor al Señor*[109]. El contexto sociopolítico y religioso de la sociedad judía del PI provocó una reacción en los diferentes ámbitos. Así que el contexto histórico de los libros sapienciales se da en una realidad de mucha agitación social y confusión espiritual; todo para confirmar el axioma que la Biblia o la teología no se dan en un vacío cultural, no tiene un origen *ex nihilo,* es el resultado de la realidad en la que vive el pueblo.

3.2 Los libros sapienciales canónicos

Los libros sapienciales canónicos son básicamente tres: el libro de Job, Proverbios y Eclesiastés. Nuestro objetivo en esta sección será ver y analizar el *toque* griego en la traducción LXX, es decir, los elementos socioculturales griegos que introducen los traductores, así como las interpretaciones particulares que efectúan del texto haciéndolo completamente divergente al original hebreo. Lo anterior no debe sonar sacrílego o herético, sino algo completamente normal, pues como señala la profesora Inmaculada Rodríguez Torné: *...una traducción no es solo un trasvase de un universo lingüístico a otro; es también un trasvase cultural...*[110] y no puede ser de otra manera, pues aquellos que hacen una traducción no son autómatas insensibles, sino humanos que están haciendo su mejor esfuerzo para que su trabajo sea entendido en una sociedad que tiene una cultura *sui géneris.* En el caso de la Septuaginta, el trabajo fue tan pertinente que tanto los redactores del Nuevo Testamento como los Padres de la Iglesia basaron su teología en la

---

sea de haraganería literaria y de mera recordación, el caso es distinto. Allí el sentido de una palabra no es lo que vale, sino su ambiente, su connotación, su ademán. Véase Borges, J.L. «Dos maneras de traducir». *Textos Recobrados.* Emecé. Buenos Aires. 1997.

108. Para profundizar en este tema se recomienda Zaldívar, R. *Fuentes que dieron origen al Nuevo Testamento. Op. cit.*, pp. 69 y ss.

109. Proverbios 1:7.

110. Rodríguez Torné, I. *Libro de Proverbios: tres textos, tres lecturas.* Tesis doctoral de la Universidad Complutense de Madrid. España. 2010, p. 401.

traducción, hermenéutica y escritos que hicieron aquellas personas que participaron en la confección de la Biblia griega.

3.2.1 El libro de Proverbios

El libro de Proverbios, ubicado en el *tanaj* como parte de los *Ketuvim*, es en realidad una recopilación de dichos, refranes y sentencias morales no solamente de la cultura judía sino de las culturas orientales con las que estos se relacionaban[111]. Como es obvio, la primera fuente de este material es la tradición oral, así como fuentes escritas de diferentes culturas, como la cananea y egipcia[112], *inter alia*.

El libro está compuesto de diversas colecciones de dichos que fueron escritos en épocas distintas, sin embargo, la forma final del libro fue terminada en el período postexílico, ya sea al final del período persa o quizás en la época griega[113].

Como es sabido, la Septuaginta fue compuesta durante un largo período de tiempo, empero con relación al libro de los Proverbios no existe un consenso de una fecha exacta en que fue escrito, G. Gerleman, por ejemplo, lo ubicó alrededor del año 150 a. C., antes del libro de Sabiduría y contemporáneo a Job[114]. M. Hengel, profesor de Tubinga, propuso como fecha de

---

111. Cadbury, Henry J. «Egyptian Influence in the Book of Proverbs». *TJR*. Vol. 9. N. 1, 1929, pp. 99–108. Fox, Michael V. «The Epistemology of the Book of Proverbs». *JBL*. Vol. 126. N. 4, 2007, pp. 669–84. Pilch, J. J. *The Cultural Life Setting of the Proverbs*. Fortress Press. USA. 2016.

112. La instrucción egipcia de *Amenempo* es idéntica a Proverbios 22:17–23:14, demostrando que el redactor final usó estos dichos de otra cultura en la redacción final de su trabajo. *La enseñanza de Amenemope*, un papiro que se encuentra en el Museo Británico de Londres. El estudio de este papiro abrió la puerta para establecer la relación entre la literatura sapiencial egipcia y la bíblica. *Amenemope* data del siglo XI a. C. y está considerada como la cumbre del género sapiencial egipcio, un género que ya entonces tenía más de mil años (*La instrucción de Ptahotep* es de *c.* 2450). En el libro, el funcionario Amenemope instruye a su «hijo» (o sucesor, o discípulo) para que obre con rectitud y respeto a los dioses. El tono, los conceptos e incluso la formulación presentan un gran parecido con los «Dichos de los sabios». Aunque en los «Dichos», claro está, todo se filtra por el tamiz del monoteísmo y se adapta al contexto hebreo: desaparece cualquier rastro politeísta, es Yahvé y no Tot quien «pesa los corazones» (24:12), y los gansos del Nilo se transforman en *nesher* (23:5; buitres leonados que mutarán a águilas en las versiones a otras lenguas). Véase López Guix, J. G. Biblia y traducción, ¿no te he escrito 30 máximas? El Trujamán. Centro Virtual Cervantes. 2013. https://cvc.cervantes.es/trujaman/anteriores/abril_13/17042013.htm. Visto el 13 de noviembre del 2022.

113. Para más información sobre este tema véase: Whybry, R. N. *The composition of the book of Proverbs*. Sheffield Academic Press. Sheffield 1994, pp. 157–165.

114. Gerleman, G. *Studies in the Septuagint*, III: Proverbs. Lund Universitets Arsskrift. Sweeden. 1956, p. 60.

composición el 170 a. C. basado en las conclusiones de las concepciones filosóficas plasmadas en el libro de Job y del ProvLXX, así como en otros escritos contemporáneos[115].

Una de las características de ProvLXX es la divergencia que existe con el TM, para lo cual existe una diversidad de opiniones, una de las más importantes es aquella que señala que el hebreo que sirvió de base para la traducción griega es diferente a la del TM que tenemos hoy como hebreo original[116].

Traductor e intérprete de ProvLXX

El estudio de Proverbios revela el *toque* alejandrino en el texto, es decir, evocaciones a la cultura griega que demuestran palmariamente que tanto el traductor e intérprete como sus destinatarios estaban familiarizados con ella. Es importante señalar que los personajes que intervienen en este trabajo no pretenden modificar la esencia de los temas sobre los que gira el original hebreo. Se podría decir que los alejandrinos enriquecieron el texto y lo hicieron pertinente, no solamente para la comunidad judía de Alejandría, sino para el cristianismo que iba a servirse de este titánico trabajo de los eruditos judíos en Alejandría.

Para el profesor sueco G. Gerleman no se trataba solamente de una influencia de tipo estilístico sino también ideológico, pues el traductor e intérprete estaba familiarizado no solamente con la literatura clásica, sino también con la filosofía, especialmente con la doctrina moral de los estoicos[117].

Toque griego al libro ProvLXX

La erudita profesora Inmaculada Rodríguez Torné hace un trabajo magnífico estableciendo las diferencias filológicas e ideológicas entre el TM y ProvLXX[118], dejando suficientemente claro cómo subyace el elemento sociocultural del traductor e intérprete del texto hebreo. El tema *per se* es extremadamente amplio y su estudio profundo rebasa los límites de esta investigación, afortunadamente tenemos el trabajo de la profesora Rodríguez Torné. Para efectos de nuestra investigación hemos seleccionado cinco ejemplos concretos que clarifican lo que estamos demostrando; el *toque*

115. Hengel, M. *Judaism and Hellenism: Studies in their Encounter in Palestine during the Early Hellenistic Period*. Wipf and Stock. USA. 2003, p. 292.

116. Morla, V. *Libros Sapienciales y otros escritos*. Edit. Verbo Divino. España. 2019, p. 110.

117. Véase Gerleman, G. *Studies in the Septuagint. Op. cit.*, pp. 11–35, 54 y 57.

118. Rodríguez Torné, I. *Libro de Proverbios: tres textos, tres lecturas. Op. cit.*, pp. 117 y ss.

griego del traductor e intérprete tanto en lo filológico como en lo ideológico[119].

Primer ejemplo: Prov 20:9: *parresía*

TM

¿Quién podrá decir: "he purificado mi corazón, estoy limpio de mi pecado"?

LXX

τίς καυχήσεται ἀγνὴν ἔχειν τὴν καρδίαν; ἢ τίς παρρησιάσεται καθαρὸς εἶναι ἀπὸ ἁμαρτιῶν;

¿Quién se ufanará de tener puro el corazón? ¿O quién tendrá la valentía de decir que está limpio de pecados?

NVI

¿Quién puede afirmar: «Tengo puro el corazón; estoy limpio de pecado»?

RV1960

Quién podrá decir: ¿Yo he limpiado mi corazón, limpio estoy de mi pecado?

La palabra παρρησιά *[parresía]* se utiliza por primera vez en la literatura griega por Eurípides y después la podemos encontrar en el mundo literario griego de la antigüedad. En las tragedias de Eurípides la *parresía* es la valentía con la que habla Electra, la libertad de expresión con la que al mensajero le gustaría dirigirse a Penteo[120], el derecho propio de los atenienses que *Ión*[121] desearía para su madre.

El uso de la palabra παρρησιάσεται que significa valentía y tomada de la literatura griega culturiza el mensaje y lo hace entendible a la sociedad judía de Alejandría. La traducción de la segunda parte debería ser: ...¿O

---

119. En lo relacionado a los cinco ejemplos, estos son el producto de una selección que se ha hecho del magnífico trabajo de la profesora Rodríguez Torné en el cual demuestra como en la traducción griega se refleja una impregnación profunda de la cultura griega del traductor, no solo a través de su lengua y de sus incursiones poéticas sino también en sus referencias literarias. Algunos detalles son reveladores, así mismo, de elementos característicos y propios de la cultura helenística.

120. En la mitología griega, **Penteo** era un rey de Tebas, hijo de **Equión** y de **Ägave**, hija a su vez de Cadmo, el fundador de Tebas y de la diosa Harmonía. Así aparece en la tragedia de las Heracles y Bacantes de Eurípides. El nombre de Penteo significa "hombre de las penas", nombre destinado a la tragedia.

121. Personaje de la mitología griega.

quién tendrá la valentía de decir que está limpio de pecados? Muy diferente al TM y las versiones en castellano. Alguien podría decir, bueno el TM es la lectura correcta porque es el idioma original, pues no lo es, como tampoco son las otras traducciones. Cada traducción es en realidad una interpretación cultural, así que todas están bien. Claro, una de ellas se acercará más al TM.

Segundo ejemplo: Prov 6:14: *polis*

TM

Hay perversidades en su corazón; pensando el mal en todo tiempo; provocando discordias.

LXX

διεστραμμένη δὲ καρδία τεκταίνεται κακὰ ἐν παντὶ καιρῷ ὁ τοιοῦτος ταραχὰς συνίστησιν πόλει

En [su] corazón pervertido planea la maldad en toda ocasión; tal persona causa problemas en la ciudad.

NVI

El malvado trama el mal en su mente, y siempre anda provocando disensiones.

RV1960

Perversidades hay en su corazón; anda pensando el mal en todo tiempo; siembra las discordias.

En la traducción de la Septuaginta observamos una adición que no tiene correspondencia en el texto hebreo. La palabra πόλει [en la ciudad] es una puntualización propia de la LXX. Alguien podría argumentar que es incorrecto agregar conceptos o palabras que no están en el texto original. El tema aquí es que el TM no es el texto original, este data del s. IX d. C. El texto hebreo que se utilizó para traducir la Septuaginta no existe tal cual. Ahora, ha quedado claro que las traducciones son culturales y πόλει [*polis*] o ciudad, está relacionado con el concepto de ciudadano que encaja a la perfección con la cultura alejandrina. En cambio, el concepto de polis era desconocido en la sociedad judía de Israel.

Tercer ejemplo: Prov 11:9, 11:12, 24:28: *ciudadano*

A continuación, veremos tres ejemplos de cómo el traductor decidió modificar el término hebreo *prójimo* por el griego de *ciudadano*. En la cultura nuestra es muy probable que esta diferenciación no tenga sentido y hasta sea incorrecta, empero en aquella época y circunstancia, el intérprete está haciendo asequible la revelación divina a los judíos asimilados a la cultura helena de Alejandría.

TM

Con la boca el impío arruina a su prójimo, pero con la sabiduría se libran los justos.

LXX

ἐν στόματι ἀσεβῶν παγὶς πολίταις, αἴσθησις δὲ δικαίων εὔοδος.

En la boca de los impíos hay una trampa para los ciudadanos, pero la comprensión de los justos es un camino fácil.

TM

Quien menosprecia a su prójimo carece de entendimiento, pero el hombre de inteligencia guarda silencio.

LXX

μυκτηρίζει πολίτας ἐνδεὴς φρενῶν, ἀνὴρ δὲ φρόνιμος ἡσυχίαν ἄγει.

Se burla de los ciudadanos el falto de entendimiento, pero el hombre sensato guarda silencio.

TM

No seas testigo sin motivo contra tu prójimo, ni le engañes con tus labios.

LXX

μὴ ἴσθι ψευδὴς μάρτυς ἐπὶ σὸν πολίτην μηδὲ πλατύνου σοῖς χείλεσιν.

No seas testigo falso contra tu conciudadano, ni abras en exceso tus labios.

El significado de ciudadano en estos tres pasajes citados proviene del concepto de *polis* que surge en la civilización griega. A partir del s. VIII a. C. en la antigua Grecia las poblaciones aisladas comenzaron a unificarse en ciudades-Estado, naciendo de esta manera el concepto de *polis*. En un principio designaba el recinto amurallado en el que residía el *basileus* (reino); más tarde pasó a significar la actividad que se realizaba en el ágora, que era el ámbito público, lugar de intercambio de palabra y mercancía (auditorio y mercado). La *polis* era el espacio donde los *politai* se relacionaban en igualdad.

Cuarto ejemplo: Prov 28:16: *el sicofante*

TM

Príncipe falto de inteligencia, multiplica las opresiones, pero el que aborrece las ganancias injustas prolongará [sus] días.

LXX

βασιλεύς ενδεής προσόδων μέγας **συκοφάντης**, ὁ δὲ μισῶν ἀδικίαν μακρόν χρόνον ζήσεται.

Rey necesitado de ingresos, gran explotador, pero el que aborrece la injusticia vivirá mucho tiempo.

NVI

El gobernante falto de juicio es terrible opresor; el que odia las riquezas prolonga su vida.

RV1960

El príncipe falto de entendimiento multiplicará la extorsión; más el que aborrece la avaricia prolongará sus días.

El significado de la palabra συκοφάντης [*sicofante*] de Prov 28:16 que aquí se aplica al rey puede estar relacionado con el encontrado en los papiros ptolemaicos acerca de los que practican la extorsión siendo esta palabra una mejor traducción que explotador. El verbo de la misma raíz *sicofante* se utiliza bastante poco y en Proverbios lo tenemos en 14:31; 22:16 y 28:3. Tanto el sustantivo como el verbo se aplican a la "persona que defrauda monetariamente".

Por otro lado, como puede observarse, existe una diferencia entre el TM y los LXX, en el primero dice que el gobernante multiplica la opresión y en el segundo que es un gran explotador o extorsionador. Es decir, que en el TM el príncipe ejecuta una acción y en la LXX se le califica con un adjetivo. En la segunda parte el TM habla de ganancias injustas, en la LXX habla de riquezas. Son dos cosas diferentes, aunque relacionadas. En el castellano pusimos la traducción de la NVI y la RV1960 para que pudiese verse el hecho que cada intérprete va a traducir de forma diferente. Ahora, en el caso que nos ocupa, lo que intentamos demostrar es que el intérprete al hacer la traducción de Proverbios 28:16, usó una palabra propia de la cultura helena συκοφάντης que literalmente no tenía nada que ver con el texto hebreo, pero que los alejandrinos no iban a tener ningún problema en entenderla. Al final, el intérprete está haciendo una traducción libre y cultural.

Quinto ejemplo: Prov 22:29

TM

¿Has visto a un hombre hábil en su oficio? Ante reyes podrá presentarse, no se presentará ante gente oscura.

LXX

ὁρατικὸν ἄνδρα καὶ ὀξὺν ἐν τοῖς ἔργοις αὐτοῦ βασιλεῦσι δεῖ παρεστάναι καὶ μὴ παρεστάναι ἀνδράσι νωθροῖς.

Hombre dotado de visión y resuelto en sus trabajos, ante el rey es necesario que se presente y que no se presente ante hombres perezosos.

NVI

¿Has visto a alguien diligente en su trabajo? Se codeará con reyes, y nunca será un don nadie.

RV1960

¿Has visto hombre solícito en su trabajo? Delante de los reyes estará; no estará delante de los de baja condición.

En la primera parte del versículo no hay correspondencia entre el TM y la LXX, en el primero se habla de un hombre que hace bien su trabajo, en el segundo habla de un hombre que ejecuta un trabajo producto de la visión. Las versiones en castellano varían, pero parecen estar más en concordancia con el TM que con los LXX.

Este interesante ejercicio nos ha permitido ver el *modus operandi* de los intérpretes al momento de efectuar las traducciones. En él hemos podido ver con claridad como el intérprete introduce elementos culturales y lingüísticos que le permiten al destinatario aprehender el mensaje que se quiere transmitir. Este ejercicio debe desmitificar el tema de la literalidad del texto y el uso de palabras que no tienen el mismo sentido en otra cultura. No hay nada malo en cambiar el lenguaje ni cambiar el sentido cultural del original para que el recipiente pueda entenderlo. Al final ese es el objetivo, que las personas entiendan el mensaje. Es obvio que al apartarse del texto original no significa reñir el documento base con el nuevo que se redacta porque se incurría *ipso facto* en una inmoralidad inaceptable.

3.2.2 *El libro de Eclesiastés*

El libro del *Qohélet* es un libro sapiencial *sui géneris* que nos irradia una luz que se filtra por las rendijas del sistema social corrupto y perverso en el que vivimos, mostrándonos una reflexión fatalista y desesperanzadora *prima facie* de nuestra realidad actual que no es muy diferente a la del siglo III a. C. cuando un sabio de Israel tuvo la clarividencia de escribir: *...no hay nada nuevo bajo el sol... vanidad de vanidades, todo es vanidad...* en el contexto de la globalización del sistema helenista de Alejandría; capital cultural y económica del mundo de aquella época.

No existe duda que el *sitz im leben* de este libro es el contexto griego de Alejandría, una potencia que dominaba cultural y económicamente en el mundo de aquella época. El orgullo de pertenecer a aquella sociedad, el liderazgo mundial y su imposición cultural no es muy diferente a la época actual en donde se nos ha dicho hasta la saciedad que los Estados Unidos de América es la primera potencia del mundo. Pues lo escrito por el sabio judío[122] del siglo III a. C. es tan válido hoy como lo era antes. Sobre la esencia del mensaje de este libro, la profesora Elsa Tamez señala:

> ... *el narrador experimenta la realidad como un vacío, los cambios y la agitación de su entorno como la máscara de lo mismo; se siente angustiado por su incapacidad de visualizar un futuro liberador; y en esta crisis de sentido reflexiona sobre la inevitabilidad de la muerte y la imposibilidad de contender e interpelar con eficacia los designios de Dios. Exhorta a que ante tal encrucijada se aprovechen los momentos felices del presente: comer y beber con alegría en medio del trabajo agobiante...*[123]

Es importante tener claro que lo que señala la profesora Tamez, así como el discurso completo del *Qohélet* es el resultado de la realidad sociocultural, que incluye a la filosofía griega por supuesto, del hombre a quien va dirigida la reflexión. El libro *per se* nos muestra una clara preocupación por la vida y todas aquellas realidades que atañen a la misma como la injusticia

---

122. La mención de Salomón como su autor en el primer capítulo es sencillamente una ficción literaria producto de una costumbre de aquella época de atribuirle a personajes conocidos cosas que ellos no escribieron como es el caso que nos ocupa.

123. Tamez, E. *Cuando los horizontes se cierran. Relectura del libro de Eclesiastés o Qohélet*. Edit. Departamento Ecuménico de Investigaciones. San José de Costa Rica. 1998, pp. 18-19.

social, el trabajo, las riquezas, la vejez, la muerte *inter alia*. Como muy bien señala Hanzel José Zúñiga:

> *El autor del Qohélet también realiza una función terapéutica al proponer abordar con espíritu crítico problemas límites de la vida y la existencia; analizar desde una perspectiva ética conflictos sociales que nacen en el trato humano y, finalmente, abordar con valentía la discusión sobre el lugar del ser humano en el cosmos, su singularidad y su condición animal limitada (cf.3:19-21). Desde esta posición, pareciera que nuestro autor responde a los criterios generales del helenismo[124].*

Todo parece indicar que el *Qohélet* responde a los criterios generales de la filosofía griega en boga en aquella época. Para llegar a esta conclusión es fundamental tener en cuenta que Jerusalén ya no era aquella ciudad aislada de antaño, para esta época ya se habían fundado escuelas helenistas, la aristocracia judía había capitalizado su intercambio cultural vivido en el exilio babilónico, así como las nuevas ideas traídas por aquellos que regresaron del mundo persa. Todo esto trajo como resultado un enriquecimiento cultural que abrió los horizontes mentales de los judíos, dando como resultado el cambio de paradigmas mentales que obró en beneficio de la sociedad. En ese contexto surgen libros como Eclesiastés, escrito por un hombre con un extraordinario acervo cultural y una mente privilegiada que puede discurrir temas éticos y conductuales al estilo de las escuelas griegas de la época. Tan excelente fue el ensayo de este judío del s. III, que la *enveterata consuetudo* primero y los líderes religiosos después, consideraron este extraordinario escrito como sagrado, que en el lenguaje del cristianismo equivale a decir: inspirado por el Espíritu Santo[125].

Para darnos a entender mejor de cómo el mundo intelectual griego influencia al judío, haremos un ejercicio atrevido que nos permitirá ver cierta relación entre una cosa y otra. En primer lugar, veamos cómo se relaciona la escuela *cínica* con el libro de Eclesiastés. Los cínicos sostenían que la virtud y la felicidad pueden ser alcanzadas a través de una vida ascética en armonía con la naturaleza[126]. En este mismo sentido el cardenal Ravasi afirma que *la felicidad del cínico… se basa en el esencial posible, despreciando el hambre de honores, de riquezas, de religiosidad protectora y las pesadillas del des-*

---

124. Zúñiga, H.J. «Qohélet sabiduría irreverente. Acercamientos históricos, culturales y filosóficos». *AB*. Núm. 25. San José de Costa Rica. 2017, pp. 40-41.

125. *Cfr. Íd.*

126. Allan, T. y otros. *Philosophers. Their lives and works*. Penguin Random House. USA. 2019, pp. 30.

tino y de la muerte, la firme convicción de que todo es tufos, humo, vanidad... [127]
Cuando hacemos un análisis del *hebel*[128] del libro de Eclesiastés vemos un punto de conexión muy importante, el *hebel* es vanidad de vanidades, es el correr detrás del viento, es un inmenso vacío que tiene la rutina de la vida, la grandeza, la ciencia, el placer, posesiones materiales, tener servidumbre, acumulación desmedida de riquezas, prosperidad, en fin, todo es un *hebel*[129]. En conclusión, ¿cuál es la conexión entre la filosofía cínica y el *hebel* o filosofía de Eclesiastés? Sencillo, los logros, las riquezas, la grandeza es lo que el cínico desprecia para alcanzar la felicidad o la satisfacción de la vida y son exactamente las mismas cosas a las que el sabio escritor de Eclesiastés llama *hebel* o si queremos usar la terminología de la profesora Tamez, cochinadas. En otras palabras, el fondo filosófico es similar, porque la filosofía cínica no es exactamente igual, pero sí tiene puntos de coincidencia. Es obvio que el sabio escritor de este libro estaba familiarizado con la atmósfera cultural griega.

La otra escuela griega que podemos relacionar es la *epicúrea*[130]. Estos hablaban del *hedoné* o placer que como estado físico y psíquico se opone al dolor. Epicúreo también contempla los placeres que se relacionan con los sentidos a los que se les llama *placeres cinéticos* que tiene que ver con todo aquello que exacerbe a los sentidos como el comer, beber, las drogas, entre otros. Cuando leemos el libro de Eclesiastés encontramos pasajes como: ...

127. Ravasi, G. *Qohélet*. San Pablo. Bogotá. 1999, pp. 386.

128. Sobre el término *hebel* la profesora Tamez discurre de la siguiente manera: ...*tal vez acepciones más triviales de nuestro medio y menos abstractas que vanidad o absurdo, como "cochinada" o "porquería" o "mierda" podrían expresar mejor el malestar que le produce a este narrador protagonista lo que acontece bajo el sol... Ravasi* prefiere traducir el superlativo hebreo como *"un vacío inmenso". En cierto sentido ese sentimiento de vacío... es lo que produce esa realidad percibida como porquería...* Tamez, E. *Cuando los horizontes se cierran. Relectura del libro de Eclesiastés o Qohélet. Op. cit.*, pp. 20-21

129. En los primeros capítulos del libro de Eclesiastés encontramos una inmensa lista de situaciones por las que el hombre se afana y lucha tesoneramente de buena y mala forma por obtener lo que se propone, pero al momento de hacer las cuentas todo es vanidad de vanidades o una porquería.

130. Epicuro fue un autor sumamente prolífico al que se le atribuye la cifra de trescientos rollos o libros, según consta en Diógenes Laercio. La obra más voluminosa que salió de su pluma o estilo es la nombrada y renombrada *Sobre la naturaleza*, que comprendía treinta y siete libros. La mayor parte de su vasta producción, incluida esta magna obra, ha desaparecido. Pero el citado Diógenes Laercio, que vivió en el siglo III d. C., enamorado él de la ciencia epicúrea, tuvo el acierto de transmitirnos, como colofón deliberado de su obra, varios opúsculos de Epicuro, diminutos en extensión y volumen, pero por lo general suficientes para que a través de ellos podamos comprender no solo ideas sueltas sino el conjunto organizado de su sistema filosófico. Véase Vara, J. (Editor) *Epicuro, obras completas*. Ediciones Cátedra. 9 Ed. Madrid. 2012. También es útil Rosenbaum, S. E. «Epicurean Moral Theory». *HPQ*. Vol. 13. Nº 4, 1996, pp. 389-410.

me dije entonces: «Vamos, pues, haré la prueba con los placeres y me daré la gran vida». ¡Pero aun esto resultó un absurdo! A la risa la considero una locura; en cuanto a los placeres... quise luego hacer la prueba de entregarme al vino —si bien mi mente estaba bajo el control de la sabiduría—, y de aferrarme a la necedad, hasta ver qué de bueno le encuentra el hombre a lo que hace bajo el cielo durante los contados días de su vida... no les negué a mis ojos ningún deseo, ni privé a mi corazón de placer alguno. Mi corazón disfrutó de todos mis afanes. ¡Solo eso saqué de tanto afanarme![131]

Para los epicúreos, la búsqueda del placer equilibrado es el camino para evitar el dolor, pero queda claro en el libro de Eclesiastés que ni siquiera el placer podrá evitarnos el dolor porque todo es un *hebel*. Aun cuando el *Qohélet* insta al hombre a *agasajar su carne con vino*... el resultado final será un *hebel*, empero como señala Zúñiga Valerio: *se respira un aire epicúreo en la conceptualización de los placeres cinéticos, en la invitación no negué a mis ojos ninguna cosa que desearan...*[132] *ni privé a mi corazón de placer alguno...* por supuesto que la filosofía epicúrea difiere en su acercamiento a la filosofía de vida que propone el texto bíblico, sin embargo, el tema del placer latente en el libro de Eclesiastés es el tema central de la filosofía epicúrea, lo que nos lleva a una conclusión sencilla: el autor sabio del s. III manejaba muy bien esta temática de la filosofía griega la cual redimensiona bajo los parámetros de la fe judía que después sirve de base para el Nuevo Testamento y la teología cristiana.

Para terminar, huelga mencionar que otra de las filosofías en esta época era la estoica[133]. El fin de todo es alcanzar la plenitud de la vida, la realización humana. Los estoicos la llamaban *eudaimonia*. Para alcanzarla era necesario la virtud o *arete* y la tranquilidad o *ataraxia*. De ahí que la virtud o ética estoica era dura. Las pasiones había que dominarlas y si era posible extinguirlas. En la vida había que aguantar y abstenerse y la razón siempre debe dominar, entre otras conductas similares[134]. Sobre este tema el *Qohélet* nos dice: *...si un hombre tiene cien hijos y vive muchos años, no importa cuánto viva, si su alma no se sació del bien ni llega a recibir sepultura, yo digo que un abortivo vale más que él[135]*. Aquí lo importante es *saciarse del bien* que es lo

---

131. Eclesiastés 2:1 y ss.

132. Zúñiga, H. J. «Qohélet sabiduría irreverente. Acercamientos históricos, culturales y filosóficos». *Op. cit.*, p. 45.

133. Se recomienda Cappelletti, A. *Los estoicos antiguos*. Edit. Gredos. Madrid. 1996. En este libro se nos habla de los primeros estoicos comenzando con Zenón de Citio, fundador de esta escuela. También se recomienda Lossky, N., and Duddington, N. «The Metaphysics of the Stoics». *JPS*, vol. 4, nº. 16, 1929, pp. 481-89.

134. Hirschberger, J. *Breve historia de la Filosofía*. Edit. Herder. Décima Ed. España. 1982, pp.72-76.

135. Eclesiastés 6:3.

hace a un hombre autorrealizarse o alcanzar la *eudaimonia*. Ahora, para *saciarse del bien* hay que practicar la virtud, es decir, hay que observar una ética porque ...*Dios juzgará toda obra, buena o mala, aun la realizada en secreto.* El punto de conexión entre el *Qohélet* y la filosofía estoica es que el hombre debe autorrealizarse para lo cual debe observar una ética. La discrepancia radica en que al ser los estoicos materialistas los ideales no tienen sentido y han de ser vanos, sino no tiene sentido la virtud. En cambio, el *Qohélet* nos afirma al final de su discurso: ...*el fin de este asunto es... teme, pues, a Dios y cumple sus mandamientos, porque esto es todo para el hombre. Dios juzgará toda obra...* el fundamento filosófico es el mismo; autorrealizarse como persona, *la raison d'être* es diametralmente opuesta, para un estoico la práctica de la virtud es intranscendente, solo tiene repercusiones en esta vida, el *Qohélet* nos habla que nuestras actuaciones tienen trascendencia: ...*Dios juzgará toda obra...*

No se puede afirmar que la reflexión del *Qohélet* haya partido de la filosofía griega de su época, lo que sí podemos afirmar es que se percibe la influencia helénica que evidencia una simbiosis entre ambos pensamientos. El punto de conexión es el hombre mismo, su propósito en la vida, su ética, su autorrealización entre otros temas que le atañen. La discrepancia radica en el punto de partida de la reflexión filosófica. El *Qohélet* parte de la *Torah,* de las verdades religiosas asumidas en el decurso de los años. Dios es el centro del universo, de ahí expresiones como *acuérdate de tu creador... teme a Dios y cumple sus mandamientos...* en cambio la reflexión filosófica humana parte de pensamientos ambiguos que cambian en el tiempo y que muchas veces se vuelven en contrasentido. El *Qohélet* redimensiona los temas que atañen al hombre y los pone en la perspectiva filosófica donde Dios es el centro de la ecuación.

3.3 Los libros sapienciales deuterocanónicos

Los libros sapienciales deuterocanónicos son dos: Sabiduría y Eclesiástico ambos de tradición alejandrina con un alto contenido ético y piedra angular de la filosofía cristiana de vida.

3.3.1 El libro de Sabiduría

En el capítulo anterior se habló del libro de Sabiduría como parte del *corpus litterarum* de la Septuaginta. En este capítulo se verá el toque griego en el escrito[136]. Iniciaremos el discurso afirmando que existe una relación con

---

136. Se recomienda altamente Reese, James. «Hellenistic Influence on the Book of Wisdom and Its Consequences». *JBL.* June. 90 (2) 1971, pp. 227 y ss.

el pensamiento griego, el cual es evidente dado el ambiente, la cultura y las intenciones del autor que surge de las entrañas de Alejandría. En relación con el sabio que dio origen al escrito, el comentarista de la Biblia de Jerusalén señala:

> Ciertamente debe a su formación helénica un vocabulario para la abstracción y una facilidad de razonamiento que no permitían el léxico y la sintaxis del hebreo; le debe también cierto número de términos filosóficos, de cuadros de clasificación y de temas de escuela, pero estos préstamos limitados no significan la adhesión a una doctrina intelectual, sino que sirven para expresar un pensamiento que se nutre del Antiguo Testamento[137].

Era lo lógico que, si el autor había sido formado en la cultura helenística, su escrito tuviera una clara influencia de esta sin necesidad de adherirse a una escuela de filosofía en particular, aunque sí podemos ver en ciertos pasajes, como el del furibundo discurso en contra de la idolatría que redacta en el capítulo 13, donde el redactor hace uso de la *diatriba filosófica* de una forma magistral. La diatriba era una metodología usada por los cínicos y los estoicos[138], y puede ser calificada actualmente como un discurso cuyo propósito es atacar o censurar algo o alguien. Por lo tanto, una diatriba tiene un contenido violento y en la mayoría de los casos esas acusaciones son falsas, injuriosas o sarcásticas cuando el objetivo es burlarse, no así en el capítulo 13 de Sabiduría cuyo objetivo es hacer una denuncia a la necesidad del hombre.

¡Pero qué desgraciados son
los que llaman dioses a cosas hechas por los hombres,
a objetos de oro y plata, artísticamente trabajados,
a figuras de animales,
a una piedra sin valor, tallada hace mucho por un escultor,
pues ponen su esperanza en cosas muertas!
[11] Pongamos por ejemplo un carpintero:
corta un árbol fácil de manejar,
con habilidad le quita toda la corteza,
lo labra con cuidado
y hace un objeto útil para las necesidades ordinarias;
[12] la madera que le sobra

137. Nueva Biblia de Jerusalén. Revisada y aumentada. Desclée de Brouwer. Bilbao. 1978.

138. El filósofo Bión de Borístenes que vivió entre los años 325 y 246 a. C., empleó la ironía para burlarse de los hombres y sus debilidades. De allí nace la idea de la diatriba como discurso agravante y sarcástico.

la usa para preparar toda la comida que quiere.
[13] Y lo que queda todavía,
un palo torcido y nudoso, que no sirve para nada,
lo toma, lo labra, simplemente por pasar el tiempo,
y lo modela, con habilidad y sin esfuerzo,
hasta sacar la imagen de un hombre
[14] o lograr el parecido de un animal despreciable.
Lo cubre luego con pintura roja,
tapando así todas las imperfecciones;
[15] y le hace entonces un nicho conveniente,
lo coloca en la pared y lo sujeta con un clavo.
[16] Tiene que tomar precauciones para que no se caiga,
porque sabe que el ídolo mismo no puede valerse:
no es más que una imagen, y necesita ayuda.
[17] Y a pesar de todo, le pide por sus bienes de fortuna,
por su esposa y por sus hijos;
no le da vergüenza dirigir la palabra
a un objeto que no tiene vida.
Para pedir la salud, acude a un ser que no la tiene;
[18] para pedir la vida, acude a un ser muerto;
para conseguir protección, recurre al más incapaz;
para pedir buen viaje, a un ser que ni siquiera puede andar;
[19] para tener éxito en sus negocios, actividades y trabajos,
pide ayuda a quien no tiene la menor fuerza en sus manos.

El anterior es un discurso mordaz en contra de la idolatría que calza a la perfección dentro de la categoría de una *diatriba filosófica*. El sabio efectúa un ataque frontal contra la idolatría esgrimiendo toda una argumentación de reducción al absurdo donde prima la ironía y el sarcasmo. Es pues en definitiva un discurso violento y con un tono acusatorio que alcanzan decibeles que retumba en la conciencia de los que practican esta abominación.

Para terminar, hay que señalar que la filosofía griega es tributaria del libro de la Sabiduría de Salomón[139], aunque es el pensamiento judío y las citas del *tanaj* lo que predomina a lo largo de todo el discurso.

139. El teólogo católico Sánchez Castelblanco realiza un magnífico trabajo donde se puede apreciar el influjo de la cultura helenista tanto en el autor como en el libro mismo de Sabiduría. Este cometido lo logra mediante el estudio de textos concretos de dicho ambiente especialmente desde un punto de vista literario y religioso. Sánchez Castelblanco, W. G. «El influjo helenista en Sabiduría 16:5-14». *Franciscanum* 163, Vol. LVII. 2015, pp. 259-302.

3.3.2 El libro de Eclesiástico

Igual que el libro de Sabiduría, el libro de Eclesiástico ya fue abordado en el capítulo anterior. Aquí nos centraremos en la influencia griega sobre el libro. Lo primero que haremos será referirnos al prólogo del libro en el cual el autor nos dice:

> ...después que yo llegué a Egipto a los 38 años, en el reinado de Tolomeo Evergetes, o el Benéfico, habiéndome detenido allí mucho tiempo, encontré varios libros que se habían dejado, de no poco ni despreciable doctrina. Por lo cual juzgué útil y necesario emplear mi diligencia y trabajo en traducir este libro, y en concluir y dar a luz la versión de este libro para utilidad de aquellos que desean aplicarse y aprender de qué manera deben arreglar sus costumbres los que se han propuesto vivir según la ley del Señor[140].

Jesús, hijo de Sirac, nieto del autor hebreo, es el traductor del texto al griego. Él nos dice bien claro que después de haberse *detenido mucho tiempo...* [en Alejandría] lo que indica que al momento de traducir el libro, Jesús, hijo de Sirac, era una persona asimilada por la cultura griega que al traducir, como ya se ha explicado, interpretó e introdujo elementos culturales y contextuales, que es un elemento intrínseco en este tipo de ejercicios.

Si bien es cierto que el objetivo del libro es presentar la fe de Israel como superior al mundo griego, no nos sorprende que encontremos influencia de la literatura griega y egipcia en el libro de Eclesiástico, a pesar de que no existe una cita directa de una filosofía griega en el libro. Por ejemplo, la cita de Homero en la Ilíada:

> Como es la generación de las hojas, así es la de la humanidad. El viento esparce las hojas por el suelo, pero la madera viva brota con hojas nuevamente en la temporada de regreso de la primavera. Así una generación de hombres crecerá mientras otra muere[141].

En el mismo sentido se pronuncia el escritor de Eclesiástico:

> ... podrirse ha toda carne como el heno, y como las hojas que brotan de la verde planta. Unas hojas nacen y otras se caen; así de las generaciones de carne y sangre, una fenece y otra nace...[142]

---

140. Tomada de la traducción al castellano de la Vulgata Latina efectuada por Félix Torres Amat, obispo de Astorga. P. 711.

141. Iliad 6.146-149.

142. Eclesiástico 14:18 y 19.

El concepto del escritor de Eclesiástico es el mismo que el de Homero, no hay ninguna perdida, así como es el mismo que encontramos en el Nuevo Testamento en Santiago 1:10[143] y 1 de Pedro 1:24[144]. Es importante destacar que lo anterior no prueba que *Ben Sirac* tomó este pensamiento de Homero directamente ya que este dicho pudo haberse transmitido por tradición oral en el segundo siglo a. C.[145] El versículo 11:30 de Eclesiástico que reza: *no alabes a nadie antes de su muerte; porque al hombre se le ha de conocer por sus hijos...* es un dicho que, palabras más o palabras menos lo encontramos en *Oedipus el Rey,* una tragedia de Sófocles lo que, como se expresó anteriormente, no significa que fue su fuente bibliográfica, pudo haber sido un dicho común en su época.

Lo que sí queda claro es que hay conceptos vertidos en el libro de Eclesiástico como en cualquier otro libro de esa época que no surgen *ex nihilo,* sino que hay contexto cultural en el cual se fundamenta la persona que traduce o redacta y es a eso a lo que llamamos influencia griega, *v.g.* los ejemplos sencillos que hemos mencionado en el libro de Eclesiástico.

3.4 La importancia de los libros sapienciales en la redacción del N. T.

Como se ha dicho antes, solamente uno de los libros sapienciales fue escrito en Alejandría en idioma griego, los otros fueron simplemente helenizados para que fueran pertinentes a la sociedad judía de aquella metrópoli. Estos fueron incorporados en la Biblia griega, que fue la fuente primigenia para la redacción de los libros del N. T. En otras palabras, la esencia de los libros sapienciales, como el resto de la Biblia llegan a los redactores del N. T. filtrados por la cultura griega para dar origen al N. T. y a la teología cristiana.

Las citas de los libros sapienciales en el N. T. son abundantes y de suma importancia. Sirvieron a los redactores para efectuar interpretaciones o *midrash* para establecer una teología cristiana sólida.

---

143. *El hermano que es de humilde condición, gloríese en su exaltación; pero el que es rico, en su humillación; porque él pasará como la flor de la hierba. Porque cuando sale el sol con calor abrasador, la hierba se seca, su flor se cae, y perece su hermosa apariencia; así también se marchitará el rico en todas sus empresas.* Este es un *midrash* que hace el redactor de Santiago con el hombre rico.

144. *Toda carne es como hierba, y toda la gloria del hombre como flor de la hierba. La hierba se seca, y la flor se cae; mas la palabra del Señor permanece para siempre.* Aquí el *midrash* es la Palabra de Dios a diferencia del redactor de Santiago que lo hace con el hombre rico. La fuente es la misma: el libro de Eclesiástico.

145. Para más información se recomienda Metzger, B. *An Introduction to the Apocrypha.* Oxford University Press. Revised ed. 1977, p. 165 y ss.

3.4.1 La necesidad de un punto de partida

Lo primero que debemos tener claro es que el cristianismo es una filosofía de vida, es una propuesta de cómo el ser humano debe vivir la vida, de la misma manera que la literatura sapiencial judía es un pensamiento filosófico que reflexiona sobre lo mismo, de cómo el hombre debe conducirse con Dios, consigo mismo y con otras personas. En tal sentido, no debe extrañarnos que el cristianismo se nutra de la literatura sapiencial para construir todo su andamiaje filosófico o teológico.

Como conclusión lógica de lo anteriormente expresado podemos afirmar que la ética cristiana tiene su origen en la literatura sapiencial judía del PI, que a su vez tiene su origen en la cultura griega de Alejandría, que a su vez tiene su origen en la filosofía griega tal cual. De esta manera podemos trazar el origen lejano de la ética cristiana.

3.4.2 El modus operandi de la conexión de la ética cristiana con la literatura sapiencial

La palabra técnica que hemos utilizado para explicar esta conexión es *midrash*, que es el proceso que siguen los redactores del Nuevo Testamento en el cual toman un concepto de la literatura sapiencial y lo conectan con cualquier tema y hacen una aplicación práctica. A ese proceso se le llama *midrash*. Para entender este proceso procederemos a ver como el texto de Santiago 2:1-6 se nutre de un pensamiento plasmado en la literatura sapiencial del P.I.

El rico vs. el pobre

Siguiendo la misma línea del estilo judío, el redactor de Santiago hace un contraste entre el rico y el pobre y nos escribe un interesante discurso fundamentado en la literatura sapiencial del Antiguo Testamento:

> *Ustedes, hermanos míos, que creen en nuestro glorioso Señor Jesucristo, no deben hacer discriminaciones entre una persona y otra. Supongamos que ustedes están reunidos, y llega un rico con anillos de oro y ropa lujosa, y lo atienden bien y le dicen: «Siéntate aquí, en un buen lugar», y al mismo tiempo llega un pobre vestido con ropa vieja, y a este le dicen: «Tú quédate allá de pie, o siéntate en el suelo»; entonces están haciendo discriminaciones y juzgando con mala intención. Queridos hermanos míos, oigan esto: Dios ha escogido a los que en este mundo son pobres, para que sean ricos en fe y para que reciban como herencia el reino que él ha prometido a los que lo aman; ustedes, en cambio, los humillan. ¿Acaso no son los ricos quienes los explotan a ustedes, y quienes a rastras los llevan ante las autoridades?*[146]

146. Santiago 2:1-6.

El redactor del libro de Eclesiástico nos escribe otro discurso sobre el rico y el pobre que reza de la siguiente manera:

> *Los asnos salvajes son presa para el león; lo mismo son los pobres para el rico. El orgulloso detesta al humilde, y el rico detesta al pobre. Si el rico tropieza, sus amigos lo sostienen, pero si tropieza el pobre, sus amigos lo empujan. Habla el rico, y muchos lo apoyan, y aunque hable mal, les parece muy bien. Se equivoca el pobre, y se burlan de él, y aunque hable con sensatez, nadie le hace caso.[3] Habla el rico, y todos se callan y ponen por las nubes su talento. Habla el pobre, y preguntan: «¿Quién es ese?». Y si tropieza, todavía le dan un empujón[147].*

En el libro de Sabiduría 2:10 encontramos una sentencia condenatoria contra los vulnerables sociales en la dicotomía que de ellos se hace con los ricos: *¡Aplastemos al hombre honrado que no tiene dinero; ¡no tengamos compasión de la viuda, ni respetemos las canas del anciano! Que la fuerza sea para nosotros la norma de la justicia, ya que la debilidad no sirve para nada.*

Una vez expuestos los textos sobre la dicotomía rico–pobre o vulnerable social, huelga señalar las reglas que rigen el *midrash*.

1. Los temas éticos abordados en el Nuevo Testamento no surgen *ex nihilo,* tienen su paralelo en el Antiguo Testamento. Lo que quiere decir que la dicotomía rico–pobre o vulnerables sociales no es una invención del redactor de Santiago, es un tema abordado con anterioridad y en el caso que nos ocupa por los judíos de Alejandría.

2. Los temas abordados en el Nuevo Testamento tienen como centro de su universo a Jesucristo o la Iglesia, es decir, que todo el discurso neotestamentario gira alrededor de estos dos conceptos.

3. El redactor de cualquier escrito del Nuevo Testamento seleccionará un tema de los escritos sagrados de los judíos y hará un *midrash* o interpretación donde Jesús o la Iglesia será el centro de la ecuación.

4. Para que este fenómeno se realice es necesario que el tema de la analogía coincida en ambas partes sin importar que los detalles periféricos al tema sean diferentes. En el caso que nos ocupa el tema central de la analogía es la dicotomía rico–pobre o un vulnerable social. Los elementos alrededor cambian, *v.g.* en el libro de Eclesiástico el redactor nos muestra la repugnante discriminación que se hace entre el rico y el pobre, cómo se celebra al rico y se menosprecia al pobre, donde el dinero hace a uno inteligente, sabio y respetado y al otro la pobreza lo hace ignorante, insensato y despreciado. Los elementos

---

147. Eclesiástico 13:19-23.

alrededor del relato de Santiago giran alrededor de la discriminación rico–pobre en la celebración del culto cristiano. A diferencia del discurso del Antiguo Testamento, en Santiago se introduce el elemento Jesús: *Ustedes, hermanos míos, que creen en nuestro glorioso Señor Jesucristo, no deben hacer discriminaciones entre una persona y otra.*

Al tener la literatura sapiencial su origen en la cultura alejandrina y en principios de la filosofía griega hace a los *midrash* del Nuevo Testamento tributarios del helenismo y queda por demás demostrado el tema de las fuentes griegas que dieron origen al Nuevo Testamento y la teología cristiana.

Con este capítulo han quedado claras dos cosas: primero, el origen heleno de la literatura sapiencial y segundo, que al usar esta literatura como fuente del Nuevo Testamento, hace que el entorno griego se vuelva en fuente indirecta de esta y posteriormente de la teología cristiana. Una vez hecho este estudio, corresponde analizar y valorizar la tensión que esta realidad creó entre aquellos que eran pro–helénicos y los que eran anti–helénicos, así que nuestro próximo capítulo será: los judeo–cristianos helenistas.

4
Los judeocristianos helenistas

Sumario:
4.1 Los judíos de Alejandría. 4.2 Los judeocristianos helenistas
en la iglesia primitiva. 4.3 Pablo, el judío helenista por
antonomasia. 4.4 Controversia entre los judeocristianos pro-ley y
judeocristianos helenistas.

Dos siglos antes de Cristo Alejandría ya estaba consolidada como una metrópoli, la dinastía ptolomea estaba en su apogeo. Roma era la capital del imperio y el centro político donde estaba el emperador, el senado y los magistrados, pero Alejandría era el centro cultural y de negocios más importante del imperio. Para ubicarnos en el contexto actual podemos decir que era la Nueva York de hoy, el centro de los museos, bibliotecas, organizaciones más importantes del planeta. Si ahora hablamos del sueño americano, en aquella época se hablaba del sueño alejandrino. Era el lugar perfecto para desarrollarse económicamente, así como intelectualmente.

De la misma manera que los latinos que vivimos en los Estados Unidos no perdemos nuestras raíces y viajamos a nuestros países, así mismo pasaba con los judíos de Alejandría. Se estima que vivía en Alejandría alrededor de 100 mil judíos en el primer siglo[148]. Estos judíos venían a Israel a celebrar las fiestas y visitar a sus familiares y algunos otros regresaban para vivir, especialmente cuando ya tenían cierta edad. Se estima que más del 20 % de la población en Jerusalén eran judíos griegos que tenía el griego como el idioma materno[149].

En este apartado será objeto de estudio todo lo relacionado a esa relación que hubo entre los judíos, especialmente los cristianos de Israel y Alejandría y las controversias que esto produjo, pero como esta simbiosis fue el origen de nuestra fe cristiana.

---

148. Pòrtulas, J. «La carta de Aristeas a Filócrates». *Revista de la Historia de la Traducción. Op. Cit.*

149. *Id.*

4.1 Los judíos en Alejandría y la llegada del cristianismo

Para sentar las bases de todo este discurso es menester remontarnos al principio de todo. El primer testimonio que registra la historia de presencia judía en Egipto después del Éxodo es la colonia de militares judíos en la isla de Elefantina[150] antes del período griego. Otro contingente humano que emigró a Egipto lo encontramos en el A. T. cuando en el VI a. C., a raíz de la invasión de Nabucodonosor a Israel, provocó el éxodo masivo de miles de personas incluyendo al profeta Jeremías[151]. Las migraciones más significativas se producirán ya en la época de Ptolomeo I, quien incorporó el territorio de Israel a su reino en el año 320 a. C.[152] A medida que Alejandría se va desarrollando y formándose como el centro económico y cultural del mundo, son más los movimientos migratorios que se dan de judíos[153] y de otras nacionalidades[154].

La colonia judía de Alejandría[155] tiene un inevitable contacto con la cultura helenista que dio como resultado una simbiosis que produce efectos

150. Applebaum, A. «The Legal Status of the Jewish Communities in the Diaspora», S. Safrai (ed.). *The Jewish People in the First Century*. Fortress Press. USA. 1974, pp. 420-463. Elefantina es una isla en el río Nilo al sur de lo que hoy es la ciudad del Cairo. No se sabe a ciencia cierta cómo llegaron los judíos a esa alejada región. Algunos autores sugieren tres posibles escenarios: 1) el período desde la guerra sirio-efraimita hasta el asedio de Jerusalén por el ejército asirio (735 a 701 a. C.); 2) el período en que Manasés apoyó a Egipto en su rebelión contra Asiria, a mediados del siglo VII a. C., y 3) el período comprendido entre la ascensión al trono de Joaquín (609 a. C.) y la huida a Egipto, encabezada por Johanan B. Carea. Véase Botta, A. «Aspectos de la vida cotidiana en la colonia judía de Elefantina». *Antiguo Oriente: Cuadernos*. Centro de Estudios de Historia del Antiguo Oriente Vol. 9, 2011, pp. 68-69.

151. En los capítulos 43–46 del libro de Jeremías se habla de una migración de judíos a Egipto a causa de la persecución de Nabucodonosor.

152. Starobinski-Safran, E. «La communauté juive d'Alexandrie à l'époque de Philo». *Alexandrina*. Mélanges offerts à Claude Mondésert S. J., París. 1987, p. 47.

153. La historia señala que hubo un contingente militar judío en la ciudad de Leontópolis en la delta del río Nilo. En esa ciudad había un templo judío en cual se hacían sacrificios a la usanza de la ley de Moisés. Era el único santuario fuera de Jerusalén donde se realizaban sacrificios. Ver Barclay, J. «The Jewish of the Diaspora» in *Early Christians Thoughts in its Jewish context*. Edit by John Barclay and John Sweet. Cambridge University Press. England. 1996, p. 29.

154. Fernández Marcos, N. «El judaísmo helenístico y la biblioteca de Alejandría» *Razón y fe*. 2010, pp. 337 y ss.

155. Sobre este tema se recomienda Lillo Botella, C. «Los judíos y el judaísmo en la obra de Clemente de Alejandría». *Antigüedad in progess... Actas del primer congreso internacional de jóvenes investigadores del mundo antiguo*. Universidad de Murcia. España. 2014, pp. 711 y ss.

contrarios a los que produce en Israel. En Egipto los judíos fueron reciclados y asimilados culturalmente *a contrario sensu*, en Israel los sectores más tradicionales de aquella sociedad se opusieron tenazmente provocando un violento rechazo al movimiento cultural griego[156].

La coexistencia entre judíos y griegos en la ciudad de Alejandría dio como resultado el acercamiento de muchos gentiles a la religión de los judíos. Muchos de ellos acabaron haciéndose prosélitos y aceptando plenamente el modo de vida judaico[157] aunque otros solo se limitaban a aceptar algunos preceptos como por ejemplo el rechazo a la idolatría. Es importante mencionar que este fue un intercambio cultural que se dio en doble vía, *i.e.* que hubo judíos que adoptaron la religión griega y se volvieron en apóstatas[158]. En esencia, hubo integración de los judíos al helenismo que se vio reflejado en una serie de aspectos, uno de ellos fue la pérdida del idioma. Los judíos comenzaron a hablar griego, era la *lingua franca* y vivían en el centro más cosmopolita del mundo de la época. Con el tiempo se produjeron enfrentamientos entre los judíos y los alejandrinos, especialmente en la época en la que los romanos conquistan la ciudad y estos imponen nuevas costumbres. El enfrentamiento más importante que registra la historia se dio en el breve reinado de Calígula cuando este promovió el *culto*

---

156. En el segundo libro de los Macabeos 4:7 y ss. se lee: *Cuando Seleuco murió, lo sucedió Antíoco, conocido con el nombre de Epífanes. Entonces Jasón, hermano de Onías, compró con dinero el cargo de sumo sacerdote.* El rey le concedió lo que pedía, y desde que Jasón tomó posesión del cargo, fomentó entre sus compatriotas la manera griega de vivir y suprimió además las costumbres conformes con la ley e introdujo otras contrarias a ella. Se apresuró a construir un gimnasio al pie de la ciudadela, e hizo que los jóvenes más sobresalientes se dedicaran a los ejercicios del gimnasio. La extremada maldad del impío y falso sumo sacerdote Jasón hizo que por todas partes se propagara la manera griega de vivir, y que aumentara el deseo de imitar lo extranjero. Así, los sacerdotes dejaron de mostrar interés por el servicio del altar, y ellos mismos, despreciando el templo y descuidando los sacrificios, en cuanto sonaba la señal se apresuraban a ayudar a los luchadores a entrenarse en los ejercicios prohibidos por la ley. Despreciaban por completo los honores de la propia patria, y estimaban en sumo grado las glorias de los griegos. Es obvio que para que una persona como Jasón haya promovido una reforma cultural helenística en Israel es porque él mismo se había convertido a la misma a través de la educación y contacto directo con la misma, dando un testimonio elocuente de como esta había avanzado. Para entender de una mejor manera todo lo relacionado con este período es de mucha utilidad ver Domínguez del Triunfo, H. «El carácter del gobierno del reino Hasmoneo: entre la tradición y el helenismo». *ETF*. Serie II, Historia Antigua. Tomo 24. Madrid. 2011.

157. Pearson, B. A. «Christians and Jews in First-Century Alexandria». *HTR* 79, 1, 1986, pp. 207-208.

158. Starobinski-Safran, E. «La communauté juive d'Alexandrie à l'époque de Philo». *Op. cit.*, p. 60.

al emperador y obligó a poner su estatua en diferentes templos incluyendo la sinagoga de los judíos, para quienes esto era una profanación inaceptable que provocó un enfrentamiento severo y una persecución implacable por parte de la autoridad romana en Alejandría[159].

Así que para la época en que el cristianismo llega a Alejandría ya había una colonia muy numerosa de judíos. Se cree que el cristianismo llega a Alejandría por medio de los judíos de pentecostés y de aquellos dispersados producto de la persecución inmisericorde de los líderes religiosos del judaísmo y la diáspora provocada por la destrucción de Jerusalén y su templo en el año 70, aunque, a decir verdad, no se sabe a ciencia cierta cómo llegaron los cristianos a esta metrópoli. El libro de los Hechos; el libro de las misiones cristianas guarda un silencio sepulcral sobre este tema y apenas hay una mención escueta de un personaje enigmático llamado Apolos en Hechos 18:24 del que se dice: *Llegó entonces a Éfeso un judío llamado Apolos, natural de Alejandría, varón elocuente, poderoso en las Escrituras.* Sobre este texto todo lo que podemos hacer es especular y decir que Apolos fue el fundador de la Iglesia en Alejandría o uno de sus líderes, o simplemente uno de sus convertidos o en el peor de los casos un alejandrino convertido en algunos de sus viajes fuera de Alejandría, en fin, no se sabe nada de él excepto que era un personaje muy importante en el cristianismo pues es mencionado por Pablo en 1 Corintios siete veces y una vez en la carta de Tito[160].

---

159. Lillo Botella, C. «Los judíos y el judaísmo en la obra de Clemente de Alejandría». *Op. cit.*, p.717. Para este propósito se recomienda altamente el artículo clásico *Jews and Antisemites in Ancient Alexandria* escrito en 1900 por el erudito profesor alemán U. Wilcken en adición a la obra de Shailer Mathews *History of the New Testament Times in Palestine*. En este artículo nos habla de una serie de fragmentos de papiros en los que se nos ilumina acerca de la historia de los judíos en Alejandría y donde se establece más allá de la duda razonable que en la antigua Alejandría –en esa época el centro de la civilización y cultura griega y de la colonia de judíos más grande– había una serie de conflictos que a lo largo de los años había imperado con los judíos a raíz del antisemitismo que existía en aquella sociedad y que amenazaba la paz del imperio. Filón, por ejemplo, escribió sobre estos enfrentamientos, especialmente aquel del año 35 d. C., en el que una turba de alejandrinos obligaba a poner la estatua del emperador en la sinagoga, siendo Flaccus el gobernador de la ciudad. Véase Wilcken, U. «Jews and Antisemites in Ancient Alexandria». *AJOT*. Oct. 1904. Vol. 8, N. 4, pp. 729 y ss. En este mismo sentido véase Bell, H. I. «Anti-Semitism in Alexandria» *JORS*. Vol. 31. 1941., pp. 1-18. En donde el profesor Bell deja claro de entrada que su propósito consiste en efectuar un estudio de las *...relations between Jews and Greeks in Alexandria, that long-protracted racial animosity which forms one of the most interesting chapters in the history of what is commonly, if loosely, known as anti–semitism...* en una paráfrasis: *la tensión racial entre judíos y alejandrinos que dio como resultado un antisemitismo bien acentuado.*

160. 1 Corintios 1:12; 3:4-6, 22; 4:6; 16:12 y Tito 3:13.

Otra de las hipótesis plausibles del origen del cristianismo en Alejandría es el ministerio misionero de Bernabé y Marcos[161]. Esta teoría cobra vigencia a raíz del desacuerdo que hubo entre Pablo y Bernabé por traer a Marcos, lo que provocó una separación. El redactor del libro de los Hechos se decantó por el ministerio apostólico de Pablo e ignoró completamente el de Bernabé, dejándonos con la incertidumbre de sí había tomado partido por Pablo. La Iglesia copta de Egipto tiene a Marcos como el fundador de la Iglesia cristiana en Alejandría, fundamentada en una cita del historiador Eusebio de Cesarea: *Eusèbe signale une tradition qui fait de l'ancien compagnon de Barnabé, Marc, le premier envoyé en Égypte; là, il aurait prêche l'Évangile qu'il avait écrit à Rome sous le contrôle de Pierre et il aurait établi pour la première fois des églises à Alexandrie même*[162]. En esta cita Eusebio reconoce dos cosas puntuales: que Marcos es el escritor del evangelio que lleva su nombre y que Marcos es el fundador de la Iglesia cristiana en Alejandría[163].

Es importante señalar que, aunque san Marcos es considerado oficialmente como el fundador de la Iglesia en Alejandría, es probable que otro antes que él lo haya hecho, así que lo más acertado es decir que según la tradición de la Iglesia ortodoxa de Alejandría, Marcos es su fundador, aunque lo cierto es que no se sabe y nadie puede asegurar con exactitud como se fundó la iglesia. Lo interesante de todo este estudio es que surgen una serie de preguntas enigmáticas de las que no hay una respuesta, ¿por qué Pablo no incluyó en su agenda de evangelización a Alejandría? ¿Por qué su anhelo era ir a Roma y no a Alejandría que estaba mejor vinculada con los judíos que Roma? ¿Por qué el libro de los Hechos guarda silencio sobre la evangelización de tan importante ciudad para los judíos? Al final lo que

161. Cf. Schliesser, B. «Why Did Paul Skip Alexandria? Paul's Missionary Strategy and the Rise of Christianity in Alexandria». *NTS*. Cambridge University Press. 2021, pp. 273 y ss.

162. Dorivel, G. «Les débuts du christianisme à Alexandrie» une mégapole cosmopolite. Actes du 9ème colloque de la Villa Kérylos à Beaulieu-sur-Mer les 2 & 3 octobre 1998. París: Académie des Inscriptions et Belles-Lettres, 1999. P. 162. Hasta el día de hoy la Iglesia copta cree que Marcos fue el fundador de la Iglesia y que este fue martirizado en abril del año 68 en una fiesta del dios Serapis.

163. En la catedral ortodoxa copta de san Marcos en Alejandría se encuentra una placa con todos los patriarcas de la Iglesia y san Marcos figura como el primero de la lista. Se cree que Marcos llegó a esta metrópoli alrededor del año 42 y fundó la iglesia en el lugar donde actualmente se encuentra la catedral ortodoxa. El templo fue reducido a cenizas por los musulmanes en el año 640 de nuestra era. Ha sido reconstruido varias veces hasta alcanzar la forma que tiene hoy. Al momento de escribir este libro, el Papa de la Iglesia Ortodoxa de Alejandría es Teodoro II, que es el Papa 118 de esta iglesia cristiana. Su sede se encuentra en la ciudad del Cairo desde el año 1047 y el nombre oficial de su residencia es *Santísima Sede de San Marcos*. La iglesia es gobernada por un sínodo y se estima que puede tener entre 12 a 18 millones de miembros, siendo Egipto el lugar con mayor membresía.

importa es que los judíos estaban en Alejandría, practicaron su religión, fueron asimilados por la cultura y pavimentaron el camino para que los judíos cristianos llegaran y fundaran la Iglesia en dicho lugar.

En el año de 1937 el número había descendido a 24 690 judíos[164], en la actualidad hay menos de 20 judíos en todo Egipto y los que quedan son personas de edad avanzada, todo esto a raíz de una serie de avatares políticos entre los Estados de Israel y Egipto. Si bien es cierto existe la sinagoga *Eliahu Hanavi* en Alejandría, esta es simplemente un centro turístico de la ciudad sin ningún tipo de actividad religiosa relevante.

En relación con la iglesia cristiana, se estima que la membresía de la Iglesia ortodoxa copta de Egipto es de 10 a 12 millones de miembros, el 10 % de la población de Egipto. La ciudad de Alejandría por ejemplo tiene muchas iglesias a las que se les llama diócesis[165]. La Iglesia católica copta representa el 0.3 % de la población y la Iglesia protestante tiene presencia, empero su membresía no es significativa.

Bien, es hora de enfocarnos en el incipiente movimiento cristiano y sus primeros pasos en el mundo judío de Israel. Nos centraremos en la primera controversia que se dio en la Iglesia entre los judeocristianos helenistas y los judeocristianos judaizantes.

4.2 Los judeocristianos helenistas en la iglesia primitiva

Muchos judíos reciclados en Alejandría que se encontraban en Jerusalén después de la muerte de Jesús creyeron en el mensaje del evangelio y se adhirieron a la Iglesia. De manera que la iglesia primitiva estaba formada por judíos reciclados en Alejandría y judíos de Israel. Sobre los primeros y usando las palabras de Alfonso Ropero …*los helenistas hacen acto de presencia en el Nuevo Testamento de repente, sin presentación ni previo aviso[166]* y esto lo vemos reflejado de una manera bien clara en Hechos 6:1 donde relata: …*en aquellos días, como creciera el número de los discípulos, hubo murmuración de los griegos contra los hebreos, de que las viudas de aquellos eran desatendidas en la distribución diaria.* Este pasaje es sumamente importante porque nos revela que había entre los mismos judíos dos cosmovisiones diferentes que provocó fricciones y desacuerdos que dañaban a la Iglesia. La rivalidad en-

164. Jewish Virtual Library. Alexandria, Egypt. https://www.jewishvirtuallibrary. org/alexandria. Visto el 30 de noviembre del 2022.

165. Toda la información sobre la Iglesia Ortodoxa Copta de Alejandría puede ser encontrado en su sitio web

https://copticorthodox.church/en/. Visto el 30 de noviembre del 2022.

166. Ropero, A. «Contribución de los judeo-helenistas al cristianismo primitivo». *Op. cit.*, p. 42.

tre ambos grupos trascendió el espacio y el tiempo. El espacio porque esta pugna se ve en cada ciudad donde llegó el apóstol Pablo con el evangelio y el tiempo porque este hecho duro muchísimos años.

Otro de los episodios reveladores del libro de los Hechos es la elección de los diáconos: *escojan entre ustedes a siete hombres de buena reputación, llenos del Espíritu y sabiduría… esta propuesta agradó a toda la asamblea. Escogieron a Esteban, hombre lleno de fe…* [167]. Resulta que Esteban, probablemente el líder de los diáconos electos fue arrestado y muerto convirtiéndose en el primer mártir de la Iglesia. Es importante señalar que el sendo discurso de Esteban antes de su lapidación es un testimonio elocuente de su formación griega, el hombre hace un despliegue de retórica propio de personas altamente educadas, nada extraño con los judíos griegos. Las palabras finales de su discurso: *¡tercos, duros de corazón y torpes de oídos! Ustedes son iguales a sus antepasados: ¡siempre resisten al Espíritu Santo!...* calaron profundamente en el orgullo de los líderes religiosos y se convirtió en su sentencia de muerte. A raíz de estos acontecimientos *se desató una persecución… y se dispersaron.*

Si contrastamos el discurso de Pedro con el de Esteban, las diferencias son mínimas y los escenarios son iguales. La pregunta es: ¿por qué lapidaron a Esteban y no a Pedro? El texto no nos da una razón al respecto, sin embargo, no se puede descartar la posibilidad de que el hecho que Esteban era helenista haya condicionado a los asesinos. Sobre este tema el profesor Ropero se expresa de la siguiente manera:

> Los cristianos helenistas fueron perseguidos por las autoridades religiosas de Jerusalén y obligados a dejar la ciudad, mientras que los cristianos hebreos, fieles a la Torah, permanecieron en Jerusalén relativamente tranquilos y sin ser molestados demasiado[168].

Tal parece que el prejuicio farisaico en contra del helenismo había trascendido a los primeros cristianos como podemos ver en el episodio de las viudas en Hechos 6, también es cierto que los judíos eran más condescendientes con los cristianos fieles a la *Torah*. En parte esta controversia *interpartes* era lógica, ¿cómo un judío que nunca había salido de Israel podía tener una cosmovisión amplia? Era imposible, así que era normal que se opusieran a los cristianos *helenistas* pues no sabían el trasfondo de estos.

---

167. Hechos 6:3 y ss.

168. Ropero, A. «Contribución de los judeo-helenistas al cristianismo primitivo». *Op. cit.*, p. 34.

4.3 Pablo, el judío helenista por antonomasia

Es probable que la siguiente declaración suene como un exabrupto[169]: el cristianismo ha tenido dos hombres emblemáticos, el primero en el s. I, el apóstol Pablo, que fue el instrumento que Dios usó para universalizar el evangelio a través de una intensa y arriesgada jornada misionera, así como a través de escritos que fueron canonizados por la Iglesia como sagrados y que han guiado la catequesis y predicación de la Iglesia por más de veinte siglos. El segundo hombre emblemático del cristianismo es Billy Graham en el s. XX, que fue el hombre que Dios usó para presentar el evangelio cara a cara a más de 200 millones de personas en más de 185 países de la tierra[170] y que convocó a varios congresos mundiales de carácter ecuménico donde llegó a reunir hasta 10 mil personas[171].

Para efectos de este trabajo nos centraremos en la figura del apóstol Pablo quien se describe así mismo como un descendiente de la tribu de Benjamín, hebreo de pura cepa y de filiación farisea[172]. Al haber nacido en Tarso[173], provincia de la romana Cilicia, actualmente Turquía, lo hacía un judío de la diáspora. Tenía que hablar arameo en la casa, leer a los rabinos en hebreo, pero como cualquier hombre de su calibre, pensaba y escribía en griego. Cuando leemos sus cartas queda completamente evidenciado que él era helenista. Siguiendo la misma línea de pensamiento del profesor Ropero:

---

169. El uso de esta palabra trae implícito el reconocimiento que en la historia de la Iglesia ha habido personas que han marcado un antes y después y que perfectamente pueden ser mencionadas como emblemáticos.

170. Billy Graham. *Samaritan Purse International Relief.* https://www.samaritanspurse.org/es/media/bio-billy-graham/. Visto el 18 de septiembre del año 2022.

171. El primer congreso convocado por Billy Graham fue el de Berlín en 1965, luego le siguió Lausana en el año de 1974. Este fue un congreso emblemático porque allí se firmó lo que la Iglesia protestante conoce como el Pacto de Lausana; una guía teológica catequística de gran importancia contextual. Luego convocó tres conferencias mundiales sobre evangelización en Ámsterdam, Países Bajos. La primera en 1983, la segunda en 1986 y el última en el año 2000 reuniendo a más de 10 000 personas en las últimas dos; convirtiéndose *ipso facto* en el ser humano con el poder de convocatoria más grande en la historia del cristianismo. Estos fueron verdaderos congresos ecuménicos dentro del protestantismo siendo el de Lausana de 1974 el que más se asemeja a los concilios ecuménicos de la antigüedad.

172. Filipenses 3:5-6.

173. *Tarso brillaba como centro cultural de primer orden, verdadero emporio comercial y académico, rival de Atenas y Alejandría, cuajada de escuelas de gramática, de retórica, de filosofía y de las demás ciencias. Fue clima propicio para la filosofía estoica y varios de sus pensadores... necesariamente tuvo que contribuir todo esto en la formación del futuro apóstol de los gentiles...* Véase Ropero, A. «Contribución de los judeo-helenistas al cristianismo primitivo». *Op. cit.*, p. 44.

Los helenistas dentro del cristianismo fueron los elementos providenciales para operar la transición de una concepción casi nacionalista de Jesús como Mesías hacia una concepción universal que hace de Cristo el Centro del Cosmos[174].

Como se explicó anteriormente, los judíos de Israel al no ser expuestos al conocimiento griego como los judíos helenistas, tenían una mentalidad obtusa, eran sectarios y rayaban en el fanatismo nacionalista; esto era contrario a la filosofía e intereses de la nueva religión que venía emergiendo; el cristianismo. De manera que se requería un líder de las características de Pablo, de ahí que la declaración: ... *porque ese hombre es mi instrumento escogido para dar a conocer mi nombre tanto a las naciones y a sus reyes como al pueblo de Israel...,* [175] nos deja ver claramente que Dios tenía todo arreglado. Se estima que desde la conversión de Pablo en su camino a Damasco hasta la llamada de Bernabé, transcurrieron alrededor de 14 años; tiempo durante el cual Pablo experimentó una metamorfosis mental que dio como resultado un cambio de Saulo de Tarso al Apóstol Pablo, un intelectual del más alto nivel, poliglota, de temperamento colérico, determinado, apasionado, comprometido y regido por una filosofía de vida que lo catapultó a ser el hombre más respetado del cristianismo primitivo y que lo inmortalizó en la historia como el gran apóstol Pablo.

Si vamos a ser honestos, la Iglesia bajo el liderazgo encabezado por Pedro y compañía, que eran *judaizantes,* hubiera desaparecido. Era necesario dar el salto cualitativo y la persona para hacer eso era Pablo como queda evidenciado en el libro de los Hechos y en sus escritos. Si el evangelio iba a ser aceptado en el mundo de aquella época, tenía que pasar por el filtro griego y adaptarse al lenguaje y mentalidad de los recipientes. Cuando leemos el capítulo 14 a los Romanos cuando Pablo enseña que hay que respetar al diferente: *si solo como legumbres...* y cuando dice *me hice judío a los judíos y griego a los griegos* está hablando de la plasticidad mental que se requiere para que el evangelio trascendiera fronteras culturales. Esto jamás hubiera ocurrido con la mentalidad sectaria de los cristianos judíos, era necesario una persona que pensara y hablara en griego, el apóstol Pablo.

4.4 Controversia entre los judeocristianos pro-ley y judeocristianos helenistas

El estudio de cartas como Gálatas, Romanos o Colosenses nos deja claro que hubo una tensión muy fuerte entre los helenistas y los judíos pro-ley a los que Pablo enfrentó y combatió con una dialéctica de alto nivel en la cual

---

174. *Ibid.* p. 47.
175. Hechos 9:15.

los reduce al absurdo. Para entrar en materia, veamos lo que pasó en Antioquía; hecho relatado en la carta a los Gálatas. El texto relata lo siguiente:

> *Pues bien, cuando Pedro fue a Antioquía, le eché en cara su comportamiento condenable. Antes que llegaran algunos de parte de Jacobo, Pedro solía comer con los gentiles. Pero, cuando aquellos llegaron, comenzó a retraerse y a separarse de los gentiles por temor a los partidarios de la circuncisión. Entonces los demás judíos se unieron a Pedro en su hipocresía, y hasta el mismo Bernabé se dejó arrastrar por esa conducta hipócrita. Cuando vi que no actuaban rectamente, como corresponde a la integridad del evangelio, le dije a Pedro delante de todos: «Si tú, que eres judío, vives como si no lo fueras, ¿por qué obligas a los gentiles a practicar el judaísmo?».*[176]

No hay un texto más claro en todo el N. T. que explique mejor la tensión que había entre helenistas y judaizantes. Este episodio entre Pablo y Pedro nos clarifica lo siguiente: (1) la profunda división entre los mismos cristianos por el tema del cumplimiento de los ritos judíos, (2) la imposibilidad que una persona como Pedro liderara el incipiente movimiento religioso, (3) el condicionamiento de no entender la cosmovisión griega de la vida y (4) que solo una persona contraria a la tradición y los preceptos rituales del judaísmo podía liderar el nuevo movimiento religioso.

Por el estudio que hacemos de las cartas de Pablo nos damos cuenta de que le costaba mucho a los cristianos que provenían del judaísmo hacer a un lado la teología y la liturgia del judaísmo. Cuando Pablo les dice a los Gálatas: *¡Gálatas torpes!... Solo quiero que me respondan a esto: ¿Recibieron el Espíritu por las obras que demanda la ley, o por la fe con que aceptaron el mensaje? ¿Tan torpes son? ...*[177] les está diciendo que son un grupo de personas retrógradas que han sucumbido ante un discurso que no tiene nada que ver con la esencia del cristianismo mismo pues obliga a las personas a cumplir ritos y tradiciones innecesarias. En realidad, el apóstol Pablo no estaba teniendo problemas con gente fuera de la Iglesia, sino con gente de adentro, cristianos provenientes del judaísmo que nunca cambiaron el paradigma mental y que estaban sirviendo de estorbo para que la Iglesia cumpliera su misión.

Ahora, si nos movemos a la carta a los Romanos[178], nos vamos a encontrar con una enconada rivalidad entre cristianos provenientes del judaís-

---

176. Gálatas 2:11-14.

177. Gálatas 3:1 y ss.

178. Para un mejor entendimiento del tema se recomienda el desarrollo que se hace bajo el epígrafe *la generación hipócrita* en Zaldívar, R. *A los romanos: una carta de ayer para el mundo de hoy.* Edit. Universidad para líderes. Honduras. 2017, pp. 29 y ss.

mo y aquellos convertidos del paganismo. La Iglesia estaba en peligro y se necesitaba la oportuna intervención de un líder religioso con una mentalidad universalista que pusiera orden y ese era el instrumento que Dios había escogido *en el camino a Damasco*. El inicio del discurso anti sectario lo encontramos en el capítulo dos, el cual contiene un mensaje lapidario en contra del judaísmo; una extraordinaria refutación a la esencia misma de la teología judía.

> *Por tanto, no tienes excusa tú, quienquiera que seas, cuando juzgas a los demás, pues al juzgar a otros te condenas a ti mismo, ya que practicas las mismas cosas... ¿Piensas entonces que vas a escapar del juicio de Dios, tú que juzgas a otros y sin embargo haces lo mismo que ellos? ...pero por tu obstinación y por tu corazón empedernido sigues acumulando castigo contra ti mismo para el día de la ira, ...de hecho, cuando los gentiles, que no tienen la ley, cumplen por naturaleza lo que la ley exige, ellos son ley para sí mismos, aunque no tengan la ley...* [179]

La esencia misma de esta alocución paulina es que les señala el aspecto inmaterial de la ley, pues en la *letra* subyace un elemento moral que ellos han ignorado; y que los ha hecho incurrir *ipso facto* en una conducta hipócrita y por ende en condenación.

Haciendo un derroche de lógica aristotélica en el 2:17-20 comienza a efectuar una gradación de pensamiento hasta llevarlos a un clímax que alcanza alturas de vértigo.

> *Ahora bien, tú que llevas el nombre de judío; que dependes de la ley y te jactas de tu relación con Dios; que conoces su voluntad y sabes discernir lo que es mejor porque eres instruido por la ley; que estás convencido de ser guía de los ciegos y luz de los que están en la oscuridad, instructor de los ignorantes, maestro de los sencillos, pues tienes en la ley la esencia misma del conocimiento y de la verdad...* [180]

Aquí Pablo ha llevado a los judíos al monte Everest, les dice que son guías de ciegos, instructores de ciegos y maestros de sencillos, para luego reducirlos al absurdo.

> *En fin, tú que enseñas a otros, ¿no te enseñas a ti mismo? Tú que predicas contra el robo, ¿robas? Tú que dices que no se debe cometer adulterio, ¿adulte-*

179. Romanos 2:1 y ss.
180. Romanos 2:17 y ss.

ras? Tú que aborreces a los ídolos, ¿robas de sus templos? Tú que te jactas de la ley, ¿deshonras a Dios quebrantando la ley? Así está escrito: «Por causa de ustedes se blasfema el nombre de Dios entre los gentiles».[181]

Con este argumento de reducción al absurdo descubre la futilidad de la teología judía y la incapacidad de esta de alcanzar la más cara aspiración del cristianismo que es amar a Dios y amar al prójimo.

El apóstol Pablo no termina allí, es necesario perseguir el orgullo religioso de los judíos hasta su última madriguera que en este caso es la circuncisión y darles allí la estocada final.

> *La circuncisión tiene valor si observas la ley; pero, si la quebrantas, vienes a ser como un incircunciso. Por lo tanto, si los gentiles cumplen los requisitos de la ley, ¿no se les considerará como si estuvieran circuncidados? El que no está físicamente circuncidado, pero obedece la ley, te condenará a ti que, a pesar de tener el mandamiento escrito y la circuncisión, quebrantas la ley. Lo exterior no hace a nadie judío, ni consiste la circuncisión en una señal en el cuerpo. El verdadero judío lo es interiormente; y la circuncisión es la del corazón, la que realiza el Espíritu, no el mandamiento escrito...[182]*

Argumentación como la anterior jamás hubiera sido escrita por un líder religioso que no tuviera una cosmovisión griega o que pudiera usar la lógica griega para demostrar a través de una argumentación válida la futilidad del judaísmo y la insensatez de obligar a los cristianos a cumplir con ritos caducos[183]. De ahí que no es una casualidad que Dios haya comisionado a Pablo para predicar el evangelio y fundar iglesias. No es una casualidad que a partir del capítulo 13 del libro de los Hechos todo gire alrededor de su ministerio y se ignore al resto. No es una casualidad que gran parte de

---

181. *Ibid.* 2:21.

182. *Ibid.* 2:25 y ss.

183. Hablando de la influencia griega de Pablo, el profesor Rodríguez afirma lo siguiente: *El estilo de san Pablo es personalísimo y francamente inconfundible, abundando en figuras retóricas aprendidas en el ambiente y en las charlas de la diatriba helenística, si es que no en la lectura preparatoria para la misión por el mundo griego... siente una predilección innegable por la antítesis... asimismo maneja finamente la ironía, la gradación o clímax, el quiasmo, el oxímoron, el asíndeton... el apóstol se eleva con relativa frecuencia a las alturas inaccesibles... como en el panegírico del amor al prójimo y el himno simétrico del amor a Dios...* Rodríguez, I, «La cultura griega en san Pablo». *Helmántica*. Universidad Pontificia de Salamanca. 1960, pp. 22-23.

los escritos canonizados del Nuevo Testamento salen de su pluma o llevan su nombre[184].

Para finalizar este tema, huelga citar lo que Pablo escribe en Colosenses capítulo dos, donde advierte a la Iglesia del peligro del judaísmo.

> *Quiero que sepan qué gran lucha sostengo por el bien de ustedes quiero que lo sepan para que cobren ánimo, permanezcan unidos por amor, y tengan toda la riqueza que proviene de la convicción y del entendimiento les digo esto para que nadie los engañe con argumentos capciosos cuídense de que nadie los cautive con la vana y engañosa filosofía que sigue tradiciones humanas, la que está de acuerdo con los principios de este mundo y no conforme a Cristo... además, en él fueron circuncidados, no por mano humana, sino con la circuncisión que consiste en despojarse del cuerpo pecaminoso. Esta circuncisión la efectuó Cristo...* [185]

Más claro no se puede ser, el escritor está haciendo una advertencia de peligro a la Iglesia, pues en ese momento histórico, una de las amenazas del cristiano era el judaísmo, por lo tanto, había que contrarrestarlo. La relectura que hace del tema de la circuncisión y su respectiva interpretación alegórica es un recurso que solo una persona de cultura griega la podía hacer, es simplemente genial y oportuno. Para rematar, declara *...y anular la deuda que teníamos pendiente por los requisitos de la ley. Él anuló esa deuda que nos era adversa, clavándola en la cruz...,* [186] de esta manera estaba dejando claro que el judaísmo y el cristianismo son teologías que se repelen en lugar de atraerse y que intentar mezclarlas es un verdadero contrasentido. Para cerrar con este apartado, nada más oportuno que las palabras del profesor Ropero:

> *Mientras el cristianismo permaneció en los límites de Israel no hubo necesidad de adecuar el mensaje evangélico a la mentalidad helénica. Los judeocristianos terminaron por convertirse en una secta del judaísmo, condenada a desaparecer, solo aquellos seguidores de Jesús, ellos mismos judíos, que se abrieron al mundo grecorromano dieron origen al cristianismo tal como lo conocemos* [187].

184. Como señala el profesor Isidoro Rodríguez: *Pablo, judío por la sangre, romano por el derecho, griego por la cultura... estaba perfectamente equipado para realizar la fusión admirable de la doctrina cristiana con el mundo grecorromano, injertando el Evangelio en el fértil tronco de la cultura griega... Ibid.* p. 21.

185. Colosenses 2:1-11.

186. Colosenses 2:14.

187. Ropero, A. «Contribución de los judeo–helenistas al cristianismo primitivo». *Op. cit.*, p. 45.

Los judeocristianos que se convirtieron en secta simplemente desaparecieron, y desaparecieron porque nunca entendieron que Jesús había hecho un cambio de paradigma mental y como aparejada consecuencia había dado inicio a una nueva religión completamente incompatible con el judaísmo. La tensión acabó y prevaleció el cristianismo impulsado por los Padres de la Iglesia, especialmente los alejandrinos, que jugaron un papel muy importante en la misión de universalizar la fe cristiana.

Con este capítulo queda establecido cómo los judíos llegan a adquirir la cosmovisión griega de la vida y cómo con esta cosmovisión universalizan el evangelio de Jesucristo. Quedó claro que los judíos de Israel volvieron al cristianismo en una secta judía que estaba condenada a desaparecer, empero el levantamiento de personajes como Pablo, en la economía de Dios, hicieron posible que la religión cristiana no solamente se propagase por el Imperio romano, sino que se estableciese. Los Padres de la Iglesia alejandrinos aparecen en la escena y articulan una teología que le da solidez al movimiento. Esto nos lleva al capítulo cinco donde trataremos lo relacionado a cómo la cosmovisión griega nos llevaba a interpretar la Biblia y a tener una lectura de la realidad sociopolítica de la época.

La hermenéutica cristiana helenista

Sumario:
5.1 La interpretación en las escuelas rabínicas del primer siglo.
5.2 La escuela alegórica de Alejandría. 5.3 La escuela de Antioquía.
5.4 Otras escuelas de interpretación.

Ahora tenemos claro que existen dos clases de judíos, los judíos pro-ley y los de Alejandría o helenistas de Israel. Cada uno tenía una cosmovisión diferente de la cultura, de la religión y de la sociedad. Es lógico que estas diferencias marcadas hayan provocado controversias que dividiera a hermanos que no fueron capaces de lograr un entendimiento.

Una de las áreas en la que no hubo un acuerdo en la incipiente Iglesia cristiana fue en cómo se iban a interpretar las Escrituras. En el judaísmo las escuelas rabínicas de Israel se decantaron por la literalidad del texto, en cambio la escuela de Alejandría, siguiendo el modelo de interpretación de los escritos de Homero, se decantó por el método alegórico. Esto provocó un cisma que se vio reflejado en el concilio de Jammia en donde rechazaron cualquier cosa que tuviera que ver con Alejandría. Esta controversia sobre cómo se iban a interpretar las Escrituras fue trasladado a la Iglesia. Con el tiempo prevaleció la escuela de Antioquía hasta el día de hoy en la cual se considera al método alegórico de interpretación como un método erróneo.

En este capítulo estudiaremos las escuelas de interpretación de aquella época que siguen vigentes en nuestros días y que como consecuencia siguen provocando resquemores entre los cristianos.

5.1 La interpretación en las escuelas rabínicas del primer siglo

La interpretación en las escuelas rabínicas es de gran relevancia para nuestro estudio porque nos permite entender de una mejor manera la actitud alérgica del judío de Israel hacia la cultura griega. Hacia finales del primer siglo a. C., había en Israel un colegio de sabios formados por los escribas, los fariseos y los saduceos, de donde salieron dos escuelas rabínicas que marcaron época dentro del judaísmo: la escuela de *Hillel* y la escuela de *Shammai*[188].

Estas escuelas salvaguardaban la pureza del judaísmo y cada una tenía una forma peculiar de interpretar el *tanaj* y el *halaká* judío. El liderazgo religioso de aquella época estudiaba en una o en otra escuela. El apóstol Pablo era discípulo de Gamaliel quien a su vez era el nieto de Hillel, de tal manera que podemos decir que Pablo era un judío de la escuela de Hillel y por lo tanto una persona con una mente un tanto más abierta que aquellos discípulos de la escuela de Shammai en lo que se refiere a la interpretación de la Ley. Al provenir Pablo de una de esas escuelas, no debe extrañarnos expresiones como: ...*en cuanto al celo, perseguidor de la iglesia; en cuanto a la justicia que la ley exige, intachable...*[189] este era precisamente el trabajo de estas escuelas, crear hombres sectarios, nacionalistas, dogmáticos e implacables contra cualquier enseñanza contraria a la ortodoxia judía. Ahora, hemos argumentado en esta investigación que Pablo era un judío *helenista* que Dios usó para universalizar el evangelio, lo que está en contradicción con lo que estamos aseverando aquí. ¿Cómo es posible que un hombre con una mente estrecha como la de los religiosos judíos se haya sacudido el estigma y haya dejado fluir su formación griega? Bien, la única explicación posible la encontramos en la palabra *conversión* que viene del latín *convertěre* que nos habla de *dar un giro*, de cambiar de dirección. Esto fue lo que ocurrió en el camino a Damasco y en un largo proceso de catorce años en los que Pablo estuvo en el anonimato hasta la llamada de Bernabé[190]. Sin duda que durante este largo tiempo Pablo fue reciclado y experimentó una renovación del conocimiento única.

---

188. Dos escuelas con acercamientos diferentes tanto al *halaká* como al estudio de la Torah; hecho que las hizo antagónicas y rivales. La escuela de Shammai tuvo un acercamiento tradicionalista, en tal sentido reconocía a la tradición como única fuente del conocimiento de la Ley y abogaba por la conservación del conocimiento en su forma original y en su transferencia prístina de generación en generación, en cambio Hillel hacía un acercamiento más racionalista con una mente más abierta. Además de la tradición reconocía otras fuentes de autoridad como aquellas basadas en el entendimiento humano, así que no solamente buscaba conservar el conocimiento sino mejorarlo. El legado de estas escuelas fue preservado por los sabios de Jammia, tales como R. Eliezer que era seguidor de Shammai y R. Joshua y R. Akiva seguidores de la escuela de Hillel que ganó preponderancia respecto a la otra. Para más información se recomienda ver Shapira, H. «The schools of Hillel and Shammai». *JLA*. Edited by Berachyahu Lifshitz. Volumen 17. 2007, pp. 159 y ss.

189. Filipenses 3:6.

190. Después partió Bernabé para Tarso en busca de Saulo, y, cuando lo encontró, lo llevó a Antioquía. Durante todo un año se reunieron los dos con la iglesia y enseñaron a mucha gente... Hechos 11:25-26.

Como el tema que nos ocupa es la interpretación, es menester señalar que el principio básico de las escuelas judías era que: la *Torah* debía ser explicada por la *Torah*. A lo largo de los años la tradición fue elaborando varios conjuntos de *reglas hermenéuticas*[191] para la interpretación de la Ley: las siete reglas de Rabí Hillel, las trece reglas de Rabí Ismael, las treinta y dos reglas de Rabí Eliezer[192]. Las que tienen mayor antigüedad son las atribuidas a Rabí Hillel.

Para efectos de este apartado es muy importante dar una idea de cómo los judíos interpretaban la *Torah*, lo que también nos permitirá contrastar con la escuela de interpretación alegórica de Alejandría, así como con la gramática–histórica de Antioquía. En virtud que nuestro objeto de estudio no es abordar de forma exhaustiva el tema de la hermenéutica de los antiguos rabinos, por lo que el mencionar y abordar de una forma sucinta las siete reglas de interpretación de Hillel[193] es más que suficiente. A continuación, las siete reglas de Hillel. (1) La llamada *Qal wa-ḥomer*, que se traduce como: *lo liviano y lo pesado*. Si la Ley impone una exigencia en un caso de menor importancia, *a fortiori* esa exigencia se deberá aplicar en un caso más, *v.g. ...no pondrás bozal al buey que trilla* (Dt 25:4). *¿Será que Dios se preocupa de los bueyes?*, ...así que esto nos lleva a la conclusión: *¿qué tiene de extraño que recojamos de ustedes bienes temporales?* (2) La segunda regla de

191. Sobre este tema se recomienda Rivas, L. «Las tradiciones rabínicas y la interpretación del Nuevo Testamento». *Cuestiones Teológicas*. Vol. 45. Nº 103. 2018, pp. 32 y ss.

192. Las reglas exegéticas sintetizan las prácticas interpretativas usuales en los primeros siglos. La sistematización es progresiva. Primero aparecen las siete reglas de Hillel, que serán abordadas de una forma sucinta en este trabajo, luego aumentan a trece con R. Ismael. Solo por vía de ejemplo enumeraremos cinco de las trece reglas: *1. Inferencia de lo complejo a partir de lo simple; y viceversa. 2. Deducción por analogía de distintas partes de la Torá que usan similar expresión. 3. Una regla principal contenida en un versículo o deducida de dos versículos, que sirve como precedente. 4. De la composición de una proposición general con su particularidad específica. 5. Un término particular seguido de uno general, el general determina lo que debe incluirse.* Sobre este tema se recomienda ver Martínez Saíz, T. *Melkita de Rabí Ismael*. Edit. Verbo Divino. España. 1995. Este libro nos permite conocer el pensamiento rabínico de los albores del cristianismo. También se recomienda el estudio comparado que efectúa Klein, D. «Rabbi Ishmael, Meet Jaimini: The Thirteen Middot of Interpretation in Light of Comparative Law». *Hakirá.*16. 2013. Aquí hace un estudio comparado con la ley anglosajona explicando de una forma más amplia el alcance de las reglas de R. Ismael. Finalmente, hay que mencionar las treinta y dos reglas de R. Eliezer; tema que puede ser ampliamente estudiado en Enelow, H. G. *Las treinta y tres reglas de interpretación según el texto de la Misná de Rabí Eliezer*. New York. 1993, pp. 55 y ss. En resumen, todas estas reglas configuran lo que podríamos definir como la clasificación tradicional. Véase Armenteros, V. «Middot en Tanaj a Génesis. Reglas del método histórico–gramatical en la hermenéutica del judaísmo antiguo». *DL*. X. Núm. 1. 2011, pp. 65-105.

193. Muñoz León, D. «Principios básicos de la exégesis rabínica». *Revista Bíblica*. Año 60, Argentina. 1998/2, pp. 117-122.

Hillel, llamada *Gezerah šawah*, que puede traducirse como equivalencia o paralelos. Si las mismas palabras se encuentran en dos leyes del Pentateuco, entonces lo que se dice en una de ellas se aplica también en la otra. (3) *Deducción de lo especial a lo general*. La tercera regla era la extensión de lo especial a lo general; por ejemplo, el trabajo necesario en sábado se convertía en trabajo autorizado en cualquier día santo. (4) *Una inferencia de varios pasajes, binyan av*. La cuarta regla es la explicación de dos pasajes mediante un tercero: dos versículos se contradicen hasta que un tercer versículo los reconcilia, *v.g.* un versículo afirma que Dios bajó a la cima de la montaña (Éx 19:20), otro que su voz se oyó desde el cielo (Dt 4:36). Un tercer versículo (Éx 20:19) proporciona la reconciliación. Hizo descender los cielos al monte y habló. (5) *Inferencia de lo general a lo especial, Kelal uferat uferat ukelal*. La quinta regla permite extraer de una situación general una inferencia que rige situaciones especiales. Solo se pueden derivar cosas similares a las especificadas. Ejemplo: *Darás el dinero para lo que tu alma desee [kelal] para bueyes, o para ovejas, o para vino, o para bebida fuerte…* (Dt 14:26). Se pueden comprar otras cosas distintas a las especificadas, pero solo si son comida o bebida como las especificadas. (6) *Analogía de otro pasaje*. La sexta regla era la explicación de un pasaje a partir de la analogía de otros pasajes. No requiere que los versos sean contradictorios, permite que un pasaje bíblico explique otro a través de su contenido similar. (7) *Una inferencia de contexto*. Puse la plaga de la lepra en una casa de la tierra de tu posesión» (Lv 14:34), se refiere solo a una casa construida con piedras, madera y mortero, ya que estos materiales se mencionan más adelante en el versículo 45[194]. Nada malo con estas reglas, están contenidas dentro de los parámetros de la lógica, pero circunscritas en un contexto religioso estrecho que genera un legalismo brutal que esclaviza al hombre, que es lo que Jesús criticó severamente en sus controversias con los religiosos de su tiempo: *¡Ay también de vosotros, intérpretes de la ley!, porque cargáis a los hombres con cargas difíciles de llevar, y vosotros ni siquiera tocáis las cargas con uno de vuestros dedos*[195].

Así que, después de ver estas cosas es completamente entendible que los judíos de Jammia rechazaran la Biblia griega y fueran hostiles a todo aquello que tuviera que ver con el helenismo. También nos clarifica y nos confirma el hecho que la fe cristiana no hubiera llegado hasta los confines del Imperio romano con esta mentalidad y menos aún que hubiera trascendido a casi todas las etnias de la tierra. El judaísmo por su parte sigue

---

194. Además del artículo de Armenteros ya mencionado es útil la siguiente fuente: Chuva, J. D. «Las reglas de Hillel y su influencia en el pensamiento paulino». *Tesis*. Pontificia Universidad Javeriana, Colombia. 2021.

195. Lucas 11:46.

siendo la religión de un grupo étnico y de un puñado de personas con complejo de judío[196].

5.2 La escuela alegórica de Alejandría

Uno de los personajes que introdujo la escuela alegórica al mundo judío fue el célebre Filón, conocido como Filón de Alejandría, quien diferenciaba dos tipos de alegoría: (1) *Alegoría en el sentido literario habitual,* es decir, una figura literaria en la que se significa una cosa distinta de la que las palabras, en sentido propio expresan[197]. En este tipo de alegorías el autor no pretende el sentido literal obvio porque por lo general este es imposible, *v.g. ... porque mi carne es verdadera comida y mi sangre es verdadera bebida. El que come mi carne y bebe mi sangre permanece en mí y yo en él...*[198] esta es una alegoría en su sentido literario habitual porque el autor no pretende en ningún momento el sentido literal porque el mismo es sencillamente imposible. (2) *Alegoría con sentido alegórico oculto.* Para Filón, toda la Escritura tiene otro sentido más profundo, oculto, el sentido alegórico, deseado por el hagiógrafo[199], *v.g.* el libro de Ester en su totalidad tiene un sentido más profundo y oculto que el que se mira a simple vista.

El método alegórico ha tenido sus detractores[200] a lo largo de la historia, José María Martínez, autor del clásico *Hermenéutica bíblica* le dedicó unos

196. El judaísmo que puede dividirse en dos: el ortodoxo y el liberal, sigue vigente el día de hoy, solo que, circunscrito a un pequeño sector del pueblo judío, en otras palabras, es una religión étnica a diferencia del cristianismo que trasciende las etnias y la cultura. También huelga señalar que ha habido un pequeño sector del protestantismo que queriendo tener un favor de Dios o simplemente congraciarse con los judíos han introducido elementos judíos al culto cristiano, ignorando o malinterpretando la teología paulina y el espíritu del cristianismo que es contrario a tales prácticas.

197. De la misma manera el profesor Ropero definió la alegoría: *...un modo del lenguaje que permite decir otra cosa de la que se dice. Es el recurso retórico para expresar un significado más profundo que el literal.* Véase Ropero, A. *Introducción a la Filosofía. Op. cit.,* p. 99. Véase también Ropero, A. «Filón de Alejandría y la alegoresis», en Orígenes, *Tratado sobre los principios. Obras escogidas.* Clie. Viladecavalls., pp. 22-28. 2002.

198. Juan 6:55 y ss.

199. Del Valle, C. «Aproximaciones del método alegórico de Filón de Alejandría» *Helmantica.* Universidad Pontificia de Salamanca. Tomo 26, N. 79-81. España. 1975, pp. 564-566.

200. El teólogo wesleyano Adán Clark del s. XVIII señaló: *Si este modo de interpretación se aplicara a las Escrituras en general... ¡en qué estado quedaría pronto la religión! ¿Quién podría ver algo cierto, determinado y fijo en el significado de los oráculos divinos, si la fantasía y la imaginación han de ser los intérpretes aceptados? Dios no ha dejado su palabra al hombre librada de este modo a su voluntad... nada (debiera ser) recibido como doctrina del Señor sino lo que puede derivarse de aquellas palabras claras del Altísimo... Alegoría, metáforas y figuras en general, donde su designio se indica claramente, como es en el caso de todas las empleadas por los escritores sagrados, pueden ayudar a ilustrar y aplicar más enérgicamente la verdad*

párrafos al método, aunque expone una censura moderada sin incurrir en la irreverencia. Martínez afirma:

> *Este método se distingue... por una ausencia casi total de preocupación respecto a lo que el autor sagrado deseó comunicar y por la libertad con que se abren las puertas al subjetivismo del intérprete. Lo que importa, en el fondo, no es lo que el hagiógrafo quiso expresar, sino lo que el intérprete quiere decir. Como consecuencia, el producto de la exégesis puede variar adaptándola, según convenga, a las formas cambiantes del pensamiento de cada época[201].*

La argumentación de José María Martínez está bien planteada y tiene todo el sentido del mundo, puede dar lugar a exabruptos y de hecho estos siempre se dan, sin embargo, es el método que utiliza el apóstol Pablo donde hace interpretaciones subjetivas donde lo que importa es lo que él, Pablo, quiere decir. Veamos la siguiente alegoría de Pablo:

> *...no quiero que desconozcan, hermanos, que nuestros antepasados estuvieron todos bajo la nube y que todos atravesaron el mar. Todos ellos fueron bautizados en la nube y en el mar para unirse a Moisés. Todos también comieron el mismo alimento espiritual y tomaron la misma bebida espiritual, pues bebían de la roca espiritual que los acompañaba, y la roca era Cristo. Sin embargo, la mayoría de ellos no agradaron a Dios, y sus cuerpos quedaron tendidos en el desierto. Todo eso sucedió para servirnos de ejemplo, a fin de que no nos apasionemos por lo malo, como lo hicieron ellos. No sean idólatras, como lo fueron algunos de ellos, según está escrito: «Se sentó el pueblo a comer y a beber, y se entregó al desenfreno». No cometamos inmoralidad sexual, como algunos lo hicieron, por lo que en un solo día perecieron veintitrés mil. Tampoco pongamos a prueba al Señor, como lo hicieron algunos y murieron víctimas de las serpientes. Ni murmuren contra Dios, como lo hicieron algunos y sucumbieron a manos del ángel destructor. Todo eso les sucedió para servir de ejemplo, y quedó escrito para advertencia nuestra, pues a nosotros nos ha llegado el fin de los tiempos...[202]*

divina; pero arrancar significados celestiales de todo un libro, donde no se da tal indicación, no es ciertamente la manera de llegar al conocimiento del verdadero Dios, y de Jesucristo a quien Él ha enviado. Véase Clarke, A. *The Holy Bible with a Commentary and Critical Notes*. Nueva York: Abingdon-Cokesbury Press. Tomo III, p. 845. Otro de los detractores es Meek, citado por Buttrick, G, quien afirma: *La interpretación alegórica podría hacer que el libro signifique cualquier cosa que la fértil imaginación del expositor fuera capaz de pergeñar, y al final, sus mismas extravagancias fueron su ruina, ya que ahora ha desaparecido casi del todo.* Buttrick, G. The Song of Songs (Exégesis), *The Interpreter's Bible*, ed. Abingdon Press. Nueva York, 1956. V, p. 93.

201. Martínez, J. *Hermenéutica bíblica*. Edit. Clie. Viladecavalls. España. 1984, p. 68.

202. 1 de Corintios 10:1-10.

Lo anterior es técnicamente un *midrash* que Pablo hace de acontecimientos acaecidos en el A. T., empero es un *midrash* usando el método alegórico de interpretación. No hace falta hacer un análisis de todo el pasaje, simplemente rebasa el objeto de nuestra investigación. Vamos a centrarnos solamente en una alegoría de las muchas que contiene el pasaje: ...pues bebían de la roca espiritual que los acompañaba, y la roca era Cristo, esta sola expresión encaja perfectamente con lo que el profesor Martínez ha dicho: *lo que importa, en el fondo, no es lo que el hagiógrafo quiso expresar, sino lo que el intérprete quiere decir. Como consecuencia, el producto de la exégesis puede variar adaptándola, según convenga...* Claro que Martínez tiene razón, a Pablo no le interesaba lo que el redactor de estos episodios quiso decir, lo que importa es lo que Pablo quiere decir a los corintios y es que *Cristo es la roca* que acompañaba, ahora a los cristianos. Conectar a Cristo con una roca de la cual brotó agua en el desierto es literalmente ridículo empero alegóricamente perfecto.

Filón de Alejandría claramente indica que la aplicación del método de interpretación alegórico no es un procedimiento arbitrario[203] como los detractores afirman, más bien, sigue leyes específicas que el exégeta debe tomar en cuenta *v.g. ...la primera norma de la hermenéutica alegórica es la fijación del sentido literal y, con él, la determinación del símbolo. Habiendo detectado el símbolo será fácil precisar lo simbolizado.* Esta es considerada la regla de oro del método alegórico. Ahora, se le atribuye a Filón el enunciado de reglas para efectuar este tipo de interpretación. Para efectos de este trabajo se mencionarán dos: (1) *Interpretar un texto oscuro a través de otro conocido.* Lo cierto es que Filón no tomaba en cuenta el contexto próximo ni remoto del texto cuando lo aplicaba. Según Del Valle[204] este principio estaba en consonancia con la tercera regla de la escuela rabínica de Hillel *formación de una familia a base de un texto* y de la sexta regla *como otro lugar paralelo.* (2) *El establecimiento de una semejanza conceptual o verbal del texto objeto de estudio.* Según Del Valle este principio corresponde a la segunda regla de Hillel el *Gezera Sawa* o principio de analogía[205].

Con lo anterior queda demostrado que si bien es cierto que en el método alegórico lo que importa *no es lo que el hagiógrafo quiso expresar, sino lo que el intérprete quiere decir* esto no es arbitrario, sigue reglas, porque al final no se puede decir cualquier cosa. La interpretación alegórica no es un acto irresponsable del intérprete, todo lo contrario, es un ejercicio muy delicado.

---

203. Del Valle, C. «Aproximaciones del método alegórico de Filón de Alejandría». *Helmantica. Op. cit.*, p. 567.

204. *Ibid.*, p. 568.

205. *Ibid.*, p. 569.

Para cerrar este tema es importante señalar que el campeón de la interpretación alegórica es el apóstol Pablo, el pasaje de 1 corintios 10 es solo uno de los muchos *midrash* que hace usando el método alegórico. El otro pasaje conocido es el de Gálatas 4:21 que corresponde a la alegoría entre Agar y Sara. Cuando se estudia esta alegoría desde la perspectiva estructural y retórica nos damos cuenta de que estamos ante un señor que domina la lógica aristotélica y está echando mano de una formación helenista privilegiada. Otras interpretaciones alegóricas de Pablo las encontramos en la carta a los Romanos, cuando él establece analogías entre Adán y Cristo. En una nos habla del primer Adán por el que entra la muerte y luego del segundo Adán por el que entra la vida y como esta, hay varias dicotomías de esta naturaleza. Lo anterior solo para dejar establecido que Pablo era un discípulo de la escuela de Alejandría, conocía y manejaba magistralmente el método alegórico. Luego entonces, si uno de los que escribió cosas que la Iglesia sancionó como sagradas y usó el método alegórico para interpretar hechos del A. T. ¿por qué nosotros vamos a considerarlo como erróneo y espurio? La verdad es que no tiene ningún sentido, el método alegórico no puede ser erróneo, solo que el mismo está reservado para personas altamente educadas que no van a utilizarlo incorrectamente.

Además de los escritos del apóstol Pablo, existen libros tanto canónicos como deuterocanónicos que solo pueden ser interpretados usando el método alegórico, pues es imposible usar el método literalista de la escuela de Antioquía. Uno de esos libros es el de Cantar de los Cantares. No existe ninguna persona sobre la faz de la tierra que nos pueda interpretar pasajes como el de Cantares 1:9-17. Usando el método gramático–histórico, por ejemplo, o el histórico–crítico, es sencillamente imposible.

> [El amado] *Tú y tus adornos, amada mía, me recuerdan a las yeguas enjaezadas de los carros del faraón. ¡Qué hermosas lucen tus mejillas entre los pendientes! ¡Qué hermoso luce tu cuello entre los collares! ¡Haremos para ti pendientes de oro con incrustaciones de plata!* [La amada] *Mientras el rey se halla sentado a la mesa, mi perfume esparce su fragancia. Mi amado es para mí como el saquito de mirra que duerme entre mis pechos. Mi amado es para mí como un ramito de azahar de las viñas de Engadi.* [El amado] *¡Cuán bella eres, amada mía! ¡Cuán bella eres! ¡Tus ojos son dos palomas!* [La amada] *¡Cuán hermoso eres, amado mío! ¡Eres un encanto!* [El amado] *Una alfombra de verdor es nuestro lecho, los cedros son las vigas de la casa y nos cubre un techo de cipreses.*

El pasaje anterior es un escrito erótico que solo puede ser interpretado mediante una alegoría. No tiene ningún sentido hacerlo literalmente, a menos que queramos buscarle *tres pies al gato*. Preguntas como: ¿quién es el amado?, ¿quién es la amada?, no pueden ser respondidas, de ahí que en el transcurso de la historia se han dicho muchas cosas y se ha identificado al amado con Salomón o con Jehová o con Cristo[206], etc. Todas las diferentes hipótesis que dan los detractores del método alegórico son muy buenas, siguen los cánones de la ciencia del pensamiento, sin embargo, tropiezan con una realidad lapidaria, Salomón es un personaje ficticio que por la *enveterata consuetudo* aparece en los libros sapienciales y poéticos, pero es una mera ficción literaria.

Ahora, cambiando de tema, si damos por sentado que el Cantar de los Cantares es un libro que solo se puede interpretar de forma alegórica, surge una pregunta lógica: ¿por qué fue canonizado? Recordemos que los sabios de Jammia, enemigos del método alegórico, lo sancionaron como sagrado. Bien, hay una respuesta lógica para dicha pregunta: primero, porque no hay nada malo *per se* con alegorizar y segundo porque era algo muy común en los judíos de los siglos previos al advenimiento de Cristo hacerlo. Ahora, si nos movemos a los libros deuterocanónicos sapienciales como Judit y Tobías, ambos son historias fantásticas no históricas, es decir, irreales que tienen un mensaje oculto o escondido que solo puede ser

---

206. Desde el tiempo del Talmud (150 d. C.) era común entre los judíos considerar al Cantar de los Cantares como un cántico alegórico del amor de Dios por su pueblo escogido. Siguiendo este patrón, los cristianos han visto en él un cuadro del amor de Cristo por la iglesia. J. Hudson Taylor, siguiendo a Orígenes, hallaba en él una descripción de la relación del creyente con su Señor. Sobre la interpretación del Cantar de los Cantares, el profesor A. F. Harper considera cuatro posibilidades, no sin antes desechar la interpretación alegórica convirtiéndose de esta manera en uno de sus detractores. El profesor Harper señala en primer lugar la interpretación literal y dice: *Sobre esta base, el Cantar de los Cantares habla acerca del amor humano de un hombre por una mujer.* El segundo lugar la interpretación cúltica que interpreta al libro como un ritual pagano que había sido secularizado o aun acomodado al culto de Jehová. Tercero, la interpretación lírica, que se fundamenta como una colección de poesías amorosas, descriptivas de la belleza física, que se cantaban en las bodas sirias, y tal vez en otros momentos en que el amante ansiaba expresar su afecto por su amada. Finalmente, la interpretación de los tres personajes, a saber, Salomón, la joven sulamita y su amante pastor. Según la interpretación de tres personajes, la joven era hija única entre varios hermanos, hijos de una madre viuda que vivía en Shunem. Ella se enamoró de un apuesto joven pastor y se comprometieron. Mientras tanto, el rey Salomón en una visita al vecindario, un verano, fue atraído por la belleza y la gracia de la muchacha. Ella fue raptada, o cediendo a un impulso del momento (cf. 6:12) fue por su propia voluntad con los siervos del rey a la corte de Salomón. Aquí el rey trató de enamorarla, pero ella lo rechazó. Salomón insistió, tratando de deslumbrarla con su pompa y esplendor. Pero todas sus promesas de joyas, prestigio y la posición más elevada entre sus esposas no pudieron conquistar los afectos de la joven. Ella declaró con firmeza su amor por su prometido del campo. Finalmente, reconociendo la profundidad y la nobleza del amor de la joven, Salomón la dejó ir de la corte. Ella acompañada por su amado pastor, dejó la corte y retornó a su humilde hogar en el campo. Véase Harper, A. F. «Libro del Cantar de los Cantares». *Comentario bíblico Beacon*. Casa nazarena de publicaciones. Tomo III. Kansas. 1969.

traído a la luz a través del método alegórico y si nos queremos mover a los libros proto canónicos o simplemente canónicos tenemos el libro de Ester. Esta es otra historia fantástica cuya trama y personajes no pueden ser corroborados históricamente, por lo que la hace irreal, pero en ningún momento la hace espuria. Fue sancionada tanto por los judíos de Israel como por los de Alejandría como una historia sagrada y por lo tanto inspirada. Nadie va a cuestionar su carácter sagrado. Una cosa es la inspiración de un libro de la Biblia y otra es la forma como ese libro se interpreta, es lógica aristotélica. El hecho que el libro de Ester sea una historia irreal no afecta en un ápice su carácter de libro sagrado y el hecho que sea un libro sagrado no afecta en un ápice que tenga que ser interpretado alegóricamente. Esa creencia que el Texto Sagrado solo puede ser interpretado usando los métodos histórico–críticos o gramaticales es un tabú que tiene a muchas personas confundidas.

El corolario de todo este discurso es que es erróneo denigrar al método de interpretación alegórico de la escuela de Alejandría. Este es un método válido, útil y necesario en muchos casos. La Biblia tanto en el A. T. como en el N. T. está lleno de alegorías, de pasajes, de libros que solo pueden ser interpretados alegóricamente y de *midrash* alegóricos en el N. T. que atestiguan de la necesidad de usar este método. No está de más afirmar que este es un método reservado para personas de alta educación, debidamente entrenados en la lógica, epistemología, retórica, ciencias lingüísticas *inter alia*, porque el uso de este método por un indocto conducirá a exabruptos interpretativos, por lo que no podemos ignorar el riesgo que se corre, empero cuando es usado por hombres como Pablo o cualquier otro erudito, leerlos es una delicia, es altamente gratificante y aleccionador.

5.3 La escuela de Antioquía

La escuela cristiana de catequesis de Antioquía nació en el siglo IV[207] bajo la egida de Luciano de Samosata como una reacción a la escuela alegorista de Alejandría. La característica principal de esta escuela fue el abordaje de la Biblia haciendo exégesis gramaticales e históricas del Texto dejando de lado la alegoría e iniciando así una enconada rivalidad con la escuela catequística de Alejandría que apostaba por el método alegórico. Se consi-

---

207. La escuela antioqueña nace entre los siglos III y IV en Antioquía, como reacción ya sea por la persistencia de la cultura asiática que pretendía imponerse desde Alejandría en todo el ámbito de pensamiento cristiano o bien como resistencia contra la exacerbada alegoría origenista, contraponiendo una tendencia hacia la exégesis literalista y, en relación con Jesucristo, una plena valoración de su componente humano. Véase Sagaspe, F. «Las diferencias entre las escuelas de Alejandría y Antioquía». *Persona*. Buenos Aires. 2 *(4)*. 2018, pp. 121-128.

dera a *Teodoro de Mopsuestia* (350-428 d. C.) *y Juan Crisóstomo* (344-407 d. C.) como los máximos exponentes de esta escuela[208].

El método de interpretación de Antioquía valora el significado literal de las palabras, la forma de ordenar las frases según la gramática y la retórica. Es un proceso que comienza con la aplicación de la inteligencia en la *hipótesis* como primer paso. La *hipótesis* garantiza el conocimiento previo mínimo, que es el punto de partida de una buena hermenéutica, pues según esta escuela, esto da acceso a los datos históricos concernientes a la perícopa o texto como fundamento de una interpretación literal y del análisis racional de las palabras que deben ser explicadas coherentemente[209].

En esencia, la escuela de Antioquía apostó por un método de interpretación que tomara en cuenta aspectos históricos y lingüísticos de la perícopa, cosa que no hace el método alegórico. En la actualidad el método gramático–histórico[210], así como el método histórico–crítico[211] estarían dentro de los parámetros de esta escuela. Es importante señalar que los métodos anteriores gozan de mucha popularidad en la iglesia actual y los mismos son enseñados en las diferentes instituciones de educación teológica como métodos pétreos. Por otro lado, el método alegórico está desprestigiado y es sindicado como un método erróneo por muchos académicos[212] y ha sido reducido a unos pocos párrafos en los manuales de la Biblia donde se nos presenta como algo legendario de la Alejandría de los primeros siglos.

Para efectos de este trabajo, lo hasta aquí tratado cumple con los propósitos de esta investigación, así que abordaremos las relaciones de estos métodos con otras escuelas de interpretación.

208. Ropero, A. *Introducción a la Filosofía. Op. cit.*, pp. 89-90.

209. Sanz Valdivieso, R. «Adriano el monje y la tradición antioqueña». *Carthaginensia*. Instituto Teológico de Murcia. Universidad de Murcia. Vol. XVIII. Enero–diciembre. España. 2002. Nº 33-34, pp. 65-66.

210. Uno de los apologetas de este método es José María Martínez quien dedica suficiente espacio a su abordaje. Véase Martínez, J. M. *Hermenéutica bíblica. Op. cit.*, pp. 121 y ss. También al final de su libro presenta un modelo de este método que desarrolla usando el pasaje de la *kenosis* de Jesús. Véase el ejemplo práctico en pp. 563 y ss.

211. La antigua escuela del ISEDET en Argentina era una abanderada de método histórico–crítico. Véase Kruger, R., Croatto, S., Míguez, N. *Métodos exegéticos*. Instituto Superior Evangélico de Estudios Teológicos. Buenos Aíres. Argentina. 1996. También se recomienda Zaldívar, R. *Técnicas de análisis e investigación de la Biblia*. Edit. Clie. Viladecavalls, España. 2016. Es importante señalar que en el anexo 1 hay un caso práctico en el cual se efectúa un trabajo crítico de la perícopa de la mujer adúltera. Este ejemplo práctico está en consonancia con los principios establecidos por la escuela de Antioquía.

212. Traina, R. *Methodical Bible Study*. Zondervan Academic. USA. Ed. 2022. Claramente sindica al método alegórico como erróneo al mismo nivel del dogmático, místico, literalista, *inter alia*.

5.4 El método histórico-crítico de interpretación de la escuela alemana

Desde los primeros siglos en que surgieron las escuelas de Alejandría y Antioquía a las que ya nos hemos referido, no apareció otra de la que nosotros tengamos conocimiento hasta el siglo XIX cuando los alemanes comenzaron a efectuar estudios críticos del Texto. Este movimiento recibió varios nombres, *v.g.* el movimiento de la *alta crítica,* la *escuela Tubinga* o simplemente la *escuela liberal alemana*[213]. En esta investigación adoptaremos este último por considerarlo más inclusivo.

Lo cierto es que los alemanes lanzaron una bomba en el patio trasero –y en el de enfrente también– con el tema de la crítica bíblica. Nunca alguien se había acercado al texto bíblico de una forma crítica, excepto los alemanes. Esta es una ciencia que comenzó con la crítica literaria que lanzó "al mercado" la teoría de la hipótesis documental del Génesis que causó una revolución Copérnica en la Iglesia, después surgió la crítica textual que tiene que ver con el estudio minucioso de los manuscritos, códices y papiros para determinar la variante más correcta del texto. Ya en el siglo XX surge la figura de Martín Dibeluis quien hace una aproximación al texto desde la perspectiva del estado preliterario; el estudio de la tradición de las perícopas dando origen a la crítica de formas, y la estocada final al movimiento la da el célebre profesor Rudolf Bultmann quien va más allá y nos habla de dos tipos de aproximación al texto, una desde el prejuicio del redactor, dando lugar a la crítica de redacción y luego desde la perspectiva de la historicidad del texto dando origen a la crítica histórica y a su famosa *desmitologización* del mismo. Todo esto dio lugar al método *histórico–crítico* de interpretación de la Biblia.

Sobre el método *histórico–crítico* de interpretación de la Biblia es menester apuntar dos cosas. (1) Un sector de la escuela alemana movió el péndulo hacia el racionalismo extremo y pulverizó la santidad de las Escrituras reduciéndolas a escritos religiosos inverosímiles cualquiera sin mayor trascendencia real. (2) El estudio crítico del texto es un método extraordinario de interpretación en el cual el exégeta se acerca al texto desde diferentes ángulos que le permite tener una cosmovisión privilegiada de la perícopa o relato dándole la oportunidad a hacer una interpretación exhaustiva, completa y pertinente.

En el libro de *Técnicas de análisis e investigación de la Biblia* se efectúa en el primer anexo un estudio crítico de la perícopa de la *mujer adúltera.* Se hace

---

213. Sobre esta escuela es muy útil el artículo de Souvirón Morenilla, J. M. «Hegel y la teología liberal: la escuela de Tubinga». *TYMA*. 2017, pp. 285-309. Aunque el objeto de estudio de esta ponencia es explicar la influencia que Hegel tuvo en esta escuela, el mismo es abundante en datos que nos permite entender la dimensión de esta y el papel histórico que ha jugado.

un acercamiento al texto desde seis ángulos diferentes, la crítica textual, la crítica literaria, la crítica lingüística, la crítica de formas, la crítica de redacción y la crítica histórica. Un estudio de esta naturaleza permite al exégeta interpretar el texto de una forma exhaustiva y pertinente.

Por último, sobre este método de interpretación es importante apuntar que este surgió en el seno de la Iglesia protestante alemana y el impacto que tuvo fue tan grande que obligó al Papa León XIII a promulgar la encíclica *Providentissimus Deus*[214] el 18 de noviembre de 1893 en la que promovía el estudio crítico de la Biblia dentro de la Iglesia católica[215], empero esto fue solamente el inicio de un muy largo proceso en el que la encíclica *Divino Afflante Spiritu*[216] del Papa Pío II en el año de 1943, jugó un papel muy importante porque volvió a hablar de la importancia de la crítica textual. Este proceso terminó con el Concilio Vaticano II[217]. Para finalizar, es importante señalar que el Padre dominico Marie-Joseph Lagrange[218], fundador de la *École biblique et archéologique française de Jérusalem*[219] fue el primer católico en utilizar el método histórico–crítico.

Ha habido otros métodos de interpretación de la Biblia que han surgido, pero de menor trascendencia que no han logrado un impacto global

214. Carta Encíclica *Providentissimus Deus* del sumo pontífice León XIII sobre los estudios bíblicos. Véase https://www.vatican.va/content/leo-xiii/es/encyclicals/documents/hf_l-xiii_enc_18111893_providentissimus-deus.html. Visto el 3 de agosto del 2022.

215. El Papa León XIII fue el primer Papa en promover el estudio de la Biblia a raíz de la escalada de la escuela alemana en relación con el tema de la crítica textual y el método de estudio de la Biblia histórico–crítico que tomó por sorpresa a todos, incluyendo a la Iglesia protestante. Para más información se recomienda ver: Rivas, L. H. «La cuestión bíblica desde León XIII hasta Pío XI». *Teología*. Nº 75. 2000/1, pp. 75-114. Vásquez Allegue, J. *La Pontificia Comisión Bíblica de León XIII. Bibliotheca Salmanticensis*. Universidad Pontificia de Salamanca. España. 2004.

216. Véase Carta encíclica *Divino Afflante Spiritu* del sumo pontífice Pío XII sobre los estudios bíblicos. https://www.vatican.va/content/pius-xii/es/encyclicals/documents/hf_p-xii_enc_30091943_divino-afflante-spiritu.html.

217. El padre Lagrange sostenía que: *la autoridad religiosa de la Biblia no depende de la autenticidad literaria de sus libros*. Esta tesis fue aceptada 70 años después de su promulgación en la constitución *Dei Verbum* del Concilio Vaticano II, aprobada en 1965, cuando quedó clara la distinción entre la autenticidad del autor y la inspiración. Véase Álvarez Valdés, A. «La difícil historia del padre Lagrange». *Criterio*. N. 2220. 1998.

218. Expuso en el congreso de Friburgo en 1897 la pluralidad de autores del Génesis y se convirtió en el primer católico en endosar la *hipótesis documental del Pentateuco*. Con su postura desató una avalancha de críticas en el seno de la Iglesia católica. Esta nueva realidad obligó a León XIII a crear la Pontificia Comisión Bíblica en el año de 1902. *Íd.*

219. La más antigua e importante escuela de estudios bíblicos y arqueológicos en el mundo. En su seno surgió la *Revue Biblique* en 1892 y *La Bible de Jérusalem* en 1948. Su programa doctoral en estudios bíblicos es uno de los más prestigiosos que existen en la academia.

como los que hemos estudiado. Uno de ellos es el *método inductivo* de interpretación de la Biblia[220] por mencionar uno.

Finalmente, para cerrar con este capítulo es importante hablar del método alegórico desde el contexto de interpretación usado por la teología latinoamericana.

5.5 El método alegórico y la lectura de la realidad socioeconómica de América Latina

Técnicamente, este apartado es una digresión del objeto de estudio de nuestra investigación, no obstante, como latinoamericano no se puede obviar este tema, así que se vuelve un requisito *sine quo non* de nuestro estudio hacerlo; así que hecha la aclaración procedemos a su desarrollo.

En la hermenéutica tradicional, que a su vez es antialegórica, se enseña con delirio que la primera función del exégeta es descubrir qué fue lo que quiso decir el escritor bíblico, para eso utiliza un método, llámase gramático–histórico o método inductivo o histórico–crítico, *inter alia*. El proceso es tan complicado que es necesario recurrir al idioma original, que al final de cuentas no es del todo original pues sabemos que las palabras muchas veces cambian de manuscrito a manuscrito y a veces es muy difícil determinar la palabra exacta que el escritor original utiliza por mucha crítica textual que se haga. Una vez que se establece el significado de la palabra se analiza la estructura morfosintáctica de la oración y si esto no fuera suficiente algunos hacen un análisis semiótico al texto. Después de toda esta *parafernalia,* el exégeta comienza a elucubrar una exégesis que lo lleva a efectuar una interpretación. Una vez que tiene la interpretación, se llega al último paso del proceso que es la actualización, otros le llaman la aplicación de lo que ha interpretado y que tiene que conectar con la realidad de las personas a las que va dirigido el mensaje. Al final de tan engorroso proceso, la actualización del mensaje es diferente a lo que el redactor del texto sagrado quiso decir y surge la pregunta: ¿valió la pena todo ese recorrido? Porque al final cada exégeta hará una actualización diferente y no podemos negar que en dicha actualización hay elementos alegóricos, es decir, que se le da un significado diferente al del redactor del texto.

220. A mediados de los años 50 del siglo XX, Robert Traina del Seminario de Asbury publicó un libro que es un clásico del método inductivo. Él efectúa una analogía del método científico y lo aplica para la interpretación de la Biblia. Él habla de: *observar, interpretar, evaluar, aplicar, relacionar.* Traina, R. *Methodical Bible Study. Op. cit.*

Por otro lado, en América Latina ha surgido la *nueva hermenéutica*, un movimiento que contextualiza la Biblia a la realidad socioeconómica en la que viven millones de pobres que son la población mayoritaria del continente. En ese movimiento surge el *círculo hermenéutico* que fue el método adoptado por las teologías de la liberación. Fue desarrollado por Juan Luis Segundo y consiste en relacionar el pasado con el presente. Toma en cuenta los cambios continuos en la interpretación de la Biblia en función de los cambios de la realidad presente, tanto individual como social. Cada nueva realidad obliga a interpretar de nuevo la revelación de Dios, a cambiar con ella la realidad y, por ende, a volver a interpretar la revelación y así sucesivamente[221]. En lenguaje sencillo, lo importante no es lo que el redactor final quiso decir hace dos mil años sino lo que me dice a mí y ahora y en mí contexto socioeconómico. Esa misma Palabra tendrá un significado diferente en otra cultura y en otro tiempo, nunca es la misma. En la hermenéutica de Antioquía o tradicional en boga, el texto tiene un significado *ad perpetuam*. En el círculo hermenéutico el significado depende del *aquí* y el *ahora*. Como es obvio, estamos hablando de una interpretación alegórica, *mutatis mutandis*, es decir, haciendo todas las diferencias del método alegórico tradicional, porque al final es una interpretación que no tiene nada que ver con el significado original del texto.

Siendo que mencionamos a Juan Luis Segundo y el círculo hermenéutico, nos enfocaremos en el *modus operandi* de su hermenéutica. Para eso nos centraremos en uno de sus artículos: *Opción por los pobres como clave hermenéutica para entender el Evangelio*[222], en el cual *comienza* filosofando sobre la interpretación y como esta puede *matar* a las personas.

> *El Evangelio es letra, no solo espíritu, y ya sabemos por san Pablo que la letra mata y que solo el espíritu vivifica… esa letra supone un problema hermenéutico que, al menos en América Latina, no es un problema de laboratorio: en América Latina mueren literalmente millones de personas porque durante cinco*

221. El *círculo hermenéutico* tiene cuatro momentos: 1) la manera de experimentar la realidad, que lleva a la sospecha ideológica; 2) la aplicación de la sospecha ideológica a toda la superestructura ideológica en general y a la teología en particular; 3) una nueva manera de experimentar la realidad teológica, que lleva a la sospecha exegética, *i.e.*, a la sospecha de que la interpretación bíblica corriente no tiene en cuenta datos importantes; y 4) una nueva hermenéutica, *i.e.*, el nuevo modo de interpretar la fuente de la fe que es la Escritura, con los nuevos elementos a disposición. Véase Cortes Campos, A. «Teología y ciencias sociales: el aporte de Juan Luis segundo». *Rev. Rupturas 9*(2), Costa Rica, jul-dic. 2019, pp. 72 y ss.

222. Segundo, J. L. «Opción por los pobres como clave hermenéutica para entender el Evangelio». *Sal Terrae*. Vol. 74. Junio. 1986, pp. 473-482.

siglos se ha leído el Evangelio de una determinada manera. El problema herme-
néutico de que estamos hablando aquí no es, pues, algo meramente especulativo.
En ese continente... se lee el Evangelio de una manera que mata no solo al cris-
tiano que lo lee, sino a personas reales que mueren porque otros han interpre-
tado el Evangelio de una determinada manera. Es, por tanto, un problema muy
hondo, no una distracción. Se puede leer el Evangelio sin relación alguna con el
hecho de liberar a las pobres de su pobreza, y por eso se ha leído tanto tiempo sin
que las pobres hayan experimentado cambio alguno en su situación...[223]

Lo que ha señalado J. L. Segundo, además de lamentable, es cierto. Nuestra interpretación del Texto no ha provocado cambios, lo contrario, ha le-
gitimado estructuras perversas y ha adormecido a la Iglesia. Si no tenemos
textos que producto de una interpretación literal –es decir, siguiendo a la
escuela de Antioquía– nos diga como contrarrestar realidades estructurales de pobreza y miseria, entonces tendremos que admitir que en algún
momento del camino será necesario alegorizar –es decir, siguiendo a la
escuela de Alejandría– porque de lo contrario no conectaremos con la gente y esa es la más cara aspiración de Dios; hablar a la gente. Parafraseando
lo que señala J. L. Segundo *los pobres no han experimentado ningún cambio*
porque el evangelio se lee sin relación alguna con el hecho de liberarlo. La realidad social del Latinoamérica nos obliga a alegorizar porque en la Biblia sí
subyace principios que dan al traste con los males sociales que abaten a
nuestro pueblo.

En ese mismo orden de ideas y siguiendo el pensamiento de J. L. Segundo, este desarrolla la tesis de la precompresión en tres pasajes donde
resalta la realidad y no el texto. Para efecto de este trabajo y por vía de
ejercicio nos centraremos en uno de los tres, el tercero.

...la tercera polémica es aún más claramente hermenéutica. Es la polémica
sobre cómo discernir la presencia de Dios en la historia, en Jesús. La pretensión
de los fariseos es tener una respuesta directamente del cielo. Ellos se sitúan
ante la total neutralidad: lo que hace Jesús puede deberse a Dios o a Belcebú.
Quieren tener una palabra clara en la Biblia y no la encuentran. Piden... que
Dios les proporcione una señal del cielo que no van a tener. Jesús les pone como
ejemplo de señal de los tiempos y de lectura de señal de los tiempos a gentes
paganas que, por la sensibilidad de su corazón, se pusieron en sintonía con lo
que Dios les quería decir. Ahí están ellos, sin embargo, mirando a Jesús y sin
ninguna sintonía, porque carecen de sensibilidad en su corazón para interpre-

---

223. Íd.

tar la palabra. Las señales de los tiempos precondicionan de alguna manera la lectura de la palabra...[224]

Lo que está diciendo J. L. Segundo es que la gente de Nínive o que la reina del sur fue gente sensible, pues pudieron ver las señales de los tiempos como precondición para acercarse a Dios. Los paganos de Nínive procedieron al arrepentimiento y la reina del sur vino a ver la gloria de Salomón, de manera que no fue necesario buscar una señal del cielo, su corazón sensible los llevó a Dios, a su Palabra. No podemos negar que esta postura es muy riesgosa porque habla de la realidad primero y de la Palabra de Dios después; de ahí que la conclusión de su artículo sea:

> *La opción por el pobre es la actitud humana que asumimos por nuestra cuenta y riesgo ante la Palabra de Dios, antes de la lectura de esa Palabra. Creemos —es un artículo de fe— que esta preconcepción, esta pre-actitud, nos abrirá su sentido.*

Esta es una de las razones porque la teología de la liberación fue ampliamente criticada, porque su punto de partida es la realidad socioeconómica de la persona, del pobre y no la Palabra, empero haciendo honor a la verdad, lo otro tampoco ha funcionado; por 500 años se ha partido de la Palabra y la realidad es la misma o peor.

Así que, el buscar un significado en la Palabra de Dios que no fue el que el redactor final tuvo en mente, nos hace caer en la figura de la alegoría y esto nos lleva al artículo de Enrique Dussel: *El paradigma del Éxodo en la Teología de la Liberación* donde nos muestra como el pasaje de Éxodo es modelo de la liberación de la pobreza y opresión en América Latina. Para que esa Palabra tenga sentido para la realidad del oprimido es necesario alegorizar. Así que:

> *...A los latinoamericanos, de todas maneras, el texto del Éxodo nos llamó siempre poderosamente la atención. La causa es clara: «Ahora bien: la liberación de Egipto es un acto político. Es la ruptura con una situación de despojo y de miseria y el inicio de la construcción de una sociedad justa y fraterna. Es la supresión del desorden y la creación de un orden nuevo...* [225]

---

224. Este pasaje de encuentra en Mateo 12:38-43.

225. Dussel, E. «El paradigma del Éxodo en la Teología de la Liberación». *Concilium.* Edit. Verbo Divino. N. 209. 1987, p. 103.

Todos sabemos que el estudio del Éxodo no menciona nada de ruptura política ni de opresión de los pobres, más bien el enfoque va por el cumplimiento de una promesa de Dios a Abraham y su descendencia, sin embargo, la historia es un perfecto caldo de cultivo para alegorizar, es decir, darle un significado diferente al texto que el que los redactores finales le dieron. Es decir, estamos interpretando diferente, empero ¿es eso malo? ¿Es incorrecto usar el Éxodo como paradigma para romper estructuras opresoras en la actualidad? A las controversias a las que se refiere J. L. Segundo[226] acerca del sábado, ¿es lícito espigar o sanar en sábado? Los fariseos buscaban que Jesús les diera una respuesta directamente de las Escrituras, las que claramente señalaban que era ilícito, sin embargo, Jesús responde preguntando: ¿es lícito hacer lo bueno el sábado? ¿Es lícito sanar a un enfermo en sábado? Ahí es cuando la letra mata y no puede ser aplicada tal cual, es necesario tener una precompresión de la realidad. La alegoría *per se* no es ni puede ser mala, es necesaria en algunos casos. Jesús tuvo que darle un significado diferente al texto que prohibía hacer actividades el sábado porque al final fue el *sábado el que se hizo por causa del hombre, no el hombre por causa del sábado*[227].

Con lo anterior no estamos diciendo que la Biblia hay que interpretarla siempre de manera alegórica, lo que estamos diciendo es que hay veces que es la única manera de hacerlo y que en toda esta perorata que hemos hecho de la teología latinoamericana, es un requisito *sine qua non* alegorizar, porque la Biblia no habla directamente de la corrupción gubernamental, deuda externa, narcotráfico, ajustes económicos estructurales que condenan a millones a la pobreza, políticas internacionales erradas, hipocresía estatal, en fin, situaciones que tienen que ver con el recipiente de la teología que es hombre. La actualización del mensaje o la aplicación de la enseñanza no es suficiente, es necesario encontrar el significado escondido de la Palabra y direccionarla a todos aquellos que la necesitan. Es completamente incorrecto hacer interpretaciones de la Palabra que no cambia la atmósfera en la que viven las personas o transforma su contexto. La Palabra de Dios *es viva y eficaz y más cortante que espada de dos filos*. Las palabras de J. L. Segundo son lapidarias en el sentido que la interpretación que hemos hecho del evangelio en 500 años ha matado a los mismos cristianos. En suma, el espíritu de los griegos sigue vigente, estamos en deuda con ellos, el método alegórico es parte de ese legado que enriqueció la Biblia en su momento, pues encontramos el Nuevo Testamento salpicado de ellas, enriqueció a la teología, los Padres alejandrinos se encargaron de ello y nos enriquece a

---

226. Segundo, J. L. «Opción por los pobres como clave hermenéutica para entender el Evangelio». *Op. cit.*

227. Marcos 2:27.

nosotros el día de hoy, a la hora de predicar y enseñar la Palabra, porque le hace ver a las personas ángulos que la aplicación del método inductivo o gramático–histórico no lo hará ni esta vida ni en la otra.

Una vez efectuado el estudio de la hermenéutica cristiana helenista, donde sobresale el método alegórico de interpretación, nos movemos al estudio de la obra de los teólogos cristianos de Alejandría, que son las personas que ponen el fundamento de la teología cristiana.

6
La obra de los teólogos cristianos de Alejandría

Sumario:
6.1 Filón. 6.2 Clemente de Alejandría. 6.3 Orígenes.
6.4 Atanasio de Alejandría.

Los teólogos de Alejandría son fundamentales en la construcción de la teología y como consecuencia en el establecimiento de la fe cristiana. Es cierto que Jesús fue un judío que ejerció su ministerio mesiánico en Israel; que aquella latitud fue el epicentro de su mensaje transformador al que muy bien se le llama evangelio, *mensaje con el poder intrínseco de cambiar a una persona*. También es cierto que los discípulos y las personas empoderadas por Jesús eran personajes de la marginada Galilea sin el perfil para poder universalizar el mensaje como Jesús lo había pedido. A esto hay que agregar que la losa del judaísmo con todas sus imposiciones legales y ritos era muy pesada. Así que, al no tener la infraestructura para llevar el evangelio hasta los confines de la tierra, era necesario que ocurriera algo providencial, y ocurrió en el momento cuando aparecen en la escena los cristianos helenistas, que como bien señala Alfonso Ropero:

> ... *fueron los elementos providenciales para operar la transición de una concepción casi nacionalista de Jesús como mesías hacia una concepción universal que hace de Cristo el centro del cosmos...*[228]

La diferencia estaba marcada por la mentalidad, la cosmovisión que estos tenían de la sociedad y la cultura, siendo el apóstol Pablo la figura principal pues fue él quien *liberó el mensaje salvífico de su carácter nacionalista propagado por los judeocristianos, para hacerlo verdaderamente universal*[229].

Es sabido que, tanto los evangelios como la teología de Pablo y los escritos pseudoepígrafes del Nuevo Testamento configuran la base o el fun-

---

228. Ropero, A. «Contribución de los judeo–helenistas al cristianismo primitivo». *Op. cit.*, p. 62.

229. *Ibid.*, p. 64.

damento de un edificio que había que construir, la teología cristiana. Para hacer esto se requería tener un perfil que los judíos de Israel no tenían, pero si los de Alejandría. Estos últimos vivían en la capital intelectual del Imperio romano donde tenían acceso a la ciencia y al conocimiento necesario para construir ese cuerpo dogmático que iba a solidificar nuestra fe. Esos hombres que sentaron la base de nuestra teología son conocidos en la historia como *Padres de la Iglesia*[230] y que para efectos de este estudio serán los Padres alejandrinos, que fueron los primeros y quizás lo más importantes.

Antes de iniciar nuestro recorrido por los Padres alejandrinos huelga señalar que estudiaremos el pensamiento y obra de Filón de Alejandría, que, aunque no fue un cristiano y menos un Padre de la Iglesia, si fue fundamental y por tal razón académicos como David T. Ruina le llama *Padre de la iglesia honoris causa*[231] pues por consenso es considerado como el punto de inflexión entre el judaísmo y el cristianismo.

6.1 Filón de Alejandría (25 a. C.–50 d. C.)

Filón de Alejandría fue todo un personaje[232], contemporáneo de Cristo, y reconocido en la historia de la filosofía como uno de los grandes filósofos

230. Existe una serie de 127 volúmenes que se llama *Fathers of the Church series*. Esta voluminosa serie de libros es publicada por *The Catholic University of America Press*. Esta colección de libros es considerada la más extensa traducción moderna de los Padres de la Iglesia en el mercado. Aquí están traducidos los trabajos más importantes de los Padres alejandrinos, latinos y del Asia Menor que con sus escritos moldearon la teología cristiana. Por otro lado, resulta interesante el análisis que efectúa el profesor David I. Rankin quien explora el contexto social e histórico de los Padres de la Iglesia, previo al Concilio de Nicea, respecto al Estado romano, la oficina imperial y las estructuras de clase grecorromanas. Véase Rankin, David I. *From Clement to Origen. The Social and Historical Context of the Church Fathers*. Routledge. Great Britain. 2006. En este mismo sentido se recomienda la compilación de ponencias hecha bajo dirección de Pouderon, B. y Doré, J. *Les Apologistes Chrétien et la Culture Grecque*. Beauchesne. París. 1998. Esta obra apareció publicada originalmente en la *Revue des Sciences Religieuses, tome 72, fascicule 4, 1998*, de la Université des Sciences Humaines de Strasbourg. La obra tiene 23 ponencias escritas por eruditos profesores de la academia francesa y entre todas se recomienda específicamente *Réflexions sur la formation d'une élite intellectuelle Chrétienne au-il II siècle Les écoles d'Athènes, de Rome et d'Alexandrie* de Bernard Pouderon.

231. Runia, D. *Philo and the Church Fathers*. E. J. Brill. USA. 1995, p. 54.

232. Filón de Alejandría, perteneciente a una de las familias judías más ricas y distinguidas de tal ciudad, recibió una esmerada educación, como él mismo reconoce varias veces en sus obras. La bibliografía sobre este personaje es abundante, sin embargo, uno de los mejores trabajos es el publicado por el profesor Harry Austryn en dos volúmenes, catorce capítulos y más de mil páginas. Véase Austryn, H. *Philo. Foundations of Religious Philosophy in Judaism, Christianity, and Islam*. Harvard University Press. USA. 1962. Es altamente recomendado Alesse, F. *Philo of Alexandria and post Aristotelian Philosophy*.

de su época[233]. Es una figura clave para conocer la profunda relación que existe entre judaísmo y helenismo en el siglo I d. C. Fue un judío practicante, su profundo dominio de la lengua, la literatura y, de modo especial, la retórica griega lo convierten en una personalidad extraordinaria de su tiempo, tanto por su exégesis de la Torá como por sus escritos apologéticos, históricos y filosóficos. Su testimonio es de gran valor para todo estudioso de la Antigüedad clásica por los muchos datos que aporta acerca de la filosofía, el pensamiento, la educación y la tradición clásica en el momento histórico que le tocó vivir, precisamente en un centro cultural de excepcional importancia dentro del Imperio romano[234]. En síntesis, su obra[235] estuvo orientada en comentar y explicar la Torá y relacionar el judaísmo con la filosofía griega, dándole fundamento racional. Sobre este tema el profesor Ropero indica:

> *Filón se empeñó en nada menos que descubrir a Platón en Moisés. Y no solo eso, sino que convirtió a Platón en deudor de Moisés, pues según Filón, Platón fue instruido en el Antiguo Testamento, lo que para él explicaba la coincidencia doctrinal de la revelación divina y la investigación filosófica. Estaba plenamente convencido que entre la Biblia y la filosofía no puede darse contradicción real alguna...[236]*

Sin duda, una empresa atrevida la de Filón de Alejandría, convirtiéndose en la primera persona en hacer un acercamiento entre la filosofía griega y en este caso el judaísmo. De esta manera abrió el camino para que los Padres de la Iglesia alejandrinos no tuvieran problema de hacer lo mismo, esta vez con el incipiente cristianismo. La propuesta de Filón va dirigida al mundo griego intentando hacer pertinente la fe judía a estos, pero a la

Brill. USA. 2008. Tiene diez ponencias eruditas sobre la obra de Filón, *v.g. Philo on Stoic Physics, Philo and the post Aristotelian Peripatetics, inter alia*. También es útil J. A. «Filón de Alejandría: obra y pensamiento. Una lectura filológica». *Synthesis*. Argentina. Vol. 16. 2009, pp. 14 y ss.

233. Véase Hirschberger, J, *Breve historia de la Filosofía. Op. cit.* pp. 78-79.

234. Véase el resumen que de Filón hace López Férez, J. A. «Filón de Alejandría: obra y pensamiento. Una lectura filológica». *Op. cit.*, p. 13.

235. La obra de Filón de Alejandría traducida directamente del idioma griego al castellano consta de cinco tomos. El primero trata sobre *la creación del mundo según Moisés*. El segundo tomo versa sobre *la posteridad de Caín y su exilio*. El tercer tomo habla de *quién es el heredero de las cosas divinas*. El cuarto libro se refiere a *la vida de Moisés*. El último tomo aborda el tema relacionado con *las virtudes*. *Introducción a Obras completas de Filón de Alejandría*. Traducción directa del griego, introducción y notas de José María Triviño. Acervo Cultural Editores. Buenos Aires. 1976.

236. Ropero, A. *Introducción a la Filosofía. Op. cit.*, p. 97.

misma vez se dirige al mundo judío haciéndoles ver que no eran inferiores al mundo helenístico. También huelga señalar que Filón fue uno de los primeros en usar el método alegórico[237] de interpretación de la Biblia que fue de gran influencia al apóstol Pablo y a los Padres de la Iglesia alejandrinos. La importancia del estudio del pensamiento de Filón en relación con su influencia al cristianismo:

> ...reside en el interés que... despertó en los exégetas cristianos, que, desde los orígenes mismos de la fundamentación teológico–filosófica de la doctrina evangélica, hallaron en las obras del escritor judío una fuente inagotable de teorías y conceptos adaptables a las creencias básicas del cristianismo, no obstante, las profundas diferencias que, por otra parte, los separan. En vista de esta vinculación de la patrística con Filón, nada tiene de extraño que Eusebio de Cesarea sostuviera tres siglos después de su muerte que el autor hebreo había sido cristiano[238].

Sin lugar a duda, Filón fue un precursor de esa simbiosis de la filosofía griega y el cristianismo, es la persona que pavimentó el camino para que los Padres alejandrinos transitaran y sentaran los fundamentos de la teología cristiana.

La suprema importancia que tiene este personaje tanto para el judaísmo como para el cristianismo requiere una atención especial de nuestra parte, en tal sentido será objeto de un sucinto análisis su obra y su pensamiento.

6.1.1 La obra filoniana

No existe un acuerdo en la academia en como dividir la obra filoniana, empero para efectos de esta investigación la misma ha sido dividida en cuatro secciones: (1) tratados sobre el Pentateuco, o la Ley; (2) escritos apologéticos; (3) escritos históricos y (4) escritos filosóficos. Suele afirmarse que, junto a la Biblia griega, los escritos de Filón constituyen el acervo más importante y famoso del judaísmo alejandrino[239].

---

237. *Id.* Hay un consenso en la academia que la primera persona en usar el método alegórico en el mundo judío fue Aristóbulo de Paneas (160 a. C.) que aplicó este método al estudio del Pentateuco. Él creía que los filósofos y poetas griegos derivaron sus ideas de una traducción del Pentateuco en griego.

238. Triviño, J. M. *Introducción a Obras completas de Filón de Alejandría. Op. cit.*, p. 5.

239. La prestigiosa casa publicadora de Países Bajos, *Brill*, ha publicado una colección de 13 volúmenes sobre el pensamiento de Filón de Alejandría. Este fue un colosal trabajo que tomó 18 años. Calabi, F. Editor. *Italian Studies on Philo of Alexandria.* Volume 1. Brill Publishing House. Netherlands. 2003. Este primer volumen es una colección de ensayos en estudios italianos sobre Filón. Martens, J. *One God, One Law. Philo of Alexandria*

La obra de Filón se conserva en treinta y tres tratados en el idioma griego que han sido traducidos a los idiomas vernáculos. Rebasa a nuestro objeto de estudio el abordaje minucioso de cada uno de ellos[240], así que nos circunscribiremos a efectuar una sinopsis general en su conjunto no de forma individualizada.

on the Mosaic and Greco-Roman Law. Volume 2. Brill Publishing House. Netherlands. 2003. Este volumen estudia la influencia del helenismo y de la filosofía grecorromana en el punto de vista que Filón tenía de la Ley de Moisés. Con un énfasis especial en como Filón integró conceptos jurídicos grecorromanos al estudio de la Ley de Moisés. Anson, E. *Eumenes of Cardia. A Greek among Macedonians*. Volume 3. Brill Publishing House. Netherlands 2004. Calabi, F. *God's Acting, Man's Acting. Tradition and Philosophy in Philo of Alexandria*. Volume 4. Brill Publishing House. Netherlands. 2007. Es un estudio sobre la postura de Filón sobre la trascendencia e inmanencia de Dios, la parte que no se conoce y la parte revelada, la parte inmóvil y la parte creadora. La postura de la escritora es que lejos de ser una contradicción imposible de resolver, la doble visión de Filón es la clave para interpretar sus trabajos. Alesse, F. *Philo of Alexandria and Post-Aristotelian Philosophy*. Volume 5. Brill Publishing House. Netherlands. 2008. Todos los ensayos que se recogen en este volumen giran alrededor del papel que jugó la filosofía helenista y post aristotélica en los escritos de Filón. Mancini Lombardi, S. *Studies on the Ancient Armenian Version of Philo's Works*. Volume 6. Brill Publishing House. Netherlands. 2010. Este volumen introduce los estudios de la versión Armenia sobre los trabajos de Filón. Hadas-Lebel, M. *Philo of Alexandria. A Thinker in the Jewish Diaspora*. Volume 7. Brill Publishing House. Netherlands. 2012. Este volumen nos cuenta la historia del primer académico que combina la filosofía griega con el judaísmo. La forma como usó la alegoría para interpretar la Torá marcó un hito histórico que le granjeó la fama que hoy tiene. Toda esta historia está contenida en este volumen. El volumen 8 es un trabajo en el idioma alemán sobre Filón. Koskenniemi, E. *Greek Writers and Philosophers in Philo and Josephus. A Study of Their Secular Education and Educational Ideals*. Volume 9. Brill Publishing House. Netherlands. 2019. Trata tanto de Filón como de Josefo haciendo referencias de filósofos griegos. De Luca, F. *Philo of Alexandria and Greek Myth. Narratives, Allegories, and Arguments*. Volumen 10. Brill Publishing House. Netherlands. 2019. Nos muestra el papel que juega la mitología griega en la obra exegética de Filón. Moreau, J. et Munnich, Ol *Religion et rationalité: Philon d'Alexandrie et sa postérité*. Volumen 11. Brill Publishing House. Netherlands. 2020. Ofrece una nueva forma de ver el trabajo de Filón. Descansa en las palabras de Moisés, así como en los conceptos filosóficos. Combina esto en su comentario de la Torá y nos provee una nueva forma de ver las cosas. Borger, P. *Illuminations by Philo of Alexandria: Selected Studies on Interpretation in Philo, Paul and the Revelation of John*. Volume 12. Brill Publishing House. Netherlands. 2021. Los primeros seis ensayos de este volumen trata del pensamiento religioso y social de Filón. Los próximos cinco ensayos versan sobre el entendimiento de Filón de cómo puede contribuir a la interpretación de Pablo, especialmente a la carta a los Gálatas. Morlet, S. *Les études philoniennes Regards sur cinquante ans de recherche* (1967-2017). Volumen 13. Brill Publishing House. Netherlands. 2021. Este volumen resume toda la documentación sobre la conferencia de París sobre estudios de Filón en 2017. Son 23 ensayos escritos por académicos de 8 países.

240. Para un estudio minucioso del contenido de cada uno de los treinta y tres tratados ver López Férez, J. A. «Filón de Alejandría: obra y pensamiento. Una lectura filológica». *Op. cit.*, p. 20-66.

Sección que se refiere a la Torá o la ley

De los treinta y tres que hemos mencionado, Filón desarrolló 26 tratados sobre la Torá, es decir, el 79% de su obra. Es importante señalar que la base de su trabajo exegético fue hecha en la Biblia griega.

El primer tratado de los veintiséis habla *sobre la creación del mundo,* analiza el relato sobre la creación, concentrándose en los tres primeros capítulos del *Génesis.* El origen del mundo es atribuido a un Hacedor (*poiētēs*), no creado, que se ocupa de lo que ha hecho. El número dos habla de la *interpretación alegórica de las sagradas leyes contenidas en el Génesis II y III.* El número tres aborda el tema de *los querubines, la espada flamígera y Caín, primer hombre nacido de hombre.* Pasamos al cuarto que tiene que ver con *el nacimiento de Abel y los sacrificios ofrecidos por él y su hermano Caín.* Llegamos al número cinco que habla de *las habituales intrigas de lo peor contra lo mejor.* El seis tiene que ver con *la posteridad de Caín y su exilio.* El siete habla sobre *los gigantes.* El tratado ocho aborda un tema de la teología propia que es *la inmutabilidad de Dios.* El número nueve versa *sobre la agricultura.* El diez habla *de la obra de Noé como plantador* y el once sobre *la ebriedad.* En el doce se desarrolla el tema de *las súplicas e imprecaciones de Noé una vez sobrio.* El número trece trata sobre *la confusión de las lenguas.* El catorce sobre *la migración de Abraham.* El número quince discurre sobre *quién es el heredero de las cosas divinas.* El tratado dieciséis aborda la temática de *la unión con los estudios preliminares.* El número diecisiete es el tratado que se refiere a *la huida y el hallazgo.* El número dieciocho habla *de aquellos cuyos nombres son cambiados y sobre los motivos de los cambios.* El número diecinueve tiene que ver con *los sueños enviados por Dios.* El número veinte es el tratado *sobre Abraham.* El veintiuno *sobre José* y el veintidós trata sobre *la vida de Moisés.* El número veintitrés habla de los *diez mandamientos o decálogo, que son compendios de las leyes.* El número veinticuatro es el tratado de *las leyes particulares.* El veinticinco trata *sobre las virtudes* y el veintiséis *sobre los premios y los castigos*[241].

Sección que se refiere a los escritos apologéticos

Los tratados sobre la apologética son dos, el veintisiete *sobre la vida contemplativa,* en el cual el autor nos informa sobre una comunidad ascética

---

241. La obra de Filón fue extensa en lo que se relaciona a la exégesis de la Torá, para una mejor comprensión se recomiendan los siguientes estudios: Vasiliu, Anca. «L'exégèse philosophique chez Philon d'Alexandrie. Étude d'une image», *RSPT.* Vol. 104, Nº 1, 2020, pp. 31-52. El artículo intenta captar la relación entre exégesis, retórica y filosofía en los textos de Filón desde un ángulo particular: el uso cruzado filoniano de las imágenes bíblicas y el papel específico asignado a la imagen en el pensamiento helénico. Decharneux, B «Mantique et oracles dans l'œuvre de Philon d'Alexandrie». *RIPR.* Vol. 3. 1990, pp. 123-133.

contemplativa establecida cerca de Alejandría: *los terapeutas*. Si los esenios representan la vida práctica, los terapeutas estaban consagrados a la contemplativa, y, a diferencia de aquellos, admiten mujeres en su organización, si los esenios son frugales en su alimentación, los terapeutas practican la abstinencia llevada hasta el extremo; además, son entusiastas religiosos que dejan sus propiedades y lazos familiares y se marchan a vivir en soledad. El tratado veintiocho habla de los *Hipotéticos. Apología en defensa de los judíos*. Se compone de dos resúmenes extraídos de la *Preparación evangélica* de Eusebio de Cesarea. El primero habla de la salida de los judíos de Egipto y el segundo de los esenios.

Sección que se refiere a los escritos históricos

Los tratados históricos escritos por Filón son dos: El número veintinueve que es *Contra Flaco*[242]. Este era el prefecto de Alejandría en el 32 d. C., propició la persecución contra los judíos permitiendo que la multitud saqueara sus casas, de tal suerte que estos no pudieron desarrollar su vida normalmente. Flaco fue arrestado finalmente durante la fiesta de los tabernáculos, conducido a Roma, acusado por Isidoro y Lampo, cabecillas de quienes en otro momento le habían pedido que persiguiera a los judíos de la ciudad, deportado a la isla de Andros donde Calígula mandó matarlo. Esta era una demostración que Dios se encarga de los enemigos de su pueblo. El número treinta tiene que ver con *la embajada ante Cayo*[243]. Con la llegada de Gayo al poder se abrieron nuevas esperanzas. El nuevo emperador ordenó diversas atrocidades entre las que está el reclamo de ser reconocido como divinidad, comparándose con semidioses como Heracles. Los judíos se negaron a reconocerlo como tal; entre ellos los alejandrinos, dando inició de esta manera a un ataque que dirigió contra las sinagogas mediante la introducción de las estatuas del emperador. Gayo, diciendo y creyendo que era dios, fue adulado por los demás alejandrinos y se irritó contra los judíos que no lo hicieron. Esto dio origen a una embajada de judíos procedentes de Alejandría en Roma. La embajada dirigió un escrito al emperador con resultado negativo; Gayo los saludó a lo lejos de modo amable, pero hipócrita, según Filón; cuando estaban esperando la cita les llegó la terrible noticia de la posible violación del templo de Jerusalén. El horror que experimentaron al enterarse es narrado con todo detalle siguiendo luego

242. Filón de Alejandría. *Contra Flaco*. Ediciones de la Tempestad. España. 2019.

243. Druille, P y Asade, D. «Filón de Alejandría y la embajada a Gayo en el Chronicon Syriacum e Historia Dynasticarum de Bar Hebraeus. Transmisión, texto y traducción». *Circe de clásicos modernos*. Argentina. 23/2 julio. 2019, pp. 73-101. En este trabajo ofrece una traducción del siríaco y árabe al castellano de las noticias en torno a la embajada a Gayo y Filón de Alejandría.

el relato en que se recoge la propuesta de introducir una estatua del emperador en el templo de Jerusalén, asunto que ocupa buena parte del tratado.

Sección que se refiere a los escritos filosóficos

Los tratados que comprenden la última sección son tres. El número treintaiuno versa sobre *que todo hombre bueno es libre.* El escritor habla de las doctrinas incomprensibles para las multitudes carentes de formación, a quienes les parecen ilusiones fantasmáticas; siguen unas cuantas paradojas a ojos del ignorante: ciudadanos-exiliados, rico-pobre, libertad-esclavitud; se deduce de lo anterior la necesidad de la educación para el joven. El número treintaidós es sobre *la eternidad del mundo,* y el último es un tratado sobre *la providencia.* En una parte de este tratado un tal Alejandro expone que al malo le van las cosas muy bien, mientras que el bueno lo pasa muy mal, lo que indica que la vida humana no está gobernada por la *providencia.* Filón contesta que Dios no castiga inmediatamente al malo, como tampoco un padre lo hace con un hijo disoluto.

Lo anterior es una sinopsis descriptiva muy sucinta de la obra monumental de Filón de Alejandría, un hombre con una mente preclara que se adelantó a su tiempo y que en la economía de Dios sirve como un punto de inflexión entre el judaísmo y el cristianismo. A continuación, se verá con mayor detalle su pensamiento.

6.1.2 *El pensamiento de Filón de Alejandría*

Como ya se dijo anteriormente, la Biblia griega y los escritos de Filón constituyen el acervo más importante y famoso del judaísmo alejandrino y el punto de inflexión entre el judaísmo y el cristianismo. Así que en este apartado serán objeto de estudio aquellos elementos sobresalientes de su pensamiento.

La alegoría

En la época de Filón había gran cantidad de judíos haciendo interpretaciones de la ley siguiendo los cánones interpretativos de las escuelas rabínicas de Israel. Filón es la primera persona de la que se tiene conocimiento que se atrevió a romper paradigmas y moldes mentales al incluir la alegoría como método de interpretación de la Torá.

Filón le da un significado diferente al texto de lo que aparentemente se expresa, *v.g.* el relato de la creación del Génesis. Él no interpreta los días de la creación como algo literal. La alegoría, o narrativa alegórica, debe ser descodificada por medio del método de exégesis alegórica[244]. El alejandrino interpretó el Pentateuco con conceptos ajenos al texto y sentido de la Ley, mezclando elementos de la Sagrada Escritura con otros procedentes del helenismo. Puede decirse que nuestro exégeta, mediante la lectura alegórica de la Ley revisa la cultura griega subordinándola a la identidad cultural y religiosa judía. De hecho, Filón, en sus explicaciones alegóricas, acude, a veces, a términos usuales de las escuelas griegas de filosofía y de retórica.

Las interpretaciones histórico–críticas que hacemos hoy en día tienen su punto de partida en el contexto donde el pasaje tiene su origen, Filón y la escuela de Alejandría nunca hacían tal cosa, ellos interpretaban la Palabra como un comentario de la sociedad donde ellos vivían. Lo que esto quiere decir es que hacían la Palabra pertinente a la realidad que las personas vivían a diferencia de la interpretación actual que en la mayoría de los casos nos quedamos en el contexto de origen y con una tibia e irrelevante actualización o aplicación.

En suma, el pensamiento de teológico de Filón estaba condicionado al proceso de alegorización de la Biblia totalmente conectado con la realidad que vivían las personas a las cuales él expresaba su pensamiento o alegorización.

El logos

El logos en la teología de Filón[245] es el resultado de la exégesis que este hacía de Dios y era un sustantivo polisémico para él. Uno de los significados es que expresa el pensamiento de Dios a los hombres. En tal sentido el logos es luz, es la imagen de Dios.

En la teología de Filón el mismo Moisés llega a ser un logos cuando este se convierte en el dador de la Ley.

El logos y el hombre siempre tienen una relación y por eso es que vamos a encontrar este concepto bien desarrollado en el Nuevo Testamento, especialmente en el evangelio de Juan. El concepto logos tiene su origen en la

244. Se recomienda altamente leer el artículo de Cazeaux, J. «Être juif et parler grec: l'allégorie de Philon». En el libro *Juifs et chrétiens: un vis-à-vis permanent*. Presses de l'Université Saint-Louis. Bruxelles. 2019, pp. 67-109. Boiché, A. «Le profane et le sacré dans l'exégèse de Philon d'Alexandrie». *Camenulae* N. 7. Université de la Sorbonne. Juin, 2011.

245. Hay un libro que fue originalmente una tesis doctoral, que se ha vuelto un clásico con más de 100 años de existencia sobre el tema del logos en el pensamiento de Filón. Nos referimos a la obra de Soluir, H. *La doctrine du logos chez Philon d'Alexandrie*. Université de Leipzig. Vicent Bona Imprimeur. 1876.

filosofía griega, Filón de Alejandría habla de él y el redactor de Juan hace el *midrash* que le hace tener el significado que nosotros entendemos el día de hoy.

El concepto Dios

Para Filón, Dios es el Creador, el Padre; es omnipresente y perfecto. Entre sus propiedades figuran actividad, inmutabilidad y unidad. Además, Dios contesta a la plegaria del hombre.

La ética de Filón

Filón también desarrolló dentro de su pensamiento filosófico toda una teoría sobre el tema ético[246]. En primer lugar, él no aceptaba la teoría estoica de que la virtud supone la *apátheia*, ni el postulado que afirma que todas las pasiones son iguales. Con respecto a la primera, sostiene que emociones como la compasión y piedad son necesarias para el hombre. En relación con el segundo, se adhiere a la doctrina peripatética de que algunas emociones son virtuosas y útiles. El exégeta busca un compromiso entre los peripatéticos y los estoicos al darse cuenta de que quienes consiguen la virtud perfecta son muy pocos. La ausencia total de pasión solo puede darse por la gracia de Dios en unos pocos hombres excepcionales. Por ello, Filón sostiene que la virtud no es la ausencia de pasión, sino la moderación: no está de acuerdo con el postulado estoico de que los hombres son buenos o malos, virtuosos o perversos, pues era consciente de que había una gran masa intermedia.

6.1.3 *La influencia de la filosofía griega en el pensamiento de Filón*

En un ambiente como el de Alejandría era imposible que un hombre como Filón no haya sido influenciado por la filosofía griega; de hecho, es considerado el primer filosofo judío helenizado. En su pensamiento vamos a encontrar sin mayor dificultad el pensamiento de Platón, especialmente aquello que se refiere a la Idea. También fue influenciado por la escuela estoica. Así que su trabajo es reconciliar o hacer una simbiosis entre la teología judía y la filosofía griega; una empresa inédita y nunca intentada por alguien. En este mismo sentido se expresa el erudito profesor Harry Austryn de la Universidad de Harvard cuando afirma:

---

246. Winston, D. «Philo's ethical theory». *Halbband Religion*. Edited by Wolfgang Haase. De Gruyter. Boston. 2016, pp. 372-416.

...con una sola excepción, ninguno de los pueblos que después de las conquistas de Alejandro comenzaron a participar en la filosofía griega contribuyeron en algo radicalmente nuevo a la misma. Todo lo que hicieron fue dominar su enseñanza y proporcionar maestros. La población fenicia de Citio en Chipre dio a Zenón, el fundador del estoicismo, Sidón dio otro maestro que se convirtió en la cabeza de los epicúreos... la única excepción fueron los judíos de Alejandría quienes consciente, intencional y sistemáticamente re-hicieron la filosofía griega según el modelo y tradición de su religión... el levantamiento de esa escuela y su continuidad por tres siglos... fue hecho posible por la naturaleza de un hecho dominante si no por los valores básicos del pueblo judío en Alejandría y por la naturaleza de la economía social de la comunidad judía... ese elemento dominante vino de Palestina en tiempo cuando el judaísmo... había sido moldeado por las enseñanzas y predicación y entrenamiento disciplinario de los escribas...[247]

Lo que el profesor está diciendo básicamente es: (1) que los judíos de Alejandría re-hicieron la filosofía griega, (2) que el centro de este experimento fue su religión [primero el judaísmo y después el cristianismo] y (3) que esto se debió a la infraestructura de estudio que traían de Palestina gracias a los escribas. Sin duda que el profesor Austryn está pensando en Filón y en los Padres alejandrinos de la Iglesia, porque fueron ellos los que re-hicieron la filosofía.

Es así como Filón; hombre de la aristocracia judía de Alejandría se pone en el radar de judíos y cristianos y su pensamiento trasciende el espacio y el tiempo al punto que hoy está siendo objeto de un análisis en este trabajo de investigación.

Es de suprema importancia señalar que Filón fue un ecléctico, nunca se adhirió a una filosofía en particular, sino lo contrario, él bebió hondamente de muchas que dio como resultado una síntesis ideológica que es conocida como el pensamiento de Filón, *v.g.* Filón es deudor de Platón, sin duda conocía al dedillo el Fedón, Timeo y Fedro, diálogos de Platón cuya esencia filosófica se ve reflejada en el pensamiento de Filón. De Aristóteles, por ejemplo, toma la naturaleza cuádruple de la causa y la doctrina de las virtudes como término medio entre extremos. Otras de las escuelas que jugaron un papel muy importante en el pensamiento de Filón fue la de los estoicos. De la de los escépticos tomó conceptos relacionados con la ignorancia o la debilidad humana.

En suma, Filón es uno de los pocos hombres que marcan hitos en la historia de la humanidad. Aprovecha su condición social de aristócrata judío

247. Austryn, H. *Philo. Foundations of Religious Philosophy in Judaism, Christianity, and Islam. Op. cit.,* p. 3-4.

que le permite dedicarse al estudio de la filosofía y cultura griega, así como a los escritos sagrados, religión y cultura de su pueblo de origen. El tener la infraestructura intelectual, social y económica le da la inmejorable oportunidad de crear una obra teológica que como ya se dijo, se considera un punto de inflexión entre el judaísmo y el cristiano y se convierte *ipso facto* en un instrumento de Dios que cumple el propósito perfecto de la universalización de la fe cristiana.

Una vez estudiado este gran personaje de la historia del judaísmo y cristianismo es menester estudiar a otro gigante, a Clemente de Alejandría al que podemos llamar: Padre de la Iglesia.

6.2 Clemente de Alejandría (150–215 d. C.)

Tito Flavio Clemente, mejor conocido como Clemente de Alejandría, aunque nació en Atenas,[248] es uno de los primeros exponentes de la *paideia* cristiana y es una figura de suprema importancia en la historia de la Iglesia y puede ser considerado como el primer Padre alejandrino. Clemente era discípulo de un tal Panteno[249] que fue fundador de la primera escuela, a la usanza de Atenas, catequística en Alejandría[250]. A la muerte de Panteno, Clemente tomó la batuta. El ser el director de una escuela en aquella épo-

---

248. Clemente abrazó el cristianismo después de los treinta años no sin antes haber pasado por varias escuelas filosóficas, algo relativamente frecuente. Tras viajar por Italia, Siria e Israel conoció a algunas de las figuras intelectuales más influyentes del cristianismo de su tiempo hasta que llegó a Alejandría donde fijó su residencia. En esa ciudad conoció a Panteno, maestro de una de las escuelas catequísticas de la ciudad. Para más información sobre Clemente de Alejandría se recomienda la siguiente bibliografía: Merino, M., y Redondo, E. *Clemente de Alejandría, el pedagogo*, Ciudad Nueva. Madrid. 1994, pp. 11-21. Merino, M., *Stromata*. Ciudad Nueva. Madrid. 1996-2005. Merino, M., *El Protréptico*. Ciudad Nueva. Madrid. 2008 y finalmente un artículo muy completo del Merino, M. «Clemente de Alejandría, un filósofo cristiano» *Scripta Theologica*. Universidad de Navarra. España. 2008/3, pp. 803-837. Fiska Hagg, H. *Clement of Alexandria beginnings of Christian apophaticism*. Oxford University Press. England. 2006.

249. Filósofo estoico–pitagórico converso al cristianismo que fundó una escuela catequística hacia el año 180 d. C. El sello distintivo de esta escuela fue el uso de todo el pensamiento griego con fines estrictamente apologéticos. Cfr. Ropero, A. *Obras escogidas de Clemente de Alejandría.* Edit. Clie. Viladecavalls. España. 2017, p. 20.

250. Antes que el cristianismo se estableciese en la ciudad de Alejandría, esta ciudad estaba llena de escuelas, las más importantes funcionaban en el museo por supuesto, empero el judaísmo como tal tenía sus propias escuelas así que era lógico que los cristianos hayan querido tener la suya propia, y esa persona que la funda fue Panteno; padre espiritual de Clemente. Para más información ver Lebreton, J. «La escuela cristiana de Alejandría antes de Orígenes», en A. Fliche y V. Martin (editores), *Historia de la Iglesia*, vol. II, Edicep, D. L. Valencia. 1976, p. 312.

ca era algo de mucha trascendencia y Clemente lo era. En otras palabras, era un académico del más alto nivel, supremamente educado que tenía muchos discípulos formándose a sus pies. Para una mejor comprensión de Clemente y su trabajo, nada más oportuno que las palabras del profesor Ropero:

> *Clemente supo aceptar el reto que le lanzaba la intelectualidad pagana y, sin apartarse para nada de las doctrinas centrales de la fe, acertó a responderles con su mismo lenguaje, mostrando que, si los cristianos se apartaban del mundo y de la sociedad, no era en lo que tenían de bueno y verdadero, sino de pecador y falso. Clemente se sirve de lo mejor de la cultura griega para demostrar que la verdad que desean alcanzar los filósofos se encuentra entre los cristianos...* [251]

Clemente encarnó lo que debería ser un apologeta en nuestra época, un académico del más alto nivel que sabe responder a la intelectualidad en boga, en su mismo lenguaje y usando la cultura para presentar el cristianismo como el único camino al dilema humano; y es que no podía ser de otra forma, el ambiente que lo rodeaba era único: primero debió haberse relacionado con los científicos del museo y del Serapión, segundo, debió haber sido un visitante frecuente de la Biblioteca como queda demostrado en la multitud de citas que hace de autores griegos en sus escritos. Es sin duda el perfecto *mileu* para que encuentre el *humus* perfecto que da como resultado una producción literaria que trasciende el tiempo. Nos referimos, *inter alia* a sus tres obras principales, es saber a, *Protréptico*, el *Pedagogo* y la *Stromata*.

6.2.1 La obra de Clemente

En la teología de Clemente hay un programa educativo ascendente: primero la exhortación, segundo la educación y finalmente la enseñanza. Esto lo vemos plasmado en el pedagogo I, 1, 3 de ahí los tres objetivos atribuidos al *logos* divino en la vida del cristiano: (1) *logos* – protréptico o aquel que invita a la conversión, (2) el *logos* – pedagogo aquel que forma al cristiano y (3) el *logos* – maestro que conduce al cristiano al conocimiento perfecto o gnosis[252]. En relación con la última función la de *logos* – maestro, que

---

251. Ropero, A. *Obras escogidas de Clemente de Alejandría. Op. cit.*, p. 12.

252. Castiñeira Fernández, A. «Introducción al pedagogo» en el *pedagogo* de Clemente de Alejandría. Edit. Gredos. Madrid. 1998, pp. 17-18. Se recomienda altamente esta traducción hecha sobre el texto griego por Joan Sariol Díaz quien también construyó un muy excelente aparato crítico que despeja cualquier duda que el lector pueda tener del texto. También se puede ver la obra íntegra de El Pedagogo en Ropero, A. *Obras escogidas de Clemente de Alejandría. Op. cit.*

conduce a la *gnosis* se cree que Clemente tenía la intención de escribir un tratado con una enseñanza sistemática, científica, de contenido dogmático, donde se realizara la exégesis de los enigmas y parábolas de las Escrituras[253]. Esta obra fue realizada posteriormente por su discípulo; Orígenes.

Hay tres escritos célebres en la obra de este padre de la Iglesia, es a saber, *el Protréptico, el Pedagogo y la Stromata*. En estos libros se halla el núcleo del pensamiento de Clemente quien los concibió en forma lineal, los tres presentan un claro propósito didáctico y catequístico que es la formación teológica de aquella persona que recién abraza la fe cristiana[254].

El *Protréptico o exhortación a los griegos*

Es una obra que consta de 12 capítulos y su propósito es demostrar a los gentiles lo absurdo de su religión y sus falsos dioses, contraponiéndolos a la figura de Cristo ensalzada en el prólogo[255]. En esencia se puede afirmar que esta primera obra de Clemente nos lleva a una especie de teología apologética donde hay un discurso que tiene como objetivo la conversión del pagano, efectuando una crítica a las creencias de sus filósofos exceptuando a personas como Platón a quien consideraba un filósofo cuyas enseñanzas se acercaban a Dios.

El *Pedagogo*

Este libro[256] es una continuación del Protréptico, instruye al pagano recién convertido a la moral cristiana. La esencia de la teología de Clemente se resume en la siguiente acotación:

> *Clemente parece intentar aprovechar la doctrina gnóstica de la época, que afirmaba que la realidad divina se manifiesta en inteligencia (Nous) y verbo (logos)... la verdadera sophia por la que los hombres serán regenerados y salvados será idéntica, en Clemente, con el logos–hijo o enseñanza de Dios transmitida en las Escrituras y, especialmente en el Nuevo Testamento (Pedagogo*

253. *Ibid.*, p. 19.

254. Cf. Lillo Botella, C. *Separación de caminos entre judíos y cristianos: una perspectiva geográfica–literaria*. Tesis doctoral de la Universidad de Alicante. España. 2017, pp. 141-142.

255. Sobre este tema véase Druille, p. «Clemente de Alejandría. El Protréptico». *Circe*. N. 2008, pp. 291-320.

256. Es una obra dividida en dos partes. La primera que corresponde al libro I, un largo preámbulo que fundamenta y justifica el papel de una pedagogía cristiana. Los libros II y III componen la segunda parte y responden al tema anunciado y propio de la acción del pedagogo, es decir, intentan ser un tratado amplio de moral práctica, pensado especialmente para el joven cristiano de Alejandría.

I - 2, 4 y 6) De este modo, el aprendizaje, la formación y el conocimiento deben ser tarea de la religión[257].

Este es un momento histórico y crucial en el cristianismo, aquí tenemos a un erudito hombre de Alejandría haciendo y diciendo cosas extraordinarias. Primero, está usando todo el bagaje de la filosofía griega, nunca hecho, y luego está hablándonos de la salvación, concepto totalmente extraño en el mundo griego, y sentando de esta manera las bases de la teología cristiana. Cuando él dice *la religión es una pedagogía que comporta el aprendizaje para alcanzar el conocimiento de la verdad, y la buena formación que conduce al cielo[258]*, está diciendo cosas que nadie había dicho en Alejandría. Para un mejor entendimiento de lo que habló es importante conocer el *sitz im leben* de la palabra pedagogo. En la antigua Grecia un *paidagogós* era una persona que conducía a un niño, usualmente era un esclavo. Su papel era de protección, auxilio en cualquier eventualidad y acompañamiento. Debido a la cercanía entre el *paidagogós* y el niño, con el tiempo, este se convirtió en formador del carácter y la moralidad en la época griega. En esta cultura el *paidagogós* estaba subordinado al maestro o *didáskalos,* empero en la práctica el *paidagogós* desempeñaba un papel más importante en la educación del niño que el *didáskalos[259]*. Una vez teniendo claro quién es el *paidagogós* en el mundo griego, Clemente hace las analogías del caso y asegura que *...la pedagogía de Dios es la que indica el camino recto de la verdad...[260] nuestro pedagogo se llama Jesús[261]...el logos que guía a toda la humanidad[262]...Jesús, nuestro pedagogo, nos ha diseñado el modelo de verdadera vida, y ha educado al hombre en Cristo[263]...*la teología de Clemente está dirigida contra la antigua ley educadora de los judíos (la ley de Moisés) así como contra la moral pagana argumentada por escuelas como la de los estoicos o epicúreos, pues al asegurar que nuestro *paidagogós* se llama Jesús y por lo tanto nuestro formador moral, lo demás sale sobrando.

Quizás en nuestra época esta teología no tenga un gran valor, empero en el siglo III, lo que está diciendo Clemente está causando una revolución copérnica en el mundo de la filosofía y está poniendo el fundamento a nuestra teología cristiana. Ahora, llegar aquí no fue fácil ni sencillo, hubo

257. El Pedagogo en Ropero, A. *Obras escogidas de Clemente de Alejandría. Op. cit.* p. 21.

258. *El Pedagogo* I - 2, 4 y 6.

259. Marrou, H. I. *Histoire de l'éducation dans l'Antiquité.* Éditions du Seuil. París. 1948, p. 286.

260. *El Pedagogo* I 7, 54.

261. *Ibid.,* I 7, 54.

262. *Ibid.,* I 7, 55.

263. *Ibid.,* I 12, 98; También I 11, 97.

que iniciar un camino, que en este caso se cree lo inició Filón y luego fue tomado por Panteno, Clemente, Orígenes, hasta desarrollar un pensamiento que sienta las bases sólidas de nuestra fe cristiana.

La Stromata

Esta obra consta de 8 libros en los que se estructura el trabajo de Clemente[264]. Trata diversos temas desde doctrinales hasta aspectos del diario vivir del cristiano. Hay un espacio importante destinado a combatir la falsa *gnosis,* entendida como la doctrina de los marcionitas[265], la secta más numerosa y extrema de lo que hoy conocemos como gnosticismo y que en esa época constituía la amenaza más seria que tenía el cristianismo.

6.2.2 Clemente y el judaísmo

A pesar de lo álgido que fue el debate entre el cristianismo y el judaísmo en esta época, lo cierto es que la polémica judía ocupa un lugar secundario en el pensamiento de Clemente, pues todas sus baterías estaban enfiladas a contrarrestar al gnosticismo. A pesar de lo expresado anteriormente, vamos a encontrar tanto en el Pedagogo como en el Protréptico pasajes que abordan la temática antijudía. En el Protréptico cita a Isaías 2:3: *la ley saldrá de Sion y el logos de Jerusalén*[266].

Mientras el amor constituye la base del mensaje evangélico, para Clemente el fundamento de la ley es el temor. Clemente sostiene que hay dos clases de temor, uno que implica respeto y el otro que conlleva al odio. Este último es el que infundió Dios a los hebreos de tal suerte que estos lo veían como amo no como un padre[267]. La función de la ley era alejar a los

264. La editorial Ciudad Nueva de Madrid publicó la obra completa de Clemente de Alejandría, un proyecto que tomó varios años y que nos muestra la monumental obra de este gigante de la Iglesia. Véase Clemente, *Stromata: Cultura y religión.* Tomo I. Edit. Ciudad Nueva. Colección Fuentes Patrísticas. Madrid.1996. Clemente, *Stromata: Conocimiento religioso y continencia auténtica.* Tomo II - III. Edit. Ciudad Nueva. Colección Fuentes Patrísticas. Madrid.1998. Clemente, *Stromata. Martirio cristiano e investigación sobre Dios.* Tomo IV - V. Edit. Ciudad Nueva. Colección Fuentes Patrísticas. Madrid. 2003. Clemente, *Stromata: Vida intelectual y religiosa del cristiano.* Tomo VI - VIII. Edit. Ciudad Nueva. Colección Fuentes Patrísticas. Madrid, 2005.

265. Marción es considerado el primer hereje del cristianismo y un personaje tétrico que desestabilizó el reino de Dios de una forma muy importante. Para conocer su vida y obra se recomienda ver a Moll, S. *Marción el primer hereje.* Ediciones Sígueme. Salamanca. 2014.

266. Clemente de Alejandría, Protréptico 1, 2, 3. Ed. GCS 12, p. 4.

267. Cf. Lillo Botella, C. *Separación de caminos entre judíos y cristianos: una perspectiva geográfica–literaria. Op. cit.,* p. 143.

hombres del pecado mediante el temor, exhortándolos a llevar una vida recta, a fin de estar preparados para recibir al auténtico Pedagogo, que no es otro que el *Logos*. En su libro *Quis dives salvetur*[268] reafirma esta función propedéutica de la ley en la historia de la salvación del hombre, que por su imperfección no puede llegar a ser eterna porque era necesario la manifestación de la salvación por la fe en Cristo.

En *Stromata* Clemente se muestra como un apologeta en defensa de las acusaciones hechas contra los judíos por la intelectualidad pagana. Estos afirmaban que la religión judía era posterior y por lo tanto una mala copia de los cultos politeístas tanto de los egipcios como del mundo grecorromano.

6.2.3 *Clemente y la filosofía griega*

Sin lugar a duda, el gran aporte de Clemente de Alejandría fue haber reconciliado a la filosofía griega con la teología judeo–cristiana siguiendo los pasos de Filón y de otros filósofos judeo–alejandrinos. Lo cierto es que esto provocó un enconado debate en el seno del cristianismo, el hecho de mezclar lo *pagano* con lo *sagrado*, o, dicho en otras palabras, la filosofía griega con la teología no fue del agrado de todos. El centro de la polémica estaba en el siguiente punto: ¿es la filosofía griega un saber válido que sirve a los intereses de la Iglesia o por el contrario debe ser rechazada del mismo modo como los cultos paganos? Clemente creía que era un saber válido, empero que no se debía aceptar a todas las escuelas de pensamiento griego, entre las que usualmente se aceptaban estaba la de Platón, Aristóteles[269] y los estoicos[270]. Teólogos como Taciano y Tertuliano sí se opusieron tenazmente afirmando que *la filosofía griega era una perversión introducida por los demonios a la mente de los hombres con el objetivo de desviarlos del verdadero y único conocimiento*[271].

No podemos afirmar que exista en la actualidad tal debate, la teología actual y en boga ha evolucionado en otra dirección y estas son las nuevas

268. Clemente de Alejandría. *Quis dives salvetur. (Quién entre los ricos puede ser salvo)* 9, 1 ed. GCS 17, p. 165.

269. Véase a Clark, E. *Clement's use of Aristotle: The Aristotelian contribution to Clement of Alexandria's refutation of Gnosticism.* Edwin Mellen Press. USA. 1977, pp. 10 y ss. En este libro la autora señala que existen 21 pasajes en los escritos de Clemente que los académicos consideran son testimonios o fragmentos de obras de Aristóteles. Esto es una evidencia que Clemente tuvo un acceso directo a los escritos del filósofo ático o de alguno de sus discípulos.

270. Véase Lillo Botella, C. *Separación de caminos entre judíos y cristianos: una perspectiva geográfica–literaria. Op. cit.*, p. 147.

271. Bigg, C. *The Christian Platonist of Alexandria.* Amsterdam. 1968, p. 78.

teologías de la liberación[272] que si bien es cierto han involucrado a las ciencias sociales en la ecuación para hacer teología, esto es diferente a efectuar una unión de pensamientos. En la historia reciente el único caso que se conoce de simbiosis entre filosofía secular y teología cristiana fue cuando los teólogos de la liberación usaron la filosofía marxista como punto de partida para efectuar su reflexión teológica[273].

El protestantismo cristiano que nos llegó a Latinoamérica fue dualista, los norteamericanos que llegaron a establecer la Iglesia protestante eran dualistas. Iglesia/mundo, política/cristianismo, Biblia/filosofía, *inter alia.* Ese dualismo excluyente estaba arropado de una falsa piedad que lo único que hacía era embrutecer al cristiano que lo condenaba al legalismo, al sectarismo denominacional y un atraso intelectual muy grande. La filosofía *per se* no es buena ni mala, es eso precisamente, filosofía, un pensamiento. Es errado creer que porque la persona que escribe no es *cristiana* es malo. Como también es errado pensar que todo lo que escribe un cristiano es bueno. La ciencia o la filosofía no tiene que ser cristiana para ser buena o mala. El pensamiento, que es planteado por Platón o por Filón deben ser objeto de análisis crítico, de la misma manera que el pensamiento de Carlos Marx y Gustavo Gutiérrez. Sería absurdo negar la genialidad de las teorías económicas de Marx expuestas en *Dax Capital* y desecharlas por el simple hecho de que era un *materialista dialéctico,* es decir, ateo. Por supuesto que no, las tres leyes de la dialéctica y su genial explicación del capitalismo y su *modus operandi* es una infraestructura ideológica para fundamentar una teología, como efectivamente lo hicieron muchos teólogos de la liberación. *Mutatis mutandis,* lo hizo Filón, lo hizo Clemente, Orígenes, y por sobre todos, lo hizo Pablo y fueron sancionados como canónicos algunos de sus escritos, es sencillamente absurdo sindicar como pecado el recurrir a la filosofía para explicar realidades sociales de las cuales estamos obligados a hacer teología. Con lo anterior no estamos diciendo que todo lo que dice Marx y compañía es bueno. No, para eso se necesita el pensamiento crítico y, sobre todo, la iluminación del Espíritu Santo para separar el trigo de la cizaña. En conclusión, es un imperativo insoslayable *derrumbar* ese dualismo irracional y falsa piedad a la que nos sometieron los misioneros norteamericanos.

Para finalizar, es importante señalar que la obra y pensamiento de Clemente es muy amplia y abordarla con profundidad rebasa los límites de nuestro objeto de estudio, empero, lo que aquí se ha dicho, llena todas las

---

272. Zaldívar, R. «Teología Hoy: Tres momentos que marcan un antes y un después». *Op. cit.*, pp. 7-28.

273. Sobre este tema se recomienda el clásico de Dussel, E. «Teología de la liberación y marxismo». *CANE.* Universidad Nacional Autónoma de México. Nov.-dic. 1988, pp. 138-159.

expectativas de lo que nos propusimos. Así que, habiendo estudiado a Clemente, le toca el turno a su más grande discípulo, Orígenes.

6.3 Orígenes de Alejandría (184–253 d. C.)

Orígenes de Alejandría[274], discípulo de Clemente, es uno de los más grandes teólogos de la historia antigua, es el primer ser humano sobre la faz de la tierra en escribir una teología sistemática cristiana a la que llamó *Peri Archon en griego* o *De Principiis* en latín, así como de otros trabajos de gran trascendencia como la Hexapla que le valieron ser reconocido como uno de los Padres de la Iglesia más emblemáticos.

6.3.1 La obra de Orígenes

Orígenes fue un hombre que mantuvo un diálogo permanente con los autores paganos, así como con los judíos, como corresponde a una persona que tiene una cosmovisión griega. Su arma más poderosa fue su pluma, esto sin ninguna duda. Sus escritos han trascendido el espacio y el tiempo, hoy después de muchos siglos siguen siendo estudiados.

Contra Celso

Esta monumental obra fue compuesta en la vejez de Orígenes y según afirma él en el prólogo, la escribió por encargo de su discípulo, Ambrosio. En este libro se describe a Celso como un epicúreo al cual Orígenes se ve en la necesidad de refutar. De manera que este es un trabajo apologético para argumentar en contra del *Discurso Verídico* de Celso[275]. En este trata-

274. La fuente más antigua sobre Orígenes se encuentra en el libro sexto de la historia eclesiástica de Eusebio, consagrado casi en exclusiva en relatar la vida de este Padre de la Iglesia. Constituye una alabanza en toda regla del sabio alejandrino. Para más información véase Eusebio de Cesarea. *Historia Eclesiástica: la formación de la Iglesia desde el s. I hasta el s. III*. Trad. George Grayling. Edit. Clie. Viladecavalls. 2008, pp. 208 y ss. Además, se recomienda la siguiente bibliografía: Crouzel, H. *Orígenes, un teólogo controvertido*. Madrid, BAC, 1998; Daniélou, J. *Orígenes*. Buenos Aires. Argentina. 1992. También es muy útil el trabajo publicado por Editorial Clie, Ropero, A. *Obras escogidas de Orígenes*. Edit. Clie. Viladecavalls. España. 2018. Finalmente se recomienda el resumen biográfico que hace Lillo Botella que abunda en detalles sobre la vida de este insigne Padre de la Iglesia. Véase Lillo Botella, C. *Separación de caminos entre judíos y cristianos: una perspectiva geográfica–literaria. Op. cit.*, pp. 154-158.

275. El *Discurso verdadero* de Celso, compuesto en la centuria anterior a Orígenes, forma parte de una serie de obras escritas por pensadores paganos que tuvieron como objetivo el descrédito del cristianismo, que iba ganando progresivamente adeptos. Entre estos escritores se cuenta, además de Celso, el médico Galeno, el neoplatónico Porfirio y el emperador Juliano. No se conserva directamente el *Discurso verdadero* de Celso. Tan

do Celso habló en contra de Cristo, del cristianismo y de los cristianos y Orígenes usando su talento y echando mano de su formación helenista dio una soberbia respuesta al detractor[276]. Por ejemplo, Celso censuraba a los judíos por dar culto a los ángeles y por practicar la magia, en la que, según él, los inició Moisés. Orígenes recuerda, en este punto, que la propia Ley prohíbe acudir a los encantadores. Celso promete demostrar que los judíos erraron movidos por la ignorancia. Orígenes no se atreve del todo a negar esta acusación solamente señala que la verdadera ignorancia en la que incurrieron los judíos fue la de rechazar a Jesús. Es interesante observar que Celso en ningún momento criticó ritos como la circuncisión, que según los judíos tomaron de los egipcios. Orígenes simplemente se concretó a decir que dicho rito había sido abolido por Jesús.

La Hexapla

El grado de conocimiento que Orígenes muestra de los Textos Sagrados lo convierten en un caso único entre los Padres de la Iglesia. Orígenes se ejercitó desde niño en el aprendizaje y memorización de las Escrituras y el fruto más palpable de esta erudición fueron sus comentarios y homilías en los distintos libros de la Biblia. Su afán por llegar a la verdad última de la Escritura le llevó a comparar las distintas versiones del Texto Sagrado que había disponibles en su época para lo cual hubo que introducirse en el estudio y las letras hebreas. Es así como surge la célebre Hexapla que es la edición que hizo Orígenes para su uso personal del texto del A. T. en seis columnas y que constituye un aldabonazo para aquellos detractores del método alegórico que creen que las personas que lo usan le faltan el respeto a la Biblia. Orígenes, apóstol del método alegórico hace todo un trabajo de ingeniería intelectual que desbarata tan pueril argumento. Orígenes era un hombre comprometido con el Texto Sagrado. Las seis columnas de la Hexapla estaban formadas por las traducciones griegas de: (1) Aquila, (2) Símaco, (3) Teodoción y (4) Septuaginta. La quinta columna era la Biblia

solo se ha podido reconstruir por la suma de las largas citas que de él recoge Orígenes en su refutación. Sobre este tema se recomienda altamente la tesis doctoral de Moreno Pampliega, J. «El concepto de verdad en la polémica de Orígenes con Celso», *Tesis doctoral*. Universidad Nacional de Educación a Distancia UNED. España. 2007. También se recomienda Fernández, S. «El *Discurso verídico* de Celso contra los cristianos. Críticas de un pagano del siglo II a la credibilidad del cristianismo». *Teología y Biblia*. Vol. XLV, Pontificia Universidad Católica de Chile. Chile. 2004, pp. 238 y ss.

276. Orígenes. *Contra Celso*. Biblioteca Autores Cristianos. España. 3ª Ed., 2001. Para ampliar el conocimiento acerca de este monumental trabajo se recomienda la edición de Marcovich, M. *Contra Celsum Libri VIII*. Brill. Leiden, Netherlands. 2001. Este contiene la traducción de los 8 libros con un muy amplio aparato crítico y un total de más de 600 páginas que nos permiten ver la magnitud del trabajo de Orígenes.

hebrea y la sexta columna una transcripción[277]. Por consiguiente, en sus trabajos de exégesis, Orígenes podía referirse a una base textual sólida. Sus interpretaciones, especialmente en los grandes comentarios, aspiran siempre a la objetividad rigurosa de una labor altamente científica[278].

Podemos afirmar que Orígenes fue el primer crítico textual que hubo en la historia del cristianismo, mucho, pero mucho tiempo antes de que se hablara de la alta y baja crítica. Este es un personaje que sin duda se adelantó a su época demostrando con la Hexapla su profundo interés por las Escrituras, y el anhelo de tener una base sólida para escribir sus comentarios, ejercer el magisterio cristiano, predicar la Palabra y redactar la primera teología sistemática. Todo esto hace de Orígenes el más connotado de todos los Padres de la Iglesia, habiendo superado con creces a cualquier otro. El cristianismo está y estará siempre en deuda con este gigante que Dios levantó para la edificación de su Iglesia.

Los comentarios

Orígenes es un exégeta de las Escrituras por antonomasia, solo que él como alejandrino usó el método alegórico para hacer sus interpretaciones del Texto, previniendo a sus seguidores acerca de los peligros de aceptar como verdaderas las interpretaciones de los rabinos. Uno de esos ejemplos tiene que ver con la circuncisión. Orígenes niega que simbolice una alianza eterna, para él no es más que la figura de la verdadera circuncisión espiritual tal como lo muestra la Escritura: *guardaos de la mutilación, pues nosotros somos la circuncisión, nosotros que servimos a Dios en espíritu y no ponemos nuestra confianza en la carne*[279]. Orígenes desarrolla todo este tema basado en los escritos del Génesis y concluye con una interpretación que está en consonancia con la interpretación de Pablo, probando que el método alegórico de interpretación es el que mejor se aplica en este caso particular.

La obra de Orígenes en este renglón de la exégesis del Texto es muy abundante, por ejemplo, escribió homilías sobre el Éxodo, el libro de Levítico, Números, Josué, Jueces, Samuel, *inter alia*, que abundan en enseñanzas altamente ilustrativas por sus ocurrentes interpretaciones alegóricas[280].

277. En relacion con la historia de cada una de las versiones que utilizó Orígenes para construir su Hexapla, se recomienda leer Lillo Botella, C. *Separación de caminos entre judíos y cristianos: una perspectiva geográfica–literaria. Op. cit.*, pp.182-187.

278. Ropero, A. *Obras escogidas de Orígenes. Op. cit.*, pp. 30-31.

279. Filipenses 3:2-3.

280. Un resumen amplio del trabajo exegético de Orígenes puede ser encontrado en Lillo Botella, C. *Separación de caminos entre judíos y cristianos: una perspectiva geográfica–literaria. Op. cit.*, pp. 187-205.

El estudio minucioso de estos comentarios rebasa los límites de nuestro objeto de estudio, empero lo escrito hasta aquí, sirva para probar la pluma prolija del alejandrino que sienta las bases de nuestra fe cristiana.

De Principiis, o Peri Archon

El *Peri Archon* es una obra teológica en la cual Orígenes pretendía elaborar un manual dogmático en respuesta a la escalada gnóstica que amenazaba la fe cristiana. Es considerada la primera teología sistemática del cristianismo y uno de los trabajos más importantes de los primeros tres siglos de la Iglesia. La obra consta de un prefacio y cuatro libros. *El libro I* contiene ocho grandes temas: (1) Dios, (2) Cristo, (3) El Espíritu Santo, (4) La defección o apartamiento, (5) Las naturalezas racionales (el diablo), (6) El final o consumación (Escatología), (7) Seres incorpóreos y corpóreos (Antropología) y (8) Los ángeles. *El libro II* que es el más extenso de los cuatro contiene once temas principales: (1) La creación del mundo, (2) La naturaleza corporal e incorpórea, (3) La creación y su renovación, (4) La unidad de Dios, (5) La justicia y la bondad de Dios, (6) La encarnación de Cristo (Cristología), (7) El Espíritu Santo (Pneumotología), (8) El alma (Antropología), (9) El mundo y el movimiento de las almas racionales, (10) La resurrección y el juicio (Escatología) y (11) Las promesas. *El libro III*, este solo contiene seis temas principales, a saber: (1) Libre albedrío, (2) Las potencias adversas (Satanalogía), (3) La triple sabiduría, (4) Las tentaciones, (5) El mundo y su principio en el tiempo y (6) El fin del mundo (Escatología). *El libro IV*, que es el más corto de todos. Sus dos temas son: (1) Las Sagradas Escrituras (Bibliología) y (2) Recapitulación del Padre, Hijo y Espíritu Santo[281]. Como muy bien puede verse, es una obra monumental que hizo Orígenes donde hace una demostración contundente de su mente privilegiada. La Iglesia está en deuda con este alejandrino que fue obediente a su llamado y dedicó su vida a la catequesis, escritura y defensa de la fe cristiana, todo un señor que con su obra ministerial nos ha dejado un legado invaluable.

6.3.2 *Paradigma de interpretación en la práctica exegética de Orígenes*

La palabra *alegoría* proveniente del griego *állos*, "otro", y *agoreúô*, "hablar", que literalmente significa *hablar otro* o *hablar de otro modo que el que parece hablarse*, indica dos procedimientos correspondientes: una forma de componer una obra y una forma de interpretarla. Componer alegóricamente es construir una obra de manera tal que su sentido aparente refiera a *otro* sentido. Interpretar alegóricamente es explicar una obra como si hubiese *otro*

---

281. Cfr. *Ibid.*, pp. 53 y ss.

sentido en ella. Se puede distinguir entre calificar de alegórico a un texto en un sentido *fuerte* y en un sentido *débil*: Un texto será alegórico en un sentido *fuerte* si su autor lo ha compuesto con la intención de ser interpretado alegóricamente, mientras que un texto será alegórico en sentido *débil* si, independientemente de la intención de su autor, invita a la interpretación de formas que van más allá de su superficie o del así llamado significado literal. Podemos también calificar a los sentidos *fuerte* y *débil*, respectivamente de intencional y no intencional, o deliberado y no deliberado[282]. A manera de ejemplo de alegoría en sentido *débil* podemos citar la historia del Éxodo pues nos induce a interpretar el texto alegóricamente, independientemente de la intención del autor; un ejemplo típico de alegoría en sentido *fuerte* sería el libro de Ester o el Cantar de los Cantares, que deliberadamente fueron creados para ser interpretados alegóricamente.

Ahora, tomando como base su *homilía del Éxodo* procedemos a estudiarla como ejemplo de una alegoría en sentido *débil*[283]. Para comenzar, Egipto –para Orígenes– es el símbolo del lugar en donde el ser humano se aleja de Dios y de su propia interioridad, al estar completamente inmerso en los *negocios del mundo*. Afirma que este lugar no es espacial, sino que muy por el contrario es un estado del alma.

> *Veamos lo que dicen Moisés y Aarón una vez que entraron en presencia del Faraón: 'Esto dice el Señor: deja marchar a mi pueblo, para que me sirva en el desierto'. Esto muestra sin ninguna duda que mientras uno permanece en los tenebrosos actos del mundo e inmerso en los negocios del mundo, no puede servir al Señor; en efecto, no se puede servir a dos señores, no se puede servir a Dios y al dinero. Debemos, por tanto, salir de Egipto; debemos abandonar el mundo, si queremos servir al Señor. Digo abandonar no en sentido espacial, sino con el alma; no marchando por un camino, sino progresando en la fe[284].*

En este fragmento aparece claramente la figura del esclavizador, el faraón. En la hermenéutica de Orígenes este personaje corresponde a la figura del demonio. El demonio tiene entidad ontológica; esto significa que existe y se manifiesta en tentaciones múltiples, desde pensamientos y sentimientos egoístas, hasta impedimentos para que los seres humanos realicen su vocación esencial que es la unión con Dios. De todas formas y siendo fiel

---

282. Véase Naddaf, G. «La alegoría. Orígenes y desarrollo de la filosofía desde los presocráticos hasta la Ilustración». *Arete*. Vol. XIX. Núm. 1. 2007, pp. 45-46.

283. Cf. Ciner, P. «Orígenes de Alejandría y el paradigma de la espiritualidad del desierto». *Scientiarum*. Maringá. V. 35, N. 1. Enero-junio, 2013, pp. 1-6

284. Orígenes. *Homilía del Éxodo*, 3.

a su cosmología, Orígenes sostiene que en la preexistencia[285], existió un estado inicial en el que no había distinción esencial entre ángeles, hombres y demonios.

Hablando de las tentaciones, dice que estas están representadas por la alegoría de Egipto que básicamente es una enfermedad del alma:

> *Por tanto, amar el mundo y las cosas que están en el mundo es una enfermedad egipcia. Observar los días, los meses y los tiempos, buscar signos, guiarse por el curso de las estrellas, es una enfermedad egipcia. Servir a la lujuria de la carne, entregarse a los placeres, abandonar a la molicie, es una enfermedad egipcia...[286]*

Es urgente entonces, que el cristiano decida curarse de esta enfermedad mortal, para poder recuperar la salud que le ha sido dada desde la preexistencia. Los tres días de marcha desde Egipto hasta el mar Rojo se señalan por la persecución del faraón y de los egipcios:

> *Los egipcios te persiguen y quieren volverte a la servidumbre, me refiero a los dominadores de este mundo y a los espíritus malvados que en otro tiempo serviste...[287]*

Tales son las tentaciones que comienzan a asaltar al alma que se ha puesto en marcha hacia la perfección, y que se esfuerzan por desviarla de su designio y por volver a traerla al mundo. Esta marcha a través del desierto corresponde al abandono progresivo de la vida carnal y al despertar de la vida espiritual.

La explicación que Orígenes proporciona acerca de que son 'tres y solo tres los días' requeridos para salir de Egipto, está destinada a mostrar que es absolutamente necesaria la purificación integral del alma humana. En efecto, el maestro alejandrino lo explica de la siguiente forma:

> *Salimos de Egipto por un camino de tres días si, abandonando la sabiduría racional, natural, moral de las cosas del mundo, nos convertimos a las decisiones divinas; salimos de Egipto por un camino de tres días si, purificando en nosotros,*

---

285. La palabra preexistencia no da cuenta de la intención del maestro alejandrino, de explicar el origen mismo del ser humano en general y del alma en particular. Él término mismo preexistencia, tendría la connotación de algo previo a la dimensión de lo real, a la verdadera existencia.

286. Orígenes. *Homilía del Éxodo,* 3. VII, 2.

287. *Ibid.* V, 5.

palabras, hechos o pensamientos –estas tres son, en efecto, las maneras con que el hombre puede pecar– quedamos limpios de corazón, de modo que podamos ver a Dios. ¿Quieres ver que son estas cosas las que el Espíritu Santo indica en las Escrituras? El faraón, que es el Príncipe de Egipto, cuando se ve fuertemente presionado para dejar partir al pueblo de Dios, desea conseguir entonces que no se marchen lejos, que no hagan completo el camino de tres días y dice: No marchéis lejos. No quiere que el pueblo de Dios se aleje de él; quiere que peque, si no con las obras, al menos con la palabra; si no con la palabra, por lo menos con el pensamiento. No quiere que se alejen de él tres días completos. Quiere tener en nosotros al menos un día suyo: él mismo posee en algunos, dos, y en otros, tres... [288]

Es interesante destacar en este fragmento la advertencia acerca de que la capacidad racional del ser humano, si no se subordina a la fe y al amor, se convierte en una enfermedad egipcia. Por esta razón, el maestro alejandrino instaba a todos los discípulos de su escuela a estar precavidos de la gran tentación de los intelectuales: la soberbia y la crueldad.

Es también plenamente consciente de los riesgos que implica salir de Egipto y adentrarse en la aridez del desierto, que es el único espacio interior donde se puede producir esta purificación total del ser humano. Sin embargo, no titubea en instarlos a ingresar a la dimensión espiritual del desierto.

Lo anterior es una muestra del *modus operandi* de la alegoría en la metodología interpretativa del padre alejandrino quien sigue los pasos de sus antecesores griegos quienes la usaron en sus escritos literarios, tal es el caso de Homero y Hesíodo y más recientemente Filón, Panteno y Clemente, sin embargo, es Orígenes el personaje que le da una relevancia muy especial a la alegoría por lo prolijo de su obra y por la maestría como lo hacía. No está de más afirmar que hubo un sector del cristianismo, especialmente aquel que no estaba vinculado con Alejandría, que rechazó y despreció esta metodología [289].

Para terminar con este campeón alejandrino se considera de suprema importancia citar el primer párrafo que este escribió a su discípulo y admirador Gregorio Taumaturgo a quien le dice lo siguiente:

Ahora bien, tu talento natural puede hacer de ti un cabal jurisconsulto romano o un filósofo griego de cualquiera de las famosas escuelas. Mas yo qui-

---

288. *Ibid.* 3.

289. Fue rechazado por ser considerado artificial, arbitrario y abstracto. En la cultura actual está desacreditado y no es aceptado en los círculos religiosos. Véase todo lo relacionada a este tema en Bostock, G. «Allegory and interpretation of the Bible in Origen». *JLT. Op. cit.* p. 39.

siera que, como fin, emplearas toda la fuerza de tu talento natural en la inteligencia del cristianismo; como medio, empero, para ese fin haría votos porque tomaras de la filosofía griega las materias que pudieran ser como iniciaciones o propedéutica para el cristianismo; y de la geometría y astronomía, lo que fuere de provecho para la interpretación de las Escrituras Sagradas. De este modo, lo que dicen los que profesan la filosofía, que tienen la geometría y la música, la gramática y la retórica y hasta la astronomía por auxiliares de la filosofía, lo podremos decir nosotros de la filosofía misma respecto del cristianismo[290].

Una persona que escribe así a un discípulo deja suficientemente claro que tiene una mente privilegiada, que se había adelantado a su tiempo, que era plenamente capaz de comprender *cuál sea la anchura, la longitud, la profundidad y la altura…* de la fe cristiana. No es una casualidad que Dios le haya escogido y llamado para constituirlo como un Padre de la Iglesia, como un maestro. Educado desde niño en las ciencias naturales y las humanidades que le dieron un conocimiento y versatilidad en el análisis y pensamiento crítico que pavimentaron el camino de una carrera llena de grandes logros. Su introducción demuestra palmariamente su respeto y amor por las Escrituras desvaneciendo cualquier argumento barato de los detractores del método alegórico. El entendimiento de la importancia de la filosofía y las ciencias conexas le dieron la infraestructura para iniciar la gran construcción de nuestra teología, de nuestra fe, de nuestra forma de vivir. La Iglesia estará en deuda con hombres como Orígenes, obediente y fiel al llamado de Dios.

Una vez estudiado a Orígenes, es el turno del último campeón alejandrino que tenemos en este capítulo, nos referimos a Atanasio, un gran defensor de nuestra fe.

6.4 Atanasio de Alejandría (296–373 d. C.)

Atanasio de Alejandría era conocido también como *el grande*[291], por el extraordinario papel desempeñado en la defensa de fe la cristiana. Fue discípulo indirecto de Orígenes y se formó bajo la mentoría de Alejandro, quien era el Obispo de Alejandría, de manera que al morir este, Atanasio le sucedió como obispo de Alejandría por espacio de 41 años.

290. Carta de Orígenes a San Gregorio de Taumaturgo. Véase el documento integro de la carta en: https://www.eltestigofiel.org/index.php?idu=pa_12800. Visto el 28 de septiembre de 2022.

291. Se recomienda ver el magnífico discurso de Guerrero Martínez, F. en «La encarnación del Verbo» Ciudad Nueva. España. 2ª Ed. 2015, pp. 5 y ss.

En el año 323 d. C. un sacerdote llamado Arrio[292] del barrio de Baucalis, un barrio de la ciudad de Alejandría, comenzó a enseñar contra la ortodoxia de la fe cristiana. Arrio sostenía que el *logos* –el hijo de Dios– no era verdadero Dios y aseveró que Cristo era un dios de segundo orden. Al atacar Arrio una doctrina pétrea del cristianismo provocó la reacción inmediata de Alejandro[293] quien era el Obispo de Alejandría y ante la amenaza surgida siguió el protocolo que se sigue en estos casos; llamar a Arrio y tratar el asunto directamente con él. Ante el fracaso de la gestión tuvo que convocar a un sínodo local que lo expulsó de la Iglesia. Lejos de resolver la controversia, los asuntos empeoraron y escalaron al más alto nivel; el emperador Constantino, tuvo que intervenir convocando y financiando el primer concilio ecuménico de la Iglesia en el año 325 en la ciudad de Nicea en el Asia Menor[294]. A este concilio asistió Alejandro en su carácter de Obispo de Alejandría, empero nombró a Atanasio como a su secretario. El concilio de Nicea condenó la herejía arriana y excomulgó a Arrio. Al final, el asunto quedó resuelto parcialmente y hubo necesidad de otros concilios hasta que las doctrinas relacionadas con la Trinidad y la naturaleza del Hijo quedaran zanjadas para siempre[295].

Atanasio dedicó gran parte de su vida a la actividad literaria donde combatir a la herejía arriana ocupó una parte muy importante. Su *opus magnum* fue *La encarnación del verbo* donde demostró que Dios se hizo carne en la persona de Jesucristo para la salvación del hombre. La idea fundamental de toda su lucha fue que Jesucristo no es un Dios secundario, es el verdadero Dios, y a través de nuestra comunión con Cristo, podemos unirnos realmente con Dios. Él se ha hecho realmente *Dios con nosotros*.

6.4.1 La obra de Atanasio

En aquella época no cualquier persona era Obispo de la Iglesia. Clemente había dejado la vara bien alta. Además de los requisitos espirituales del

292. Arrio fue un sacerdote de la Iglesia que a pesar de ser alejandrino y ser conocedor de la teología de Clemente y Orígenes se decantó por la interpretación literal de la Biblia y de ahí su rigidez y defensa enconada de sus ideas ya que él quería despojar al cristianismo de su parte más intelectual o ideológica e intentó comprenderlo desde un punto de vista más racional, el resultado fue la doctrina antitrinitaria provocando un gran cisma dentro de la Iglesia. Para conocer quién era Arrio y el contexto en el que surge su herejía véase Williams, R. *Arrio: herejía y tradición*. Ediciones Sígueme. Salamanca, 2010.

293. Véase San Alejandro de Alejandría, Obispo. https://www.eltestigofiel.org/index.php?idu=sn_693. Visto el 28 de septiembre del 2022.

294. López Kindler, A. «Constantino y el arrianismo». *ADHI*. Vol. 22. 2013, pp. 37-64.

295. Guerrero Martínez, F. en «La encarnación del Verbo». *Op. cit.*, pp. 5 y ss.

llamado, los obispos tenían que reunir ciertos requisitos intelectuales que los ponía en una situación de ventaja. Así que Atanasio no podía ser la excepción. Estos Obispos era pastores, pero eran a la vez maestros, estaban dedicados al estudio y el magisterio de la Iglesia. A continuación, se hablará de una forma breve acerca de la obra escrita de Atanasio, Obispo de Alejandría.

La Vida de Antonio

La *Vida de Antonio* se puede considerar como el documento más importante del monaquismo primitivo. Conoció una rapidísima difusión en breve tiempo y podemos decir incluso que se convirtió en el primer *bestseller* de la literatura cristiana después de la Biblia. No se trata únicamente de una biografía; es además un modelo de seguimiento de Cristo, una doctrina, un himno a Cristo Salvador y un testimonio de comunión eclesial; por ello, aunque Atanasio escribe esta carta a petición de unos monjes, expresa su deseo de que también sea leída a un público más amplio, e incluso a los paganos. Atanasio escribe la *Vida de Antonio* siguiendo la vida de Jesús tal como aparece en los textos evangélicos; presenta a Antonio como imitador de Cristo, y recurre también a personajes del Antiguo Testamento, para subrayar algún aspecto de la vida de Antonio[296].

La Encarnación del Verbo

Escrito profundo y vigoroso que presenta una síntesis atractiva y convincente de la fe cristiana, que tuvo una gran difusión en la antigüedad y que todavía hoy sigue siendo de gran actualidad. La *Encarnación del Verbo* forma la segunda parte de una obra más amplia que incluye también el tratado *Contra los paganos* y que Atanasio escribió durante su primer destierro en los años 335-337. Dirigido a un mundo todavía sin evangelizar, el tratado apunta a lo esencial, presentando una exposición orgánica de la fe cristiana, que asume como punto de referencia la manifestación del Verbo en la carne. El Verbo –dice en síntesis Atanasio– se ha revelado en un cuerpo para restituir al hombre, creado de la nada y formado a imagen de Dios, la incorruptibilidad y el conocimiento del Padre. Es decir que, mediante su cuerpo, el Verbo paga la deuda del hombre pecador y vence la muerte, volviendo a reconquistar el don de la inmortalidad que transmite a todo el género humano[297].

---

296. Véase Atanasio. *Vida de Antonio.* Edit. Ciudad Nueva. España. 1995.
297. Véase Atanasio. *Encarnación del Verbo.* Edit. Ciudad Nueva. España. 1997.

Discursos contra los arrianos

El siglo IV de nuestra era conoció una de las mayores crisis doctrinales que han tenido lugar en la historia de la Iglesia: la crisis arriana, que tuvo su origen en Alejandría. Por esta razón, la vida y la obra de san Atanasio (295-373), como obispo y como escritor, estuvo caracterizada en gran medida por su oposición doctrinal al arrianismo, lo cual le valió el destierro en cinco ocasiones. Los *Discursos contra los arrianos* es su obra dogmática más importante, destaca por la riqueza de información que encontramos en ellos y por el análisis preciso de la doctrina arriana, que Atanasio rebate punto por punto, para demostrar la plena divinidad del Hijo, idéntica a la del Padre, según la fe definida en el Concilio de Nicea. El tono de la discusión es firme y decidido, en algunos momentos incluso apasionado, y ha de entenderse a la luz de las circunstancias históricas y eclesiásticas que nuestro obispo tuvo que vivir. Estos Discursos contribuyeron significativamente a la reflexión teológica posterior sobre la Trinidad que llevaron a cabo los Padres capadocios y san Agustín[298].

Epístolas a Serapión sobre el Espíritu Santo

Estas epístolas tienen una notable importancia desde el punto de vista histórico-dogmático, pues fueron escritas para refutar una nueva herejía que negaba la divinidad del Espíritu Santo. Contienen también una amplísima colección de textos bíblicos de ambos Testamentos referidos al Espíritu Santo, que les confieren un valor añadido[299].

Contra los paganos

Contra los paganos es una obra compuesta en estrecha relación con *La Encarnación del Verbo* y supone un importante esfuerzo de pensamiento para armonizar la fe y la razón, para integrar el evangelio a la cultura de su tiempo. Aunque hayan pasado cerca de 1700 años desde que fue escrito conserva todo el frescor y constituye una referencia válida de cara a la tarea que estamos llamados a desempeñar.

En los primeros números de la obra lo más original y llamativo es la descripción que realiza del origen del mal, esto es el pecado original. El hombre pecó porque dejó de mirar a Dios y comenzó a contemplarse a sí mismo. Este es un punto capital en la teología de Atanasio. En la segunda parte se busca la posibilidad de conocer a Dios por la razón y se describen

---

298. Véase Atanasio. *Discursos contra los arrianos*. Edit. Ciudad Nueva. España. 2010.

299. Véase Atanasio. *Epístolas Serapión sobre el Espíritu Santo*. Edit. Ciudad Nueva. España. 2007.

dos vías. Finalmente, Atanasio identifica a ese Dios creador con el Verbo (*logos*) de la revelación cristiana[300].

6.4.2 El hombre que defendió la divinidad de Cristo

Aunque fue el obispo Alejandro de Alejandría el que primero se opuso a Arrio y que Atanasio era solamente el diácono de la Iglesia y secretario de Alejandro en el Concilio de Nicea, fue Atanasio el que trascendió y sobresalió en la defensa de este dogma pétreo de la fe cristiana, a tal extremo que tuvo que salir exiliado cinco veces de Alejandría perseguido por los enemigos de la Trinidad[301]. Tal era la formación y el carácter de Atanasio que a la muerte de Alejandro fue él quien le sucedió en el obispado de Alejandría.

En relación con la divinidad de Cristo es importante señalar que sin este dogma no hay cristianismo, se desvanece todo el andamiaje teológico que hemos construido. Así que la apología de Atanasio era crucial para el cristianismo y estos hombres, Atanasio a la cabeza, dieron la talla, no solamente a través de sus ardientes predicaciones apologéticas, sino a través de sus escritos y magisterio cristiano[302]. Los libros de Atanasio, que han trascendido el tiempo, son un testimonio elocuente que estos hombres de Dios no eran cualquier persona, sino hombres preparados en las ciencias naturales, sociales y religiosas para poder estar al frente y hablar con propiedad y conocimiento de causa.

Con Atanasio cerramos este capítulo que abarcó más de 400 años en el cual pudimos ver una etapa embrionaria de la teología cristiana, con un ferviente Atanasio que puso un fundamento tan sólido al defender la doctrina de la Trinidad que durará hasta el fin de los tiempos.

Hemos visto a cuatro personajes en este capítulo, a Filón, auténtico judío y pionero en combinar filosofía griega con teología judía, haciendo a la primera sierva de la segunda. El trabajo pionero de este extraordinario hombre inspiró a otros como Panteno quien fundó la primera escuela

---

300. Véase Atanasio. *Contra los paganos*. Edit. Ciudad Nueva. España. 1992.

301. La historia completa de Atanasio puede ser vista en *Atanasio: el teólogo que defendió la divinidad de Cristo*. https://biteproject.com/atanasio/ visto el 29 de septiembre del 2022.

302. La ortodoxia triunfó, pero no solo gracias a la obra de Atanasio. Un grupo de tres teólogos, Basilio de Cesarea (330-379), Gregorio de Nisa (335-400) y Gregorio Nacianceno (329-390), hoy conocidos como los capadocios, también fueron fundamentales para la consolidación y unificación doctrinal de la Iglesia. A través de sus sermones, cartas, tratados y alianzas, lograron consolidar la doctrina de que el Padre compartía sustancia con el Hijo.

catequística de Alejandría donde fueron formados Clemente y Orígenes respectivamente. Ahí se gestaron los inicios de la teología cristiana y se sentaron las bases de nuestra dogmática. La cosmovisión helenista y la alta academia de estos hombres nos demuestra palmariamente que el futuro del cristianismo estaba en Alejandría no en Israel y que la cosmovisión helenista era el instrumento que Dios usó de una forma espectacular para universalizar la fe cristiana.

Las obras de estos gigantes, a los que se les llama *Padres de la Iglesia,* son un testimonio elocuente de cómo el pensamiento griego, su filosofía, su cultura es el instrumento vehicular para transmitir la revelación de Dios al mundo.

Para ir epilogando este capítulo es necesario ratificar que el valor de la obra literaria de los Padres de la Iglesia es impagable, es por eso por lo que, con justicia, escribe don Eliseo Vila, en su introducción a la Colección patrística de Editorial Clie:

> *Un solo documento del siglo II que haga referencia a los orígenes del cristianismo tiene más valor que cien mil páginas de apologética escritas en el siglo XXI. Un fragmento del Evangelio de Mateo garabateado en un pedacito de papiro da más credibilidad a la Escritura que todos los comentarios publicados a lo largo de los últimos cien años. Nuestra herencia histórica es fundamental a la hora de apoyar la credibilidad de la fe que predicamos y demostrar su impacto positivo en la sociedad[303].*

Una vez estudiado a los Padres alejandrinos es menester escrudiñar la influencia de la filosofía griega en la teología cristiana para abundar más y desde otra perspectiva la tarea que nos hemos impuesto con esta investigación.

---

303. Vila, E. «Prólogo a la colección patrística» en *Obras escogidas de Clemente de Alejandría. Op. cit.,* p. 7.

Las fuentes griegas de la teología cristiana

Sumario:

7.1 El platonismo y su relación con la teología cristiana del cuerpo-alma
7.2 El neoplatonismo 7.3 Conceptos filosóficos griegos en el libro de
Juan. 7.4 La influencia del concepto griego de infierno en la Biblia.
7.5 La filosofía epicúrea y su relación con el cristianismo.
7.6 La influencia platónica en san Agustín. 7.7 La influencia
aristotélica en Tomás de Aquino

El profesor Jaap Mansfeld de la Universidad de Utrecht afirma que la *teología es una empresa racional que intenta racionalizar lo irracional*[304] y eso es filosofía en esencia. Para hacer teología o filosofar sobre la metafísica, para usar el lenguaje de *Aristóteles,* se necesita echar mano de la filosofía y de todas sus categorías de conocimiento como la lógica, la epistemología, la ontología, la ética, *inter alia,* de lo contrario no seremos capaces de construir un sistema de pensamiento que involucre todos los aspectos del contexto humano en relación con la divinidad. Así que podemos afirmar que fue en Alejandría donde nace la teología cristiana y se considera el *Peri Archon* de Orígenes como la primera teología sistemática jamás escrita. Es un parteaguas; el final de un proceso y el principio de otro.

Y como la teología nunca se da en un vacío cultural es que vamos a ver el *mileu* de los teólogos alejandrinos en sus escritos más importantes[305]. Los

---

304. Mansfeld, J. «Theology». *The Cambridge History of Hellenistic Philosophy.* Cambridge University Press. Great Britain. 1999, p. 452. Señala que los griegos racionalizan todo lo referente a los dioses desde su comienzo. Afirma que el primer filósofo en elevar a la teología al estatus de filosofía o parte de esta fue Aristóteles quien afirmaba en *Metafísica E. 1026ᵃ* 19 que había tres disciplinas teóricas: (1) matemáticas, (2) física y (3) teología.

305. El erudito profesor Antonio Piñero ha identificado tres momentos a los que él llama mutaciones en las que el pensamiento griego permea al pensamiento de origen judío. La primera de esas mutaciones fue la sufrida por la religión del judaísmo cuando ya estaba bien asentada en el Mediterráneo oriental la atmósfera espiritual propalada por el helenismo, a comienzos del siglo III a. C. En esos momentos la literatura religiosa judía comienza a mostrar signos de abrazar una serie de nociones religiosas capitales que antes no tenía. De ser una religión sin nociones claras de la resurrección, del mundo

aspectos que veremos reflejados en su teología son básicamente dos, es a saber, la cosmovisión helenista[306], *i.e.* como los griegos miran el mundo y segundo, la filosofía griega tal cual; filosofía cuya temática no está reñida con los grandes temas existenciales de la Biblia.

Para el desarrollo de este capítulo hemos seleccionado siete temas, a saber, el platonismo y su relación con la teología cristiana (1), el neoplatonismo (2), conceptos filosóficos griegos en el libro de Juan (3), la influencia del concepto griego de infierno en la Biblia (4) la filosofía epicúrea y su relación con el cristianismo (5), la influencia platónica en san Agustín (6) y la influencia aristotélica en Tomás de Aquino (7).

7.1 El platonismo y su relación con la teología cristiana del cuerpo-alma

Platón es considerado el primer filosofo de la Grecia antigua en sistematizar la filosofía. Para autores como W. T. Stace[307], el trabajo de los filósofos

---

futuro, de la retribución divina, etc., el judaísmo pasa a convertirse en una religión en la que la mayoría de sus adeptos (ciertamente con la renuencia de algún grupo) tiene ya unas ideas muy distintas en esos campos, es decir, nociones bastantes claras sobre la inmortalidad del alma, la resurrección, el mundo futuro y la justicia retributiva divina a las obras buenas o malas ejecutadas en este mundo. Este nuevo judaísmo será el que genere movimientos como el fariseísmo, las corrientes apocalípticas y el esenismo (Qumrán) La segunda gran mutación del judaísmo se produce no en el cuerpo completo de su religión, sino en el de una pequeña rama, o "secta" que brota en su seno en el siglo I de nuestra era. Su resultado es el cristianismo. Es bien sabido que el cristianismo nació como grupúsculo o "confesión" dentro del judaísmo, como un grupo de piadosos, denominados en seguida los "nazarenos" que al cabo de unos cien años se había transformado en una religión nueva, con un corpus distinto de escritos sagrados, que no tenía la religión madre. En opinión de muchos estudiosos el germen, el impulso y el núcleo de ese profundo cambio en la religión de esa secta judía se debió al contacto con lo mejor de la religiosidad y de la filosofía espiritualista helénica, sobre todo del orfismo, platonismo, cinismo y estoicismo popularizados, de la mentalidad gnóstica incipiente y de los conceptos de las religiones de misterios. La tercera mutación, que ocurrió en el s. I de nuestra era, a finales, es la que da como resultado el judaísmo moderno. El cambio se produjo tras las conmociones generadas por la destrucción del templo y de la patria en las grandes guerras judías 68 - 70; 132 - 135 d. C.). Esta transformación fue abanderada por Yohanán ben Zakkay, consistió en el afianzamiento de una de las ramas de judaísmo helenístico: el fariseísmo. Véase Piñero, A. *Biblia y Helenismo: el pensamiento griego y la formación del cristianismo. Op. cit., pp.* 12-13.

306. *Creating a Hellenistic World* es un trabajo editado por Andrew Erskine y Lloyd Llewellyn. La obra contiene 14 artículos que nos muestra cómo se creó el helenismo desde diferentes ángulos. Erskine, A. y Llewellyn, L. *Creating a Hellenistic World*. The Classic Press of Wales. Great Britain. 2011.

307. Stace, W. T. *A Critical History of Greek Philosophy*. Macmillan. New York. 1967, p. 164.

anteriores a Platón fue abundante, pero eran solo ideas aisladas, teorías, vislumbres, sugerencias y fue Platón el primero en producir un conocimiento sistemático que abrazara todas esas ideas además de las que él mismo desarrolló. El pensamiento de este filósofo se encuentra plasmado en lo que se conoce como *los diálogos de Platón* que los académicos clasifican en tres grupos que corresponden a períodos de su vida y que nos sirve para tener una mejor comprensión de su pensamiento[308]. Por ejemplo, el primer grupo de diálogos fue escrito muy cerca de la muerte de Sócrates y antes de sus muchos viajes[309]. Dentro de este grupo está Cármides, Laques, Protágoras, *inter alia*. Estos son diálogos cortos y simples con un pensamiento aún bajo la influencia de su maestro Sócrates. Aquí aún no había desarrollado una filosofía propia. El segundo grupo de diálogos están conectados con el período de sus viajes por Europa y África y se observa una clara influencia del *eleatismo* de Parménides. Aquí Platón comienza a desarrollar su propio pensamiento y formula su filosofía idealista. En este período encontramos, entre otros, el *Gorgias* y *Teeteto*. Luego viene el tercer grupo, que son los diálogos de un filósofo maduro, curtido por la experiencia y con un grado de sabiduría del más alto nivel. Aquí está Timeo, Fedón, Fedro, la República, *inter alia*[310].

¿Por qué es importante todo esto? Bien sencillo, porque los escritos de este último período son los que han ejercido una gran influencia en el pensamiento de los Padres alejandrinos de la Iglesia, así como en el mismo san Agustín, considerado uno de los más grandes teólogos de la historia.

Una vez hecha la acotación anterior, el punto de partida de este estudio no puede ser otro que *Fedón*[311], el diálogo de Platón que gira alrededor del alma. Este es un diálogo que, aunque es escrito en la última etapa de su vida, surge en el contexto de la muerte de Sócrates, el gran maestro de Platón, que se ve obligado a tomar la cicuta después de una sentencia condenatoria. La muerte del maestro es el ambiente perfecto para filosofar sobre el *psyqué* o el alma. Lo que haremos a continuación es relacionar la

---

308. *Ibid.*, pp. 172-174.

309. Mathieu, B. «Le voyage de Platon en Égypte». *Annales du Service des Antiquités de l'Égypte* (ASAE) N. 71. 1987, pp. 153-167. En este artículo aparece una relación de los diferentes viajes del filósofo por Grecia, África, Italia, etc.

310. Para entender el pensamiento de Platón es de mucha utilidad leer el comentario que sobre sus escritos escribe Léon Robin, *Greek Thought and the origins of the scientific spirit*. Routledge. Great Britain. Ed. 1996, pp. 177 y ss.

311. Véase el discurso completo en Platón. *Diálogos de Platón*. Editorial Porrúa. México, 1978, pp. 387-432.

teología cristiana con la temática abordada en el diálogo de *Fedón*[312]. El primer punto para considerar es la definición de muerte que da Sócrates:

> —*¿No es, repuso Sócrates, la separación del alma y el cuerpo, de manera que el cuerpo queda solo de un lado y el alma sola de otro? ¿No es esto lo que se llama la muerte?*

En la teología cristiana se define a la muerte como la separación del alma del cuerpo. La siguiente cita nos amplia la creencia que Platón tenía del alma.

> ... *en la laguna Aquerusia*[313], *donde concurren la mayor parte de las almas de los muertos, que después de haber permanecido allí el tiempo que se les ha señalado, a unas más, a otras menos, son enviadas otra vez a este mundo para animar nuevos cuerpos...*[314]

Platón le da un nombre al lugar donde permanecen las almas: *la laguna de Aquerusia*. La frase *el tiempo que se les ha señalado...* es el reconocimiento tácito de la existencia de un ser que determina las cosas, y que en el cristianismo le llamamos Dios. La frase *enviada otra vez a este mundo* es el reconocimiento expreso que un alma puede interactuar en esta dimensión más de una vez; doctrina que no está acorde a la teología cristiana. La siguiente cita tiene que ver con la dicotomía entre cuerpo-alma.

312. Véase la introducción efectuada por los autores García Gual, Martínez Hernández y Lledó Iñigo que entre otras cosas apuntan lo siguiente: *El diálogo está presentado en un marco muy dramático. Sócrates, condenado a morir, entretiene sus últimas horas conversando con sus amigos sobre la inmortalidad. Si su tesis es cierta y queda probada, la terrible e inmediata circunstancia de su muerte, producida por el veneno ofrecido por el verdugo mientras se pone el sol en Atenas, es un episodio mucho menos doloroso. Será tan solo la separación de un cuerpo ya envejecido, que es un fardo para un auténtico filósofo que, en verdad, se ha preparado durante toda la vida para esa muerte como para una liberación. La pérdida del maestro será un enorme pesar para todos sus amigos, los presentes en la prisión junto a él en esa última jornada, y los ausentes, como el mismo Platón, que lo recordarán con inmensa nostalgia a lo largo de incontables años.* García Gual, C. Martínez Hernández, M. Lledó Iñigo, E. *Diálogos. Fedón, Banquete y Fedro*. Edit. Gredos. Madrid. 1988, p. 12.

313. Platón cree con respecto a los destinos del alma después de la vida que esta va al cielo o al infierno, según sus merecimientos o pecados, y aun se imagina en la laguna de *Aquerusia*, una especie de purgatorio, donde se purgan o expían los delitos y de donde sale el alma purificada para ir a los cielos. En suma, la doctrina platónica modificó profundamente el politeísmo de los griegos, pero no vino a destruirle. Valera, J. *Introducción a la historia de las religiones politeístas*. Establecimiento Tipográfico Estrada. Madrid. 1870, p. 189.

314. *Fedón. Op. cit.*, pp. 387 y ss.

...mientras tengamos nuestro cuerpo, y nuestra alma esté sumida en esta corrupción, jamás poseeremos el objeto de nuestros deseos; es decir, la verdad. En efecto, el cuerpo nos opone mil obstáculos por la necesidad en que estamos de alimentarle, y con esto y las enfermedades que sobrevienen, se turban nuestras indagaciones o que no se conozca nunca la verdad, o que se la conozca después de la muerte, porque entonces el alma, libre de esta carga, se pertenecerá a sí misma; pero mientras estemos en esta vida, no nos aproximaremos a la verdad, sino debido a nuestro alejamiento del cuerpo...[315]*

Aquí queda claro que el cuerpo es malo y corrupto y que por lo tanto impide que el alma alcance su realización. También nos dice que la muerte es el único medio de liberación. El siguiente punto nos habla de la inmortalidad del alma.

...pero que el alma vive después de la muerte del hombre, que obra, que piensa... preguntémonos, por lo pronto, si las almas de los muertos están o no en los infiernos. Según una opinión muy antigua, las almas, al abandonar este mundo, van a los infiernos, y desde allí vuelven al mundo y vuelven a la vida, ... — Y, por lo tanto, repuso Sócrates, nuestras almas están en los infiernos después de la muerte...[316]

El primer punto aquí es que el alma es inmortal[317]; punto que coincide con la teología cristiana. Lo segundo es que Platón llama *infiernos* al lugar donde residen las almas. Es importante señalar que el concepto infierno que tienen los griegos es diferente al que tiene el cristianismo. El último punto para tomar en cuenta es el hecho que las almas están en un constante ir y venir del infierno a la tierra. La siguiente cita es sumamente interesante pues nos muestra un punto en concordancia con la teología cristiana.

...que las almas de los muertos existen; que las almas buenas libran bien, y que las almas malas libran mal[318].

La segunda parte de la declaración es sumamente interesante porque hay un reconocimiento de buenos y malos y que dicha realidad genera conse-

315. *Íd.*

316. *Íd.*

317. Sobre el tema del alma en la filosofía de Platón se recomienda ver Solmsen, F. «Plato and the Concept of the Soul (Psyche): Some Historical Perspectives». *JHI*. Vol. 44. N. 3. 1983, pp. 355-67.

318. *Fedón. Op. cit.*, pp. 387 y ss.

cuencias. Esto está en completa consonancia con la teología cristiana que señala de una forma clara las consecuencias de vivir acorde al cristianismo o no. El siguiente pasaje revela uno de los puntos tradicionales del pensamiento griego en lo que se refiere a la relación alma-cuerpo[319].

...cuando el alma y el cuerpo están juntos, la naturaleza ordena que el uno obedezca y sea esclavo; y que el otro tenga el imperio y el mando. ¿Cuál de los dos te parece semejante a lo que es divino, y cuál a lo que es mortal? —Es evidente, Sócrates, que nuestra alma se parece a lo que es divino, y nuestro cuerpo a lo que es mortal[320].

Los griegos creían que el cuerpo era la prisión o la tumba del alma que se encontraba esclava de este. En este otro pasaje queda clarificado este punto de una mejor manera.

...al ver que su alma está verdaderamente ligada y pegada al cuerpo ... como a través de una prisión oscura, y no por sí misma, conocen perfectamente que la fuerza de este lazo corporal consiste en las pasiones, que hacen que el alma misma encadenada contribuya a apretar la ligadura[321].

La metáfora de una *prisión oscura* de Platón nos deja claro que el cuerpo mortal esclaviza al alma a la cual somete a una situación desagradable de la que necesita ser liberada.

Después de leer cuidadosamente el *Fedón* a la luz de la teología cristiana, solo puede haber una conclusión posible: Pablo está haciendo un *midrash* del pensamiento de Platón en Romanos 7, toda su argumentación desemboca en la siguiente pregunta: *miserable hombre de mí. ¿Quién me librará del cuerpo de esta muerte?* A continuación, veremos con mayor detalle este pasaje, solo que, a la inversa, a la luz del pensamiento de Platón.

...sabemos, en efecto, que la ley es espiritual. Pero yo soy meramente humano, y estoy vendido como esclavo al pecado. No entiendo lo que me pasa, pues no hago lo que quiero, sino lo que aborrezco. Ahora bien, si hago lo que no quie-

319. Según Pierre Courcelle En trois passages de ses œuvres, Platon se réfère à la doctrine selon laquelle le corps est un tombeau pour l' âme... [...en tres pasajes de sus obras, Platón se refiere a la doctrina según la cual el cuerpo es la tumba o el sepulcro del alma...]. Véase Courcelle, P. «Le corps-Tombeau». *REA*. Tome 68, 1966, n° 1-2. pp. 101-122.

320. *Fedón. Op. cit.*, pp. 387 y ss.

321. *Íd.*

ro, estoy de acuerdo en que la ley es buena; pero, en ese caso, ya no soy yo quien lo lleva a cabo, sino el pecado que habita en mí. Yo sé que, en mí, es decir, en mi naturaleza pecaminosa, nada bueno habita. Aunque deseo hacer lo bueno, no soy capaz de hacerlo. De hecho, no hago el bien que quiero, sino el mal que no quiero. Y, si hago lo que no quiero, ya no soy yo quien lo hace, sino el pecado que habita en mí. Así que descubro esta ley: que, cuando quiero hacer el bien, me acompaña el mal. Porque en lo íntimo de mi ser me deleito en la ley de Dios; pero me doy cuenta de que en los miembros de mi cuerpo hay otra ley, que es la ley del pecado. Esta ley lucha contra la ley de mi mente, y me tiene cautivo. ¡Soy un pobre miserable! ¿Quién me librará de este cuerpo mortal? ¡Gracias a Dios por medio de Jesucristo nuestro Señor! En conclusión, con la mente yo mismo me someto a la ley de Dios, pero mi naturaleza pecaminosa está sujeta a la ley del pecado[322].

En el *midrash* Pablo está introduciendo un elemento al pensamiento de Platón: *el pecado que mora en mí*. En la filosofía griega tal concepto no existe, es decir, en ningún escrito se habla de la naturaleza de pecado. En este pasaje hay una alusión directa a esa naturaleza cuando Pablo declara …*Yo sé que, en mí, es decir, en mi naturaleza pecaminosa, nada bueno habita*… esta es una declaración novedosa, porque no es el cuerpo *per se* el malo, sino la naturaleza pecaminosa, esa que se tiene por el hecho mismo de pertenecer a la raza humana; que es solidaria con el pecado de Adán según explica el mismo Pablo en Romanos 5. La naturaleza pecaminosa se vale del cuerpo mortal para ¿cometer actos repugnables que laceran el espíritu del hombre.

La aseveración *Porque en lo íntimo de mi ser me deleito en la ley de Dios; pero me doy cuenta de que en los miembros de mi cuerpo hay otra ley, que es la ley del pecado*… es una referencia a la naturaleza que tenemos y que nos lleva a reconocer lo siguiente: *¡Soy un pobre miserable!*, y en consecuencia a hacernos la pregunta: ¿*Quién me librará de este cuerpo mortal?* La única respuesta es la muerte, es decir, la misma respuesta que se da en el *Fedón mutatis mutandis*.

En resumen, el *Fedón* nos dice que el cuerpo es malo y que este sirve de cárcel o prisión para el alma que solo podrá ser liberada por la muerte. Pablo sigue el mismo razonamiento e introduce un nuevo elemento al diálogo; la naturaleza de pecado o pecado innato como es también llamado en la teología cristiana y es esta naturaleza la que obliga al alma a desear lo que no se debe desear: el mal… *porque en lo íntimo de mi ser me deleito en la ley de Dios; pero*… el discurso acaba con una declaración que no existe en la filosofía griega: *¡Gracias a Dios por medio de Jesucristo nuestro Señor!* La figura de Jesucristo modifica la atmósfera de muerte por una de esperanza.

El siguiente tema que trata en el *Fedón* es el destino de las almas.

322. Romanos 7:14-25.

—Y las almas, que solo han amado la injusticia, la tiranía y las rapiñas, van a animar cuerpos de lobos, de gavilanes, de halcones. Almas de tales condiciones, ¿pueden ir a otra parte? ... y los más dichosos, cuyas almas van a un lugar más agradable, ¿no son aquellos que siempre han ejercitado esta virtud social y civil que se llama templanza y justicia, a la que se han amoldado...[323]

Pareciera que está hablando de transmigración de almas, sin embargo, la expresión *va a un lugar más agradable* podría referirse más bien a un lenguaje figurado. Lo que sí está claro es que se reconoce un lugar para las almas buenas y otro para las malas. En la teología cristiana equivale a la dicotomía cielo-infierno. El siguiente punto es interesante porque nos muestra el concepto de filosofía que tenía Platón.

Conocen también que la filosofía, al apoderarse del alma en tal estado, la consuela dulcemente e intenta desligarla, haciéndola ver que los ojos del cuerpo sufren numerosas ilusiones... el alma del verdadero filósofo... renuncia, en cuanto le es posible, a los placeres, a los deseos, a las tristezas, a los temores, porque sabe que, después de los grandes placeres... no solo se experimentan los males sensibles, que todo el mundo conoce, como las enfermedades o la pérdida de bienes, sino el más grande y el íntimo de todos los males...

En este pasaje se puede ver a la filosofía al mismo nivel que la teología pues asegura que *consuela dulcemente e intenta desligarla...* y que el *verdadero filósofo... renuncia, en cuanto le es posible, a los placeres...* aquí el filósofo sería el cristiano, que observa una conducta para que su alma sea liberada de las ruindades del mundo que la sujeta. Para terminar con este ejercicio, es muy interesante lo que nos dice Platón.

...es absolutamente necesario que el que va a morir tema por su alma, y tema que ella va a perecer en la próxima separación del cuerpo.

El temor por el alma es parte de lo que nos hace adoptar el cristianismo como una forma de vida, porque creemos que *...de qué le sirve al hombre ganar todo el mundo y perder su alma...* así que el pensamiento griego en relación con *...hay necesidad de cuidarla, no solo durante la vida, sino también para el tiempo que viene después de la muerte...* está acorde con el pensamiento teológico cristiano.

Al leer Fedón y la segunda carta de Pablo a los Corintios con un intervalo de 400 años la una de la otra, encontramos que las semejanzas son

323. *Fedón. Op. cit.*, pp. 387 y ss.

enormes y tal pareciera que el uno es un *midrash* del otro. Veamos que dice Pablo.

> ... *pero tenemos este tesoro en vasos de barro, para que la excelencia del poder sea de Dios, y no de nosotros, que estamos atribulados en todo, mas no angustiados; en apuros, mas no desesperados... llevando en el cuerpo siempre por todas partes la muerte de Jesús, para que también la vida de Jesús se manifieste en nuestros cuerpos. Porque nosotros que vivimos, siempre estamos entregados a muerte por causa de Jesús, para que también la vida de Jesús se manifieste en nuestra carne mortal. De manera que la muerte actúa en nosotros, y en vosotros la vida.*

> ... *sabiendo que el que resucitó al Señor Jesús, a nosotros también nos resucitará con Jesús, y nos presentará juntamente con vosotros... Por tanto, no desmayamos; antes, aunque este nuestro hombre exterior se va desgastando, el interior no obstante se renueva de día en día. Porque esta leve tribulación momentánea produce en nosotros un cada vez más excelente y eterno peso de gloria; no mirando nosotros las cosas que se ven, sino las que no se ven; pues las cosas que se ven son temporales, pero las que no se ven son eternas.*

> ... *porque sabemos que si nuestra morada terrestre, este tabernáculo, se deshiciere, tenemos de Dios un edificio, una casa no hecha de manos, eterna, en los cielos. Y por esto también gemimos, deseando ser revestidos de aquella nuestra habitación celestial; pues así seremos hallados vestidos, y no desnudos. Porque asimismo los que estamos en este tabernáculo gemimos con angustia; porque no quisiéramos ser desnudados, sino revestidos, para que lo mortal sea absorbido por la vida. Mas el que nos hizo para esto mismo es Dios, quien nos ha dado las arras del Espíritu.*

> *Así que vivimos confiados siempre, y sabiendo que entre tanto que estamos en el cuerpo, estamos ausentes del Señor (porque por fe andamos, no por vista); pero confiamos, y más quisiéramos estar ausentes del cuerpo, y presentes al Señor. Por tanto, procuramos también, o ausentes o presentes, serle agradables. Porque es necesario que todos nosotros comparezcamos ante el tribunal de Cristo, para que cada uno reciba según lo que haya hecho mientras estaba en el cuerpo, sea bueno o sea malo[324].*

La gran diferencia entre el discurso de Platón y Pablo es la inclusión de la figura de Jesús en la ecuación. Ese solo hecho redimensiona *ipso facto* todo

---

324. 2 de Corintios 4:7 – 5:10.

el tema del alma y el cuerpo. Genera esperanza, le da sentido a la vida, emociona al ser humano y le da una plataforma sólida para vivir la vida como corresponde. Sobre el cuerpo afirma que es un vaso de barro que muestra la excelencia del poder de Dios, que la vida de Jesús se manifiesta en nuestro cuerpo mortal, asegura que Jesús nos resucitará trayendo una paz inefable al alma. Hace una dicotomía esperanzadora, el cuerpo se envejece y se vuelve decrepito, el alma se rejuvenece, se revitaliza. Señala que las vicisitudes que padecemos en el cuerpo producen un eterno peso de gloria, aun cuando sabemos que este cuerpo va a caducar tenemos una casa hecha no de manos, eterna, en los cielos. Por lo tanto, vivimos confiados a tal punto que cuando alcanzamos esta madurez quisiéramos estar ausentes del cuerpo y presentes al Señor.

Al ser Pablo un teólogo que hablaba y pensaba en griego, es obvio que conocía la dicotomía cuerpo–alma, así que el pasaje de 2 de Corintios que acabamos de analizar es un magnífico *midrash* de la filosofía griega sobre este tema. Es espectacular ver como incluir a Jesús en la ecuación modifica el pensamiento y pone en una dimensión de esperanza, optimismo y expectativa que le da propósito a la vida del ser humano.

Los dos ejemplos del apóstol Pablo que acabamos de dar, de cómo este parte de la filosofía griega para hacer sendos *midrash* de la dicotomía cuerpo–alma poniendo a Jesucristo como el centro del discurso son una demostración palmaria de la influencia del pensamiento platónico en la pluma de este gran hombre.

7.2 El neoplatonismo

El neoplatonismo[325] es una corriente de pensamiento influenciada directamente por la filosofía de Platón, pero que se distanció en algunos presupuestos ideológicos que dejó al neoplatonismo como una filosofía independiente. El profesor de filosofía Johannes Hirschberger señala que *el neoplatonismo no es solo filosofía sino religión… el impulso religioso en el pensar filosófico… fue especialmente por Filón…*[326] El fundador de esta corriente

---

325. Sobre este tema se recomienda Alsina Clota, J. *El neoplatonismo: síntesis del espiritualismo antiguo.* Edit. Antropos. Barcelona. 1989. Este libro se puede considerar como una teoría general sobre el tema. También es útil Corrigan, K. *Reading Plotinus. A practical introduction to Neoplatonism.* Pardue University Press. USA. 2004. Gagnebin, C. «La pensée de Plotin, une philosophie de la vie spirituelle». *RTEDP.* Vol. 14, N. 2. 1964, pp. 84-95.

326. Hirschberger, J, *Breve historia de la Filosofía Op. cit.* pp. 77-8.

filosófica fue *Plotino*[327] quien efectuó una exégesis de la obra de Platón mucha más avanzada que la que había realizado Filón siglos antes.

La importancia de esta síntesis filosófica es la mezcla que *Plotino* hace de la filosofía platónica y teología cristiana, *v.g.* la estructura teológica donde miraba al universo como el resultado de una serie de emanaciones de una realidad eterna e inmaterial al que él llamó *Uno* y que san Agustín identifica con Dios. Del *Uno* surge el *Nous* de la cual emana el *Alma.* Sobre esta tríada el profesor Ropero indica: *las ideas de Plotino influyeron, como se puede apreciar en las explicaciones ortodoxas de la Trinidad cristiana*[328]. *Plotino,* al igual que Platón creía en que el cuerpo es la prisión del alma[329] y su propósito es retornar al *Uno* por medio de una vida llena de virtud. Aquí *Plotino* se aparta de Platón que creía que *las almas están encerradas en el cuerpo como pago de una pena por los males cometidos en vidas anteriores, por lo que deben cumplir enteramente el castigo al que han sido condenadas*[330]. Plotino está diciendo que el alma a través de la virtud puede liberarse del cuerpo y retornar al *Uno* que en este caso es Dios. Esto último tiene más sentido para la teología cristiana.

7.2.1 *La obra de Plotino*

La obra de Plotino se encierra en una colección de seis tomos a los cuales se les llama Enéadas porque cada uno de ellos contiene nueve tratados o temas diferentes. Las Enéadas son la interpretación de las doctrinas de Platón y fue una recopilación y edición hecha por Porfirio, uno de los discípulos de Plotino. Con este trabajo queda fundamentada esta corriente filosófica que se llamó neoplatonismo.

327. La biografía de Plotino puede ser vista en Quiles, I. *Plotino, el alma, la belleza y la contemplación.* Ediciones DePalma, 3ª ed. Buenos Aires. 1987, pp. 3-10. Plotino vivió entre 205 y 270; nació en Lycópolis, en Egipto, pero era, sin lugar a duda, ciudadano romano. Su formación, su cultura y su cosmovisión son helénicas, y su lengua, el griego. A los veintiocho años se interesó por la filosofía e ingresó en la escuela de Ammonio Sakkas en Alejandría; en ella permaneció diez años, hasta que se unió a la expedición de Gordiano III contra los persas, con la finalidad de conocer la filosofía oriental. Gordiano fue derrotado por Sapor; Plotino escapó y llegó a Roma donde abrió una escuela. Asistían alumnos famosos: Porfirio, Eustoquio, Amelio, el pretor Rogaciano, así como el emperador Galieno y su mujer.

328. Ropero, A. *Introducción a la Filosofía. Op. cit.,* p. 147.

329. Esta creencia la vamos a encontrar en el diálogo de Fedón cuando Platón filosofaba con Sócrates en las últimas horas de este último antes de enfrentar la muerte. Véase Platón. *Diálogos de Platón. Op. cit.,* pp. 387 y ss. Para una exégesis detallada sobre el tema se recomienda altamente Casadesús Bordoy, E. «Liberar el alma del cuerpo–prisión: la función de la verdadera filosofía». *Archai.* N. 17. Mayo–junio. 2016, pp. 173 y ss.

330. *Ibid.,* p. 176.

Enéada I

Sobre el animal y el hombre, y su distinción; sobre las virtudes; sobre la dialéctica; sobre la felicidad; sobre la belleza; sobre el primer bien y los otros bienes; sobre el origen del mal y sobre el suicidio[331]. Cronológicamente es el penúltimo, fue escrito por Plotino en el último año de su vida. Porfirio lo colocó el primero de todos basándose, probablemente, en que la verdadera filosofía debe comenzar por el conocimiento de sí mismo. Este tratado es, en efecto, la última palabra de Plotino sobre el hombre, una brillante síntesis de la nueva antropología elaborada a lo largo de los tratados de las etapas media y tardía. Partiendo del examen crítico del sujeto de los fenómenos de la vida sensitivo-afectiva, moral e intelectiva, el hombre se nos presenta, en I, como un conjunto unitario de tres niveles superpuestos: el ínfimo, por el que el hombre es bestia; el medio, por el que el hombre es específicamente hombre; y el supremo, por el que el hombre, participando en las dos primeras hipóstasis, se transciende a sí mismo[332].

Enéada II

Plotino se alinea decididamente con los partidarios de la eternidad del cosmos en el sentido de duración en el tiempo sin comienzo ni fin. Hasta aquí coincide con Aristóteles a diferencia de platónicos como Plutarco y Ático, que originaban el mundo en el tiempo, y frente a los estoicos, que lo reeditaban indefinidamente. Plotonio establece dos concausas del origen del cosmos: (1) como causa principal, el alma del cielo, y (2) como causa subordinada, el cuerpo del cielo, que, aunque corruptible de suyo, es incorruptible de hecho porque consta de solo fuego y porque el fuego de que consta es de excepcional calidad: brilla, pero no arde, ni se desgasta, ni es vulnerable ni quema combustible[333].

Enéada III

Este libro[334] versa sobre la fatalidad; la providencia; sobre el amor; sobre la eternidad y el tiempo; sobre la naturaleza; sobre la contemplación y sobre el *Uno*. El autor se enfrenta con el determinismo en sus diversas modalida-

331. Véase Plotino. *Enéada*. Tomo I. Traducción Jesús Igal. Edit. Planeta de Agostini. Buenos Aires. 1996.

332. *Ibid.*, p. 8.

333. Plotino. *Enéada*. Tomo I y II. Traducción Jesús Igal. Edit. Gredos. Madrid. 1982, pp. 339-340.

334. Véase Plotino. *Enéada*. Tomo III y IV. Traducción Jesús Igal. Edit. Gredos. Madrid. 1985.

des: el físico-mecánico de los atomistas y el de Empédocles, el astrológico, tan en boga en su tiempo, y el psicofísico de los estoicos; y este último en dos versiones: el radical de Zenón y el mitigado de Crisipo, que intentaba conciliar la existencia de la fatalidad con la del albedrío. Además de los argumentos específicos que Plotino esgrime contra cada una de estas concepciones, la objeción que opone en común contra todas ellas es que, al desconocer la existencia del libre albedrío o al no explicarlo satisfactoriamente, anulan al hombre reduciéndolo a un autómata, un mero conglomerado de átomos, una marioneta de los astros o, en el mejor de los casos, un ser natural y animado pero irracional. Plotino, por su parte, admite la existencia de la fatalidad, la concatenación causal, la adivinación por los astros y, con las debidas reservas, el influjo astral. Pero se niega a identificar la fatalidad con el alma, que es un principio transcendente, no solo la del cosmos, sino también la individual[335].

Enéada IV

Este cuarto libro versa sobre la esencia del alma; problemas acerca del alma; sobre la percepción y la memoria; sobre la inmortalidad del alma. Concebido por el mismo Plotino como una investigación ulterior sobre la esencia del alma mediante la utilización de un nuevo método. Plotino desembocaba en la tesis platónica de que el alma ni es un cuerpo ni depende del cuerpo, sino que es una sustancia transcendente, simple, inmortal, ingénita e imperecedera. Con ello, el ser del alma quedaba netamente diferenciado del ser corruptible del cuerpo. Plotino diferencia el Ser supremo (la inteligencia) que es solamente uno, es decir, absolutamente indiviso; 2) el alma es una y múltiple, es decir, primariamente indivisa y secundariamente divisible; 3) las cualidades somáticas son múltiples y unas, es decir, primariamente divisibles y secundariamente indivisas; 4) los cuerpos son solamente múltiples, es decir, absolutamente divisibles[336].

Enéada V

Plotino afirma la existencia de tres hipóstasis fundamentales[337]: por encima de todo, incluso por encima del ser y de toda idea, hay el *Uno* Absoluto (inspirado en el *bien* platónico), que es la primera de las tres *hipóstasis* divinas, el punto de partida de la *procesión* a la que se refiere Plotino en sus

335. *Ibid.*, pp. 17-18.

336. *Ibid.*, pp. 281-282.

337. Véase Plotino en la Enciclopedia Herder https://encyclopaedia.herdereditorial.com/wiki/Autor:Plotino. Visto el 30 de septiembre del 2022.

escritos. Lo *Uno* tiende a expandir su propio ser, que irradia como una fuente de luz o de calor. Esta expansión o emanación no es, pues, en nada semejante a la noción judeocristiana de creación, sino que la concibe como irradiación necesaria del *Uno* entendido como único principio de realidad. Este *Uno* perfecto es inefable e indefinible, porque es tanto no-ser como ser más allá del ser, y carente de toda determinación finita.

Según Plotino, el *Uno* engendra la *segunda hipóstasis*: el *Logos*, Intelecto o *Nous*, cuya principal característica es conocerse a sí mismo y, en este sentido, ya no es lo *Uno*, sino que supone la dualidad entre lo inteligible y la inteligencia. A diferencia de Platón, Plotino afirma que las ideas, lo inteligible, no le son superiores, ni tampoco exteriores. En efecto, las ideas forman una unidad con el intelecto, que se auto descubre examinándolas, siendo radicalmente uno-múltiple.

La *tercera hipóstasis* es el Alma, que es fundamentalmente activa. El Alma transmite lo inteligible a lo sensible y, a su vez, vincula lo sensible no solo con lo inteligible sino con lo *Uno*. En esta vinculación con lo sensible, Plotino insiste en la noción de *materia inteligible*, ya que para él la materia no se limita a formar el mundo sensible, sino que es el principio que permite la introducción de la multiplicidad en la unidad. En el alma se distinguen dos partes: la parte superior que reside en lo eterno y la parte inferior, que es la que genera las cosas sensibles. Por tanto, es en el alma donde la eternidad se transforma en tiempo.

Enéada VI

Aquí Plotino[338] asegura que la omnipresencia del ser real parte de la experiencia del hombre, que es un alma en un cuerpo. Comienza de nuevo a partir de la conciencia común del hombre de la presencia de Dios. Plotino explica con más fuerza y viveza lo que significa el ser incorpóreo y cómo un ser divino incorpóreo, que es plenitud de vida y pensamiento, tiene que estar presente inmediatamente y como totalidad en todos y cada uno de los seres en cualquier momento de la difusión y dispersión del espacio y tiempo. Por razón de su concentración en este tema principal, Plotino no expone demasiadas cosas sobre las distinciones entre las hipóstasis divinas, el alma, entendimiento, el *Uno* o Dios. No siempre se define con claridad el límite entre el alma y entendimiento en las *Enéadas,* pero no resulta extraño dado el poco relieve que se ha de poner en la transcendencia del *Uno* o Dios.

---

338. Véase Plotino. *Enéada*. Tomo V y VI. Traducción Jesús Igal. Edit. Gredos. Madrid. 1998, pp. 324-325.

La finalidad última de la obra, como sucede con frecuencia en Plotino, no es resolver problemas o explicar una doctrina sino más bien mover a sus lectores para que busquen la salvación y la liberación.

7.2.2 *Análisis crítico de la obra de Plotino*

El estudio de la monumental obra de Plotino confirma que este tipo de reflexiones filosóficas-teológicas no podían salir del pensamiento rabínico de Israel; el centro del universo sobre el cual giraba su pensamiento era la Torá y todo aquello que se relacionaba con ella. El filosofar sobre el cosmos, el alma, la inmortalidad del alma, la relación entre Dios y el alma, la trascendencia y la inmanencia eran temas vedados para los judíos, fueron los griegos los que iniciaron el diálogo, por eso ellos son considerados como los pioneros del pensamiento que moldeó la civilización occidental. Platón fue el caldo de cultivo a través de sus célebres diálogos que fueron analizados e interpretados por personajes como Filón de Alejandría, pero al no existir en su tiempo la teología cristiana, se quedó corto en su trabajo. Así que fue Plotino quien hizo la simbiosis entre la filosofía de Platón plasmada en diálogos como Fedón, Fedro y Timeo y la teología cristiana. De esta manera surgió no solamente el neoplatonismo, sino el fundamento para que hombres como san Agustín desarrollaran este pensamiento y lo llevaran a otro nivel.

A manera de ejemplo, en la Enéada III habla del *fatalismo vs. libre albedrío* que es una reflexión de Platón en la república[339], como en otros de sus diálogos, pero que también es desarrollada por la escuela estoica. Es Plotonio quien hace la simbiosis con la teología cristiana y sienta las bases para el desarrollo de la teología de Agustín de Hipona, quien en su controversia con el monje Morgan Pelagio sienta las bases para que Juan Calvino inmortalizara la teología de la predestinación en *De la predestinación eterna de Dios* escrito en 1552[340].

---

339. Platón argumenta en *La república* que aun dentro del ciclo de reencarnaciones, el dios no es la causa de los males de cada uno ni de la elección que cada persona haga de su estilo de vida. Véase Boeri, M. «Determinismo, responsabilidad y acción en el estoicismo». *Sobre responsabilidade*. Edit. Dissertatio. Brasil. 2014, pp. 91-92. En esta misma ponencia el autor desarrolla la postura estoica sobre el fatalismo, donde se afirma que el futuro está fijado de antemano en el sentido que lo que tiene que suceder, sucederá... pp. 98 y ss.

340. Calvino J. *La predestinación y la providencia de Dios*. Edit. Clir. Costa Rica. 2008. Esta es una versión más completa de la teología de la predestinación de Juan Calvino. El capítulo III lo dedica a explorar el testimonio de Agustín de Hipona. Estableciendo de esta manera la relación.

Lo anterior es un ejemplo sencillo de como el pensamiento griego sirve de base para el desarrollo de la teología cristiana. Por supuesto que es un proceso y debe pasar por diversas plumas en diferentes épocas y contextos hasta que podemos tener una teología depurada. Como este ejemplo muchísimos otros, sin embargo, este es más que suficiente para demostrar como el trabajo de Plotino ha servido de catalizador para la cristalización de una teología cristiana y aunque Plotino desarrolló toda su obra en Roma, su formación fue en Alejandría, la meca del conocimiento y la cuna de la Biblia y la teología cristiana.

7.3 Conceptos filosóficos griegos en el libro de Juan

En el evangelio de Juan encontramos una serie de conceptos que vienen de la filosofía griega y que son redimensionados por el redactor de estos escritos atribuidos al apóstol Juan. A continuación, será objeto de estudio dos de ellos.

7.3.1 El logos

Uno de los conceptos teológicos más conocidos en el cristianismo es *logos*, que viene directamente del pensamiento griego y que es de suma importancia entender su evolución diacrónica hasta llegarlo a identificar con la deidad. Para empezar, hay que señalar que el primer filósofo en mencionar la palabra *logos* fue Heráclito (544–484 a. C.) y lo utilizó para designar las leyes universales del mundo; leyes que están sujetas a toda contradicción y dialéctica[341]. En cambio, para los estoicos *logos* era la razón, en tal sentido se expresa el Prof. Martínez:

> *Es así como la física estoica aboca [se acerca] en una teología, y como al significado de razón cósmica que toma el logos en la filosofía de la naturaleza, se le puede añadir el de razón divina; con lo que se establece una jerarquización de niveles, siendo el fundamental el logos divino. No es extraño pues, que se abra una corriente que llegará hasta el cristianismo en la que aparecen algunos aspectos del estoicismo, cuando se habla de la razón divina —que los cristianos entenderán como Verbum—, según se manifiesta en Filón de Alejandría, para quien el logos llega a ser ante todo la palabra divina que revela Dios al alma y apacigua las pasiones[342].*

341. Hirschberger, J, *Breve historia de la Filosofía. Op. cit.* p. 19.

342. Martínez, J. «Logos estoico y verbum cristiano. Apuntes para una historia de la Razón». *ASM.* Universidad Complutense de Madrid. N. 25. 1991, p. 109.

En esencia, los estoicos hablaban del *logos* como una *razón cósmica* y como una *razón divina* y fue Filón quien identificó la *razón divina* de los estoicos con la Palabra de Dios. En el latín, *logos* fue traducido como *verbum* y se utilizó para significar la Palabra de Dios. Mientras en la filosofía estoica *razón divina* es un concepto inmanente, disperso y difuso, en el cristianismo el *logos* o *verbum* en latín es trascendente, es una persona divina, es la segunda persona de la Trinidad, es la palabra viva entre los hombres, que se encarna, que toma figura de aquellos que viene a visitar, es Jesucristo, el Dios–Hombre[343].

La persona que redactó el evangelio de Juan sabía perfectamente lo que estaba haciendo cuando usó la palabra *logos* en lugar de cualquiera de los términos hebreos que pudo haber usado. Él escribió: Ἐν ἀρχῇ ἦν ὁ λόγος, καὶ ὁ λόγος ἦν πρὸς τὸν θεόν, καὶ θεὸς ἦν ὁ λόγος que se traduce: En el principio era el *logos*, y el *logos* estaba con Dios y el *logos* era Dios. El uso del término griego y su nueva conceptualización es un testimonio elocuente de la universalización del evangelio en consonancia perfecta con el mandato de que este trascendiera a todas las etnias de la tierra y la única forma de hacerlo era usando el contexto lingüístico, cultural y filosófico del helenismo. En la Vulgata este pasaje se tradujo: *In principio erat Verbum, et Verbum erat apud Deum, et Deus erat Verbum*. *Logos* se tradujo como *Verbum*; palabra que es la que se utiliza en la Reina Valera: *en el principio era el Verbo...*, sin embargo, en la versión francesa de Luis Segundo de la Sociedad Bíblica se traduce *logos* como *palabra*: *Au commencement était la Parole, et la Parole était avec Dieu, et la Parole était Dieu*. En este mismo sentido se traduce en la versión inglesa del rey Jaime: *In the beginning was the Word, and the Word was with God, and the Word was God*. En resumen, lo cierto es que no importa tanto el término que se use en la traducción siempre y cuando explique de la mejor manera lo que significa, pero también es cierto que solamente el entendimiento del *sitz im leben* filosófico de esta palabra nos permitirá entender que es el *logos* en toda su dimensión.

7.3.2 La *aletheia*

Otro de los conceptos impregnados en el evangelio de Juan es el de ἀλήθεια (verdad) que lo vemos en contextos importantes del relato. Para los griegos la verdad hay de descubrirla porque es algo que está oculto o escondido a diferencia de lo *pseudo* o falso que es el desarrollo del acto de ocultar la verdad[344]. Así que cuando se piensa en la verdad en la cultura griega se estará reflexionando en lo que las cosas son y solo secundaria-

---

343. *Ibid.*, p. 111.

344. Cfr. Marías, J. *Introducción a la filosofía*. Edit. Alianza. Madrid. 1985, pp. 93-94.

mente en lo que se dice de la cosa. En el pensamiento hebreo, la verdad tiene una connotación diferente y nada mejor que las palabras de Miguel Ángel Núñez para aclararnos esto:

> ...la verdad en la conceptualización hebrea encierra un aspecto personal: se trata de la verdad en el sentido de la confianza; el Dios verdadero es, fundamentalmente, el que cumple lo que promete... la expresión hebrea es alusiva fundamentalmente al futuro. La voz emet remite pues al cumplimiento, a algo que se espera y que será. Para el hebreo la verdad no es algo que esté ya plenamente concluido y que posea un valor desconectado del tiempo; por el contrario, va aconteciendo y se gesta de manera permanente[345].

De manera que cuando leemos en el Antiguo Testamento: ...entonces invocad el nombre de vuestro dios, y yo invocaré el nombre del Señor; y el Dios que responda por fuego, ese es Dios[346], comprendemos mejor las palabras del profesor Núñez, la verdad pertenece a aquel que cumple lo que promete es algo que acontece y se gesta de manera permanente.

Así que cuando leemos: καὶ γνώσεσθε τὴν ἀλήθειαν, καὶ ἡ ἀλήθεια ἐλευθερώσει ὑμᾶς [y conoceréis la verdad y la verdad os hará libres...] nos está poniendo en un proceso en el cual el hombre debe estudiar o escudriñar o experimentar para poder descubrir la verdad. Al hacer un estudio de la historia de la filosofía nos vamos a dar cuenta que desde Thales de Mileto hasta el último de los filósofos busca la verdad, de ahí surgen las escuelas con pensamientos que las caracterizan y que para ellos es la verdad, el detalle es que en la filosofía siempre habrá otro filósofo y por lo tanto otra escuela que presentará una verdad. No necesariamente que las escuelas de pensamiento no digan la verdad, ellos nos presentan, en algunos casos pequeños ángulos de la verdad, no la verdad completa, y eso lo vemos bien reflejado en la evolución del pensamiento humano. Cuando Jesucristo dice: Ἐγώ εἰμι ἡ ὁδὸς καὶ ἡ ἀλήθεια καὶ ἡ ζωή οὐδεὶς ἔρχεται πρὸς τὸν πατέρα εἰ μὴ δί ἐμοῦ [Yo soy el camino, la verdad y la vida nadie viene al padre sino por mí], nos está diciendo algo extremadamente poderoso, extraordinario, único, nos está diciendo, no hay que seguir buscando la verdad, yo soy. No existe un registro en la historia de tanto atrevimiento y de semejante declaración: yo soy... eso solo lo podía decir o un demente o la deidad misma, empero nosotros ...sabemos que el Hijo de Dios ha venido,

---

345. Núñez, M. A. «El concepto verdad en sus dimensiones griega y hebrea». *Andrew University Press*. Vol. 35. N. 1. 1997, p. 55.

346. 1 de Reyes 18:24.

y nos ha dado entendimiento para conocer al que es verdadero; y estamos en el verdadero, en su Hijo Jesucristo. Este es el verdadero Dios, y la vida eterna[347].

Los estoicos por ejemplo hablaban de la virtud, la abstención como el camino a la felicidad, los epicúreos hablaban del placer y todo lo que esto representaba para ellos como el camino a la felicidad. Luego viene Jesús y nos dice *yo soy* el ὁδὸς [el camino] y luego la ἀλήθεια [la verdad]. En otras palabras, el que llega a descubrirme, a entender la esencia de lo que predico y lo abraza como un estilo de vida, esa persona habrá encontrado la ἀλήθεια y por ende la ζωή que al final es la idea del pensamiento griego.

En definitiva, ἀλήθεια [verdad] en los escritos de Juan tiene impregnada la concepción griega y no es para menos, estos relatos fueron escritos hacia el final del siglo primero cuando el divorcio entre el judaísmo y el cristianismo se había consumado y este último estaba en una campaña agresiva de proselitismo que lo llevó hasta los últimos confines del Imperio romano.

7.4 La influencia del concepto griego de infierno en la Biblia

El concepto infierno como se lee en el Nuevo Testamento y se entiende en la teología cristiana no siempre fue así. El mismo ha sufrido una evolución en el tiempo hasta consolidarse como se cree y se enseña el día de hoy. El origen del infierno se remonta a la época en la que los judíos hablaban del *sheol* que para ellos era el lugar de los muertos. En el momento que se comenzó a hablar de la salvación había que hablar de su antítesis que es la perdición. Es en ese momento cuando *sheol* ya no solo es el lugar de los muertos sino el lugar a donde van los impíos.

Sabemos por el desarrollo de este trabajo de investigación que cuando el judaísmo entró en contacto con el helenismo este ejerció una influencia en todos los órdenes. El concepto *infierno* no fue la excepción, así que cuando leemos el Nuevo Testamento lo vemos salpicado de la filosofía griega y en este caso específico de un concepto mitológico que será objeto de estudio a continuación.

7.4.1 *El tártaro*

El tártaro es una palabra griega que se traduce al castellano como infierno. En la mitología griega el tártaro era un lugar de tormento ubicado más

---

347. 1 de Juan 5:20.

profundo aún que el *hades,* en las entrañas mismas del inframundo[348]. Era el lugar de los muertos, sobre todo de los condenados quienes eran guardados por gigantes de enormes cabezas y cientos de brazos llamados *hecatónquiros.*

En el diálogo *Fedón* de Platón se hace alusión en reiteradas ocasiones a este lugar donde van las almas a purgar un castigo. En una de ellas se lee lo siguiente:

> *En cambio, los que se estima que son irremediables a causa de la magnitud de sus crímenes, ya sea porque cometieron numerosos y enormes sacrilegios o asesinatos injustos e ilegales en abundancia, y cualquier tipo de crímenes por el estilo, a esos el destino que les corresponde los arroja al tártaro, de donde nunca saldrán. Y los que parece que han cometido pecados grandes, pero curables, como por ejemplo atropellar brutalmente en actos de ira a su padre o su madre, y luego han vivido con remordimiento el resto de su vida, o que se han hecho homicidas en algún otro proceso semejante, esto es necesario que sean arrojados al tártaro...*[349]

La cita anterior no deja lugar a dudas que los griegos creían en un lugar de castigo donde iban a dar las almas de todas aquellas personas que habían vivido de forma errada en esta vida. Ahora el objeto de toda esta perorata no es discurrir sobre lo que los griegos creían sobre el infierno sino como este concepto influencia a los redactores de la Biblia y por ende de la teología cristiana.

En la carta de 2 de Pedro 2:4 leemos: Εἰ γὰρ ὁ θεὸς ἀγγέλων ἁμαρτησάντων οὐκ ἐφείσατο, ἀλλὰ σιραῖς ζόφου **ταρταρώσας** παρέδωκεν εἰς κρίσιν τηρουμένους, que se traduce: si Dios no perdonó a los ángeles que pecaron, sino que arrojándolos al *infierno* los entregó a prisiones de oscuridad, para ser reservados al juicio (la palabra griega que se utiliza en este pasaje es tártaro y se traduce por infierno).

---

348. El mito decía que debajo de la tierra estaba *tártaros,* donde los titanes estaban confinados, era un vasto, y nebuloso reino de oscuridad. Entre la tierra y el *tártaro* estaba el inframundo conocido como el reino del *hades,* el gobernador de los muertos. La entrada a este reino estaba custodiada por Cerberos, el perro de tres cabezas. Una vez que los espíritus difuntos pasaban, ellos tenían que ser cruzados por el río Estigia por Caronte, mejor conocido como el barquero del *hades.* El lugar era una caverna lúgubre y triste donde los muertos gradualmente se desvanecían en la nada. Cliffs Notes. *Mythology.* C.K. Hillegass. USA.1973, p. 48.

349. García Gual, C., Martínez Hernández, M. Lledó Iñigo, E. *Diálogos. Fedón, Banquete y Fedro. Op. cit.,* p. 134.

Lo primero que hay que señalar es que el redactor de esta carta está haciendo una cita de un pseudoepígrafe del período intertestamentario[350]. Lo segundo es que los cristianos identificaban el tártaro de la mitología griega con el concepto infierno que se tiene el día de hoy. Lo tercero es más bien una pregunta: ¿por qué el redactor cita un texto pseudoepígrafe con un concepto que surge de la mitología griega? ¿Acaso el infierno es algo mitológico? Dar una respuesta certera sobre este tema rebasa los límites de esta investigación, nuestro cometido aquí es demostrar como el pensamiento griego influenció al cristianismo.

7.4.2 El hades

La otra palabra que usan los redactores del Nuevo Testamento para infierno es ᾅδου que se traduce *hades*[351] y que es común encontrarla[352]. Por ejemplo, en Mateo 16:18: κἀγὼ δέ σοι λέγω ὅτι σὺ εἶ Πέτρος, καὶ ἐπὶ ταύτῃ τῇ πέτρᾳ οἰκοδομήσω μου τὴν ἐκκλησίαν, καὶ πύλαι ᾅδου οὐ κατισχύσουσιν αὐτῆς. [Y yo también te digo, que tú eres Pedro, y sobre esta roca edificaré mi iglesia; y las puertas del *hades* no prevalecerán contra ella]. Aquí el traductor simplemente transliteró la palabra griega. La Nueva Versión Internacional tradujo *hades* como *reino de la muerte*. Sobre el *hades* el profesor Ropero señala:

> *Lugar oscuro y escondido donde las almas de los difuntos tienen conciencia, pero llevan una vida triste y lúgubre; los latinos la denominaron 'infernus' o partes inferiores. Por lo tanto, por derivación, infierno denota un lugar oscuro y escondido*[353].

350. En el libro pseudoepígrafe de Enoc capítulo XXI 9 se lee: ...*y yo respondí: Por este lugar espantoso, y por el espectáculo del dolor. Y me dijo ... Este lugar es la prisión de los ángeles, y aquí estarán presos para siempre...*

351. El *hades* era el señor del inframundo, la región de los muertos. Al ser hermano de Zeus era incluido algunas veces en el Olimpo. Él era un dios severo, oscuro e inexorable. Secuestró a Perséfone, la hija de Demetrio y la hizo su reina. Su nombre latino era Pluto. Cliffs Notes. *Mithology. Op. cit.*, p. 46.

352. Otra palabra que se usa para infierno es γεέννης (gehenna) que es la palabra que se utiliza en la Septuaginta y que es la misma que el redactor de Mateo utiliza para el discurso de Jesús contra los fariseos en Mateo 23. La gehenna es un lugar de tinieblas, no paliado por el resplandor del fuego del juicio, pues significa exclusión de la luz de Dios; es llanto y rechinar de dientes, en cuanto a la expresión de la desesperación que se experimenta a causa de la salvación rechazada. Ropero, A. «Infierno» en GDEB. Edit. Clie, Viladecavalls. 2013, p. 1240.

353. *Ibid.*, p. 1239.

En consonancia con las palabras del profesor Ropero está el pasaje del rico y Lázaro[354] que en el v. 23 dice καὶ ἐν τῷ ᾅδη ἐπάρας [en el hades, siendo atormentado] y en el v. 25 no deja lugar a dudas ὅτι ὀδυνῶμαι ἐν τῇ φλογὶ ταύτῃ [porque estoy sufriendo en esta llama].

Lo interesante de todo esto es que en el diálogo de *Fedón* el *hades* no es necesariamente un lugar de tormento sino simplemente el destino de los muertos, a diferencia del *tártaro* que si era una prisión de castigo. Entre las muchas alusiones al *hades* que encontramos en *Fedón* podemos citar las siguientes:

> Por lo tanto, el alma, lo invisible, lo que se marcha... hacia el Hades en sentido auténtico a la compañía de la divinidad buena y sabia adonde si dios quiere muy pronto ha de irse también el alma mía... [355] por lo tanto antes que nada –dijo–, Cebes, nuestra alma es inmortal e imperecedera y de verdad existirán nuestras almas en el Hades...[356] Se cuenta eso de que, cuando cada uno muere, el daimon [demonio]de cada uno, el que cupo en suerte en vida, ese intenta llevarlo hacia un cierto lugar, en donde es preciso que los congregados sean sentenciados para marchar hacia el Hades en compañía del guía aquel al que le está encomendado dirigirlos de aquí hasta allí. Y una vez que allí reciben lo que deben recibir y permanecen el tiempo que deben, de nuevo en sentido inverso los reconduce el guía a través de muchos y amplios períodos de tiempo. No es, por tanto, el viaje como dice el Télefo de Esquilo, pues él dice que es sencillo el sendero que conduce al Hades; pero me parece que ni es sencillo ni único. Pues, de serlo, no se necesitarían guías, ya que entonces ninguno se extraviaría nunca, por ser único el camino... [357]

Estas citas nos muestran que los griegos tenían una idea clara del *hades*, habían desarrollado todo un pensamiento filosófico al que bien podemos llamarlo teología que nos muestra lo que ellos creían. La pregunta aquí es: ¿en qué momento este concepto de *hades* griego adquiere la connotación de lugar de castigo o infierno? No lo sabemos. Lo que sí sabemos es que Jesús si le dio esta connotación y que el redactor de este evangelio prefirió usar la palabra griega.

Es importante de señalar que hay pasajes en el Nuevo Testamento que *hades* sigue la connotación que encontramos en *Fedón*, el lugar de los muertos, *v.g.* Hechos 2:27: *Porque no dejarás mi alma en el **hades**, ni permitirás que*

---

354. Lc 16:23.

355. García Gual, C. Martínez Hernández, M. Lledó Iñigo, E. *Diálogos. Fedón, Banquete y Fedro. Op. cit.*, p 72.

356. *Íbid.*, p.123.

357. *Íbid.*, p.124.

tu Santo vea corrupción[358]. Este pasaje está en consonancia, por la acepción que encontramos, con los escritos de Platón. En conclusión, tendremos que aplicar la regla de hermenéutica que dice que el conjunto de la frase es la que determina el significado de la palabra, *i.e.* el conjunto de la frase nos dirá cuál es el significado de *hades*.

En resumen, algunos de los redactores del Nuevo Testamento deciden usar *hades* deliberadamente, lo más seguro que por razón de quienes son sus destinatarios que ya estaban familiarizados con dicho término y porque explica exactamente lo que el redactor quería expresar a sus lectores.

7.5 La filosofía epicúrea y su relación con el cristianismo

En el momento que surge el cristianismo hay dos pensamientos filosóficos en boga: el de los epicúreos y el de los estoicos. Valga aclarar que ni los redactores del Nuevo Testamento ni los Padres de la Iglesia, que construyeron la teología cristiana, se identificaron con ellos. Lo que sí hicieron fue servirse de ellos[359] para explicar la teología y transmitir el mensaje producto de dicha reflexión.

En relación con la construcción del pensamiento cristiano hay dos cosas que mencionar. (1) los cristianos se vieron forzados a ganarse el respeto intelectual ofreciendo un pensamiento articulado racionalmente a lo que le llamamos teología. Este fue el trabajo de los Padres de la Iglesia. (2) Hubo pensadores cuyo impulso al intelectualismo los llevó a tergiversar los principios rectores del cristianismo; hecho que los condujo a formular herejías repugnantes como el gnosticismo.

No existe ninguna discusión sobre el carácter herético de la filosofía epicúrea, pues al negar el gobierno del universo por Dios, afirmar que las acciones humanas estaban libres del escrutinio divino y que el hombre debía regirse por su voluntad dentro de los parámetros sociales estaba atentando contra los principios rectores de la fe cristiana, empero como hubo muchos adeptos cristianos que venían de esa filosofía, entonces vamos a encontrar una relación con algunos temas del Nuevo Testamento; la carta a los Corintios por ejemplo[360].

358. Esta es una cita del Salmo 16:10 en donde se usa la palabra *sheol* que tiene la misma acepción que tiene *hades* en la filosofía griega.

359. Clemente de Alejandría comprendió que si el cristianismo aspiraba a ser algo más que la religión de los iletrados no tenía más remedio que contar con la filosofía y las ciencias griegas. Dodds, E. R., *Paganos y cristianos en una época de angustia*. Ediciones Cristiandad. Madrid. 1975, p.141.

360. Sobre Epicuro se recomienda el clásico de Wentworth DeWitt, N. *Epicurus and his philosophy*. University of Minnesota Press. USA. 1964. Donde hace una exposición completa de su filosofía en 391 páginas.

7.5.1 La filosofía y el cristianismo es una manera de vivir

El prólogo de Juan en el cual se introduce la figura de Jesús como el *logos* eterno e hijo de Dios se presentaba al cristianismo como una filosofía. Los padres alejandrinos se esforzaron en mostrar la fe cristiana como una religión nueva, desmarcándose del concepto de secta judía que alguna vez tuvo, presentando el evangelio como una nueva filosofía o nueva *paideia*[361]. En este caso específico, filosofía y teología son sinónimos, esta última está sistematizada con ayuda de elementos prestados de la filosofía griega. Si filosofar es vivir conforme a la razón, los cristianos son filósofos porque viven conforme al *logos*. Esa transformación de cristianismo en filosofía se acentúa más en Alejandría como lo podemos ver en el testimonio del mismo Clemente de Alejandría[362].

7.5.2 Puntos de convergencia del epicureísmo y el cristianismo

El primer punto de convergencia entre ambas filosofías es el carácter misionero. La misión cristiana se dirigió a los judíos helenizados que vivían en las ciudades del mundo mediterráneo. Las escuelas filosóficas como la de Epicúreo trataba de ganar adeptos a través de discursos propagandísticos. Los maestros cristianos hacían lo mismo, prometían darles un conocimiento mejor y mencionaba a un maestro que poseía y revelaba la verdad. De ahí el paralelismo entre los filósofos griegos; el Jardín de Epicuro, por ejemplo y los misioneros cristianos.

El segundo punto de convergencia es la vida monástica. Resulta inverosímil pensar que los discípulos de las escuelas filosóficas hicieran prácticas espirituales en el ascetismo. Nos referimos específicamente a exámenes de conciencia, diálogos comunitarios, la corrección fraterna, la dirección espiritual, la búsqueda de la tranquilidad y la paz del alma[363]. Estas mismas prácticas fueron adoptadas por los cristianos de Alejandría, de hecho,

---

361. *Paideia* puede traducirse como educación, cultura, formación e instrucción. El griego abarca todas estas traducciones. Al cristianismo se le llama también *paideia* de Cristo con lo cual se quiere mostrar como una continuación de la *paideia* griega clásica, lo cual implica que la *paideia* clásica está siendo superada, pues Cristo es el centro de una cultura nueva. El cristianismo, usando esta cultura internacional como base, se convirtió ahora en la nueva *paideia* cuya fuente era el Logos divino, la Palabra que había creado al mundo. Para profundizar este tema se recomienda Vergara, F. «La paideia griega». *RTX*. 11-12. 1988, p. 156.

362. Véase *Stromata*. I, 13, 57, I, 5, 28, 1 32, 4.

363. Existen textos de Séneca, Marco Aurelio y Epicteto en donde encontramos recomendaciones acerca de la práctica del ascetismo. Véase *inter alia* Braicovich, R. «Moderación y ascetismo en Séneca, Musonio y Epicteto» *PFN*. N. 39. Julio–diciembre. Colombia. 2014, pp. 159 y ss.

los primeros grupos ascéticos cristianos se dieron en el territorio egipcio donde se encontraba Alejandría[364].

7.5.3 Paralelismo entre Epicuro y Cristo

Aunque con filosofías de vida diferentes existe un interesante paralelismo entre Epicuro y Cristo. Primero, ambos grupos o escuelas tomaron nombre de sus fundadores y mantuvieron fidelidad a ellos. En el caso de los cristianos se nos bautizó así por personas extrañas en la ciudad de Antioquía según relata el libro de los Hechos[365]. Segundo, en aquella época era común encontrarse con imágenes, estatuas de Epicuro en muchos lugares. Las primeras imágenes de Jesús aparecen en los sarcófagos y aparece sin barba, es a partir del s. IV que su imagen se mira barbada. Tercero, Epicuro era un líder carismático que practicó el celibato, nunca se casó ni tuvo hijos al igual que Jesús. Finalmente, Jesús fue un modelo y ejemplo de vida y se conoce de sus enseñanzas porque su vida y palabras fueron escritas y transmitidas por la comunidad cristiana en el primer siglo, este material dio origen más tarde a lo que llamamos el Nuevo Testamento, a diferencia de Epicuro que escribió gran cantidad de escritos, de los que algunos han llegado a nuestras manos[366]. También fue un modelo y ejemplo a seguir para sus seguidores.

Lo anterior no significa que estamos poniendo a Jesús al mismo nivel de Epicuro, Jesús es el *logos* eterno, el creador del universo. Epicuro es simplemente un maestro que fue altamente reconocido y seguido por muchas personas en el Imperio romano por muchos siglos. El epicureísmo es

---

364. Según Justo González, el monaquismo se inspira en las palabras del apóstol Pablo, pero también lo hace de las prácticas de las escuelas filosóficas como la de los estoicos, por ejemplo. El profesor González asegura que varias religiones de la cuenca del Mediterráneo tenían vírgenes sagradas, sacerdotes célibes y otras personas que por su estilo de vida se consideraban apartadas para el servicio de los dioses. Asegura que: ... *de todo esto los cristianos tomaron ejemplo, y pronto lo unieron a los impulsos procedentes de las Escrituras para darle forma al monaquismo cristiano...* finalmente señala que los primeros ascetas o anacoretas fueron Antonio y Pablo en el territorio egipcio constituyéndose en los precursores de este movimiento que tuvo mucho auge en el cristianismo. Véase González, J. *Historia del cristianismo*. Edit. Unilit. USA. 1994, pp. 153-154.

365. Hechos 11:26 ...*fue en Antioquía donde a los discípulos se les llamó «cristianos» por primera vez.*

366. Véase, *Epicuro. Obras completas.* Edición y traducción de José Vara. Letras Universales. 9. Ed. Madrid. 2012. Fue un autor sumamente prolífico, pero para nuestra desgracia la mayor parte de su vasta producción ha desaparecido. De lo que quedó, esta edición que mencionamos recoge la totalidad de su obra que se nos ha transmitido a través de la cual podemos comprender el conjunto organizado de su sistema filosófico.

historia mientras que el cristianismo tiene más vigencia en la actualidad que nunca.

7.5.4 El epicureísmo y las enseñanzas de Pablo

No existe un testimonio documental para probar que Pablo[367] o cualquier otro teólogo cristiano haya sido influenciado por la filosofía epicúrea, lo que sí podemos probar es que mucha de la teología que Pablo desarrolla, especialmente en la carta a los Corintios[368], se debe a situaciones con adeptos cristianos provenientes del epicureísmo. A continuación se enumeran dos de ellos.

La eucaristía o Santa Cena

Es muy probable que los cristianos de la iglesia de Corinto hayan visto en la celebración de la Santa Cena una comida funeraria para recordar la memoria de Cristo, razón por la cual se ve en la necesidad de efectuar una explicación de la *raison de être* de la Santa Cena. Esto surgió porque los epicúreos tenían instituido entre sus ritos la celebración de una comida para recordar a su fundador. En ese sentido Antolín Sánchez señala:

> *Epicuro ordenó que sus seguidores tuvieran una comida anualmente en su honor (D. L. X, 18). Por eso, si algunos epicúreos se convirtieron en cristianos –como en Corinto– no es de extrañar que al formar parte de la comunidad cristiana estas personas procedentes del epicureísmo dieran a estas comidas un sentido semejante, de recuerdo agradecido al maestro, o que simplemente estos grupos cristianos de Corinto influidos por los grupos epicúreos dieran a estas comidas de la nueva comunidad un sentido parecido. Si este fuera el caso, ello explicaría cómo este grupo de cristianos tratara la comida de un modo inapro-*

367. Seguramente Pablo recibió influencia epicúrea de modo indirecto, es decir, no por pertenecer a esa escuela, sino por vivir en un ambiente cultural que estaba fuertemente influido por el epicureísmo. Por ello en lugar del entusiasmo desmedido de De Witt en esta dirección, se necesitan estudios más serios y críticos sobre la posible relación o influencia del epicureísmo entre los primeros cristianos. Véase Antolín Sánchez, J. *Influencias éticas y sociopolíticas del epicureísmo en el cristianismo primitivo*. Tesis doctoral de la Universidad de Valladolid. España. 2000, p. 342.

368. Para un estudio exhaustivo del tema es altamente ilustrativo estudiar el artículo de Tomlin, G. «Christians and Epicureans in 1 Corinthians». *JSNT*. Vol. 20. Issue 68. 1998, pp. 51-71. Este artículo propone al epicureísmo como una fuente filosófica para la construcción de la teología de Pablo en 1 de Corintios. Subrayando la que fue la presencia de conversos de esta escuela filosófica al cristianismo. Examina diferentes partes de la epístola con el objetivo de identificar estas fuentes.

piado (11, 27), siguiendo el modelo de la comida memorial griega, con todas las convenciones sociales y culinarias descritas…[369].

El tema de la Cena del Señor hay que entenderlo en el contexto de la tradición helenística y la judía. En la primera cada uno comía lo que traía, de manera que los ricos humillaban a los pobres con esa actitud y mostraban su posición social de privilegio. En la tradición judía y en el espíritu cristiano cada uno traía lo que podía y compartía con los otros. En ese caso no había humillación y el espíritu era otro. Esto último era lo que pretendía Pablo al corregir la práctica litúrgica de los corintios.

La resurrección de los muertos

Al leer 1 de Corintios 15[370], nos damos cuenta de que había un sector de la Iglesia que no creía en la resurrección del cuerpo y al afirmar esto, no existía en ellos una esperanza futura, lo cual es contrario a la esencia misma del cristianismo donde existe una esperanza escatológica de redención. Al respecto Käseman, E. comenta:

> *El grupo dominante en Corinto se imaginaba que con el bautismo había alcanzado la salvación definitiva. Para ellos la existencia cristiana en la tierra tenía el único significado de representar temporalmente un estado celestial. Este grupo entusiástico ve la salvación ya realizada en el hecho de que el bautismo hace aparecer un cuerpo espiritual celeste, mientras el cuerpo terreno se degrada en un despojo vano y efímero. Pablo, al contrario, dice que con la resurrección de Cristo ha comenzado la salvación, pero no se ha concluido, nosotros participamos de esa resurrección en esperanza; pero todavía no hemos sido arrancados de la muerte…*[371]

Así que la creencia de los feligreses provenientes del epicureísmo le dio una oportunidad inmejorable a Pablo para discurrir sobre un tema toral para la teología cristiana como es la resurrección del cuerpo, dejando establecido de esta manera todo un tratado teológico que es nuestro punto de referencia sobre el tema[372].

---

369. *Ibid*, p. 353.

370. 1 Cor 15:12.

371. Käseman, E. *Ensayos exegéticos*. Sígueme. Salamanca. 1978, pp. 233-246.

372. En relacion con el lenguaje que Pablo usa en el 15:32-34, Antolín Sánchez siguiendo a Malherbe concluye que este es parte de una diatriba cínica-estoica. Por ejemplo, la referencia a las "bestias" en v. 32 era una expresión de los moralistas de su

En relación con Pablo hay otros temas que se pueden abordar como el de moralidad sexual, por ejemplo, para los epicúreos una relación sexual es un acto físico simplemente y no puede tener significación moral, así que dormir con una prostituta no causa más daño que comer ciertas comidas. Son funciones del cuerpo. Esta concepción epicúrea obligó a Pablo a desarrollar toda una teología de la santidad del cuerpo y de la estrecha relación que existe entre la moral y el acto sexual. Al final, la temática que encontramos en las cartas de Pablo[373] fue motivada por un contexto filosófico epicúreo que predominaba en aquella época.

Una vez agotado el tema de la relación del epicureísmo y el cristianismo le toca el turno a Agustín de Hipona y la relación que tenía la teología de este con la filosofía griega.

7.6 La influencia de la filosofía griega en san Agustín

San Agustín es conocido como padre latino y doctor de la Iglesia cuya obra y ministerio ha trascendido en el tiempo[374]. Originario del norte de África, estudió gramática y retórica en Tagaste, donde también se adhiere a la secta herética de los maniqueos[375]. Luego se traslada a Italia: primero a Roma

tiempo para describir la lucha del hombre sabio (cínico o estoico) contra el hedonismo, contra los goces exacerbados. Es parte de una polémica contra el hedonismo. La cita de Isaías (22:13): "comamos y bebamos que mañana moriremos" sería reminiscencia de un eslogan atribuido a los epicúreos y reflejo de la influencia antiepicúrea contemporánea. El v. 33: "Las malas compañías corrompen las buenas costumbres", era un verso de Menandro, pero convertido en dicho popular. Ya sabemos que Epicuro se defendería de esta acusación diciendo que el fin de su filosofía no es la sensualidad, sino que el placer se entiende como un cálculo prudente y razonado (*Ep. Men.* 131-132); pero, aunque sea una caricatura, popularmente existía la identificación del epicureísmo con el hedonismo. Esto nos lleva a concluir que si en la iglesia de Corinto Pablo se encontró con este tipo de ideas epicúreas, es lógico que tomara prestado el lenguaje y los argumentos de otros contemporáneos enemigos de los epicúreos. Antolín Sánchez, J. *Influencias éticas y sociopolíticas del epicureísmo en el cristianismo primitivo. Op. cit.*, pp. 347-348.

373. Tanto en la carta a los Filipenses como a los Tesalonicenses encontraremos expresiones motivadas por la filosofía epicúrea. Solo a manera de ejemplo, la expresión que encontramos en Filipenses 3:19 *su Dios es el vientre...* podría ir dirigida a los epicúreos que ponían la felicidad en los placeres del estómago. Y como esta, muchas otras alusiones en varias de las cartas atribuidas a Pablo. Para un estudio más completo véase Antolín Sánchez, J. *Influencias éticas y sociopolíticas del epicureísmo en el cristianismo primitivo. Ibid., pp.* 343-345.

374. Véase Gafford, J.A. «Life and conversion of Augustine of Hippo». *Tenor of our times.* Vol. 4. Issue 4. 2015, pp. 12-23.

375. Lo que inequívocamente caracteriza al maniqueísmo es la aceptación de un dualismo radical y absoluto entre dos principios de la metafísica y físicamente opuestos, ingenitos y co-eternos, cuya existencia es previa a la existencia del universo y del hombre. Ninguno de los dos principios es anterior o derivado del otro, ninguno depende

y después a Milano donde conoce al célebre Ambrosio, un predicador y maestro que lo inspira y que se convierte en su mentor. Después de un largo proceso de formación, Agustín decide regresar a África, específicamente a la ciudad de Hipona, donde es nombrado su Obispo.

7.6.1 *Agustín y la filosofía griega*

En la ciudad de Milano, san Agustín entró en contacto con la filosofía neoplatónica[376] que le da una perspectiva coherente y creíble de la fe cristiana. A partir de aquí él desarrolla un trabajo literario muy importante que vamos a verlo reflejado en célebres obras como son la *Ciudad de Dios*[377], *Confesiones*[378], *Contra los académicos*[379], *inter alia,* que contienen el pensamiento que le dio madurez al pensamiento teológico de los alejandrinos y que sirvió de base para la construcción de todo el pensamiento teológico de la Edad Media.

Para efecto de nuestro de estudio hemos seleccionado temas teológicos puntuales en los cuales Agustín de Hipona recibió una influencia griega, ya sea para hacer un *midrash* o para corregirlo.

del otro, sino que son irreconciliables e irreductibles entre sí. Comúnmente, estos dos principios o naturalezas reciben el nombre de luz y tiniebla. Sobre el tema se recomienda ver Bermejo Rubio, F. *El maniqueísmo*. Estudio introductorio, Trotta, Madrid. 2008, pp. 67-99.

376. El mismo san Agustín testifica: *…te ocupaste de hacerme llegar por medio de un hombre henchido de monstruosísima arrogancia unos libros de platónicos traducidos del griego al latín y allí fui leyendo…* Véase la confesión VII, 9. Se ha dicho que estos libros a los que se refiere Agustín son las Enéadas de Plotino.

377. Agustín. *La Ciudad de Dios*. Traductor José Cayetano Díaz de Beyral. Fundación del Libro Total. Versión de 1913.

378. Agustín. *Confesiones*. Traducción y notas de Alfredo Encuentra Ortega. Edit. Gredos. Madrid. 2010. Esta es una obra monumental de Agustín de Hipona que contiene 10 libros que aparecen divididos en capítulos donde él va exponiendo diversos temas relacionados con su vida en los cuales va desarrollando su pensamiento teológico.

379. Esta es otra de las obras monumentales de Agustín de Hipona donde titula el capítulo XX de la siguiente manera: *Platón conduce a Cristo*. Toda esta evidencia demuestra cuan profundo se introduce al pensamiento de este hombre y como relacionó su pensamiento con la Biblia, aunque él mismo reconoce en sus confesiones las limitaciones del pensamiento griego. Véase la obra completa de *Contra los académicos* en formato digital en la siguiente dirección: https://agustinos.ec/wp-content/uploads/2021/09/CONTRA-LOS-ACADEMICOS.pdf. Visto el 7 de octubre del 2022. También puede verse el extraordinario trabajo de Capanaga, V. y otros autores. *Obras de San Agustín III. Obras filosóficas*. Biblioteca de Autores Cristianos. Madrid. 1953. Esta es una obra completa comentada por eruditos profesores sobre el libro de Agustín de Hipona *Contra los académicos*.

Libre albedrío vs. predestinación

Es muy conocido en la historia de la dogmática el debate entre Agustín y el monje británico Morgan Pelagio sobre el tema de predestinación. Pelagio sostenía que el hombre nacía sin pecado y este podía alcanzar la santidad haciendo uso del libre albedrío, pues a parte de la gracia de Dios este decidía hacer lo bueno o lo malo, para Pelagio el poder de la salvación residía en la voluntad del individuo[380], *a contrario sensu* Agustín, a quien le molestaba el desprecio que Pelagio hacía de la gracia de Dios, hablaba de que el ser humano nacía en pecado y que el poder de decisión estaba en Dios quien predestinaba a los salvos y que eran salvos por la gracia de Dios[381].

Sabemos que san Agustín es el hombre de la *gracia* de Dios, argumentó a su favor, refutó todo aquello que se levantó en su contra y demostró que todo depende de la *gracia* de Dios, aun la salvación del hombre. El tema de la *gracia* tiene su fundamento en la soberanía de Dios, es decir, en la potestad que Dios tiene de decidir lo que a Él le plazca. En palabras sencillas, el libre albedrío no es soberano, está supeditado a la *gracia* de Dios. El fundamento de esta teología está en la filosofía estoica. Los estoicos hablaban del determinismo, también conocido como fatalismo, que es la doctrina que enseña que todo lo que está determinado sucederá necesariamente[382]. Esta doctrina es contraria a la libertad moral del hombre como se le llama en filosofía o libre albedrío como se le llama en la teología. La doctrina de la predestinación, que está fundamentada en la *gracia* de Dios, a la cual los calvinistas llaman *gracia irresistible*[383] es una especie de determinismo, porque Dios escoge mediante un acto soberano a aquellos que serán salvos, es decir, que la salvación no depende del libre albedrío sino de un acto determinado. El vínculo entre la doctrina de la *gracia* de Dios y la predesti-

---

380. Para conocer la teología de Morgan Pelagio se recomienda el artículo de Weisman, F. «Los orígenes del pelagianismo». *Oriente – Occidente*. Vol. 12. N. 2, pp. 39-68.

381. En el escrito de san Agustín *La gracia de Jesucristo y el pecado original*, Agustín refuta la tesis de Pelagio. En realidad, es una respuesta que este da a Albina, Piniano y Melanía a una consulta que estos le hacen sobre la teología de Pelagio. Agustín escribe un documento en dos libros. El primero tiene 50 capítulos y el segundo 51. Véase en https://www.augustinus.it/spagnolo/grazia_cristo/index2.htm. Visto el 2 de octubre del 2022. También se recomienda el libro de Capanaga, V. y Erce G. *Obras de san Agustín*. Tomo IX. Tratados sobre la gracia. Biblioteca de Autores Cristianos. Madrid. 1952. A partir de la página 457 aborda el tema *las dos epístolas de los pelagianos* que desarrolla el tema de la gracia de Dios de una forma profunda y convincente.

382. Para una comprensión más exacta del determinismo se recomienda ver Salles, R. *Los estoicos y el problema de la libertad*. Instituto de Investigaciones Filosóficas. Universidad Nacional Autónoma de México. México 2006.

383. La gracia irresistible es uno de los cinco puntos sobre los cuales se fundamenta la teología calvinista de la predestinación.

nación tiene una relación estrecha *mutatis mutandis* con la filosofía estoica. Una vez más queda evidenciado que la teología no surge *ex nihilo*, tiene su fundamento remoto o cercano con la filosofía griega.

La creación ex nihilo

En la filosofía platónica el *Demiurgo*, a quien se le identifica con Dios, crea el universo de una materia caótica preexistente. En el diálogo de Platón *Timeo*[384], se puede leer: *...tomó todo cuanto es visible, que se movía sin reposo de manera caótica y desordenada y lo condujo del desorden al orden*[385]. San Agustín en cambio nos habla de una creación *ex nihilo*:

> *...has hecho de la nada el cielo y la tierra, y algo grande y algo pequeño, puesto que eres omnipotente y bueno para hacer todos los bienes... existías Tú y la nada, de donde hiciste el cielo y la tierra, esas dos cosas: una cercana a ti, la otra cercana a la nada; una por encima de la cual te hallases Tú, la otra bajo la que se hallase la nada*[386].

De esta forma modifica radicalmente el concepto griego de la creación de materia preexistente y asegura que Dios es el creador de la esencia y de la existencia, es decir, de la materia y de su forma de la nada[387]. Este es un caso específico en el cual Agustín no se adhiere a la filosofía tal cual, sino que la corrige.

La antropología de san Agustín

En lo relacionado a la antropología, Agustín concordaba con el concepto platónico de la dicotomía entre alma–cuerpo que sostenía que el alma era superior e independiente al cuerpo. Para Agustín como para Plotino o Porfirio era un axioma que el cuerpo no podía actuar sobre el alma porque

---

384. El *Timeo* es el diálogo del alma y todo lo que se relacionada con ella, de ahí que para profundizar en el mismo se recomienda ver el comentario erudito que hace Johansen, T. «Body, soul and tripartition in Plato's Timaeus». *Oxford studies in ancient philosophy*. Clarendon Press. Vol. XIX. England. 2001, pp. 87-112.

385. Platón. *Timeo*. Obras completas. Edición de Patricio Azcárate. Madrid. 1872, p. 166.

386. Véase *Confesiones. Op. cit.*, libro XII, 7, 7.

387. Véase la Ciudad de Dios. Libro XII, 25-26.

jerárquicamente este era superior y lo superior no puede actuar sobre lo inferior. En el capítulo XII de los Soliloquios[388] Agustín declara:

> ...y discurre él así: de dos partes estamos compuestos: de alma y cuerpo, y la mejor es el alma, y la más vil el cuerpo; y el sumo Bien es lo mejor de la porción excelente, y el sumo mal lo peor de la porción inferior; y es lo mejor en el ánimo la sabiduría y lo pésimo en el cuerpo el dolor. Conclúyase, pues, evidentemente que el sumo Bien lo constituye la sabiduría y el sumo mal los padecimientos corporales[389].

Está suficientemente claro el concepto de cuerpo que tiene Agustín al calificarlo de inferior, vil, pésimo, entre otros. En el libro *Contra los académicos* afirma: *...quizás también las almas de los hombres, después de abandonar el cuerpo, es decir, esta tenebrosa cárcel...*[390], y en este mismo sentido el apóstol Pablo en el capítulo 7 de Romanos: *...quién me librara del cuerpo de esta muerte.* Ahora, la gran diferencia entre la filosofía platónica y Agustín es que el alma puede conocer a Dios y tener fe. Agustín afirma: *...indaguemos también si las tres cosas le serán necesarias al alma una vez lograda la visión o intelección de Dios. La fe...*[391], el alma puede conocer a Dios y eso puede hacer la diferencia, a pesar de estar apresada en un cuerpo. Pablo redimensionó la teología del cuerpo cuando aseguró en la carta a los Corintios que este era el templo del Espíritu Santo. ¿Cómo puede algo inferior, vil y pésimo ser el templo del Espíritu Santo? A lo mejor porque el *sitz em leben* de la aseveración de Pablo era la inmoralidad sexual que imperaba en Corinto y porque a pesar de lo *inferior, vil y pésimo* del cuerpo, no se podía dar rienda suelta a las pasiones.

El Uno y Dios

Los neoplatónicos conceptualizaron la fuerza motriz y le dieron el nombre de *Uno*[392]. La definición moderna puede ser *el absoluto*. Ellos creían que de este *Uno* se originaban todas las cosas y que todas las cosas un día iban a regresar. El *Uno* es omnisciente y omnipotente. El *Uno* es eterno es el co-

---

388. Véase Soliloquios de san Agustín. digitalhttps://www.augustinus.it/spagnolo/soliloqui/soliloqui_1.htm. Visto el 7 de octubre del 2022.

389. Soliloquio XII, 20.

390. *Contra los académicos*. Capítulo III, 9.

391. Soliloquio VII, 14.

392. Sobre este tema nada mejor que el artículo de Murillo, I. «El Uno (Primer Dios) de Plotino y el Dios de san Agustín». *CSF*. Suplemento 1, Vol. N. 42. 2015, pp. 201-214.

mienzo y el final de las cosas. Los filósofos neoplatónicos creían que el *Uno* no podía ser conceptualizado como una entidad física.

Agustín incorpora mucho de este pensamiento en su teología. Su concepto de Dios es la de un ser todopoderoso y benevolente. Agustín tiene mucho cuidado de reflejar la visión neoplatónica del *Uno* cuando describe las características del Dios cristiano. Según Kraley:

> *Esto se hace con dos propósitos, el primero es el hecho de que el neoplatonismo era uno de los puntos de vista filosóficos predominantes del período de tiempo en que se escribieron las Confesiones y Agustín estaba tratando de mostrar que el cristianismo tenía una base válida con respecto a las creencias y puntos de vista del tiempo. El segundo punto que Agustín estaba tratando de señalar era que de la progresión del pensamiento neoplatónico se seguía naturalmente en la doctrina cristiana, intentando así atraer a los neoplatónicos a la conversión a la fe cristiana[393].*

Dicha observación tiene sentido y confirma el principio que las cosas no se dan en un vacío, sino que existe un contexto que las originan. Por su parte y de una forma más directa el profesor Ildefonso Murillo afirma:

> *...lo que más les importa es el principio y fundamento de todo, al que Plotino suele llamar Uno y Agustín Dios. Pues están convencidos de que el hombre sólo puede alcanzar su felicidad plena en su unión con esa realidad. Ambos conciben la filosofía, por esta razón, como camino hacia la única Verdad capaz de satisfacer auténticamente nuestros deseos, de fundamentar el sentido último de nuestra existencia[394].*

Sin duda están hablando de la misma persona, la diferencia es que Agustín desarrolla su pensamiento a la luz de la Biblia y bajo la iluminación del Espíritu de Dios, con una credencial que Plotino no tenía, Agustín había experimentado la regeneración del alma, término teológico para referirse a la conversión. Esta realidad redimensionaba completamente el pensamiento griego, que fue muy útil y de gran beneficio a la teología cristiana.

---

393. Véase Kraley, S. «Neoplatonic Influences in Augustine's Confessions». *Anthos.* Vol 1. Nº 1. 1990, pp. 49.

394. Murillo, I. «El Uno (Primer Dios) de Plotino y el Dios de san Agustín». *Op. cit.,* p. 202.

La doctrina del mal

Plotino sostenía que el mal procede y reside en la materia. Mal y materia son idénticos, y no existe fuera de la materia[395]. El espíritu es en sí mismo inmaculado e incontaminable por el mal, y, por eso, toda purificación se reduce a una liberación por parte del espíritu de toda materia, que con su presencia lo obscurece, pero sin penetrarlo ni contagiarlo nunca en su mismo ser.

El mal, dice san Agustín, solo puede existir en el ser, como su *privación*[396]. El mal existe, es real, pero como privación en el ser existente. Por eso no puede existir el mal sin la existencia del bien. El mal llega a existir o ser en el ser, hecho por una causa que no lo realiza plenamente de acuerdo con sus exigencias esenciales y finales. En su libro del *Soliloquio* dice lo siguiente sobre el mal:

>...*Dios, que no eres autor de ningún mal y haces que lo malo no se empeore. Dios, que a los pocos que en el verdadero ser buscan refugio les muestras que el mal solo es privación de ser. Dios, por quien la universalidad de las cosas es perfecta, aun con los defectos que tiene. Dios, por quien hasta el confín del mundo nada disuena, porque las cosas peores hacen armonía con las mejores...*[397]

De este modo san Agustín explica la existencia del mal por la intervención de las causas finitas, y sin que Dios sea su causa y asevera que el mal es la privación del ser. Ahora, filosofando sobre el origen del mal en conjunción con la filosofía griega, Agustín reflexiona de la siguiente manera:

>¿*Será acaso que la materia de que hizo Dios todas las criaturas era en sí misma alguna cosa mala, y Dios la formó y ordenó, pero dejó algo en ella que no lo ordenase y convirtiese de mal en bien? Y si fue así, ¿qué causa hubo para esto? ¿Acaso no podía convertirla toda y mudarla en bien de modo que no quedase en ella nada de malo, siendo Él todopoderoso? Finalmente, ¿por qué quiso servirse de ella para formar de allí sus criaturas, y no usar de su misma*

---

395. El alma no es ontológicamente mala, pero se puede volver moralmente mala, en cambio la materia si es ontológicamente mala por estar opuesta al bien. En el *Timeo* de Platón leemos ...*ninguno es malo porque quiera serlo... una mala disposición del cuerpo, una mala educación, he aquí lo que hace que el malo sea malo...* también Platón dice: ...*cada cual debe hacer cuanto pueda por medio de la educación, de las costumbres y del estudio, para huir del mal y buscar el bien...* Véase Azcárate, P. «Fedón». *Obras completas de Platón*. Madrid. 1872, p. 256 ...*por lo pronto, el placer, el mayor cebo para el mal; después el dolor que nos aqueja del bien... Ibid.*, p. 228.

396. *De civitas Dei*. XXI, 7.

397. Soliloquio I, 2.

omnipotencia para destruirla enteramente y aniquilarla? ¿O podrá decirse que ella podía existir contra la voluntad de Dios? Aun suponiendo que fuese eterna, ¿por qué la dejó durar antecedentemente por infinitos espacios de duraciones y tanto después tuvo por bien servirse de aquella materia, y hacer de ella alguna cosa? Y ya que repentinamente determinó y quiso hacer alguna obra, como omnipotente que es, comenzara antes aniquilando y deshaciendo enteramente aquella materia; y si así hubiera quedado Él siendo el todo, el verdadero, sumo e infinito bien. Y si no era conveniente a su bondad el que sólo destruyese y no fabricase al mismo tiempo y produjese algún bien, siendo Él tan bueno, destruida aquella mala materia y reducida a la nada, podía haber creado otra buena, de la cual produjese todas las cosas. Porque no sería todopoderoso si no pudiera hacer algo bueno sin ayuda de aquella materia que Él no había creado[398].

La cita anterior es tomada de las *Confesiones* donde, como es habitual en él, efectúa reflexiones filosóficas de alto nivel. La filosofía griega enseña que la materia es ontológicamente o *per se* mala, entonces la pregunta de Agustín es válida: *¿...la materia de que hizo Dios todas las criaturas era en sí misma... cosa mala... ¿Acaso no podía convertirla toda y mudarla en bien de modo que no quedase en ella nada de malo, siendo Él todopoderoso?* En castellano moderno sería: ¿por qué Dios hizo al hombre de una materia mala y no buena? Toda esta perorata filosófica de Agustín es la que nos lleva a construir una teología acerca del mal y su origen, de la doctrina del pecado, de la relación entre el libre albedrío y la predestinación. Nos lleva a filosofar sobre, ¿con qué propósito Dios permitió el mal? Porque Agustín ya ha dejado claro que Dios no es la causa del pecado, sino el material del que hizo al hombre. Es obvio que nada ocurre sin un propósito y ese es el trabajo de la teología; discurrir sobre el tema y exponer posibles soluciones. Esta temática es tratada en las diferentes teologías sistemáticas puesto que es un tema toral del pensamiento cristiano. Por ahora, nuestro objetivo es mostrar cómo la filosofía griega puso a filosofar a Agustín en sus *Confesiones*, creando una infraestructura de pensamiento que ha sido tomada por innumerables teólogos que han desarrollado esta temática en el transcurso del tiempo.

7.6.2 *Análisis crítico de la influencia griega en la teología de san Agustín*

Agustín de Hipona fue un intelectual de alta alcurnia que se abrevó de las filosofías de vanguardia de su época comenzando con el maniqueísmo de

---

398. Véase *Confesiones Op. cit.* libro VII, 5, 7.

Maní[399] al cual estuvo adherido y donde aprendió el dualismo entre el bien y el mal y luego entró en contacto con el neoplatonismo en Italia y otras filosofías griegas, sin embargo, fue el verbo de Ambrosio, para usar una metáfora, lo que lo cautivó e hizo rendir su orgullo ante la majestad de la Palabra de Dios. El iniciar un estudio de la Biblia con todo ese bagaje filosófico que había adquirido, no solamente cambió su vida, sino que afectó el pensamiento cristiano y secular del hombre. A pesar de que han pasado más de 1500 años de aquello, su pensamiento sigue teniendo vigencia en las universidades de más prestigio en el mundo. El fundamentar su teología en el estudio del pensamiento griego y la Biblia fue explosiva.

Así que cuando leemos sus *Confesiones* o *De civitas Dei*, Agustín no solamente nos deja ver su sabiduría, sino que desnuda su corazón cristiano, humilde y por qué no, tierno. En el breve estudio que hemos hecho queda claro que su pensamiento está fundamentado en los trabajos de pensadores griegos *inter alia* que le dan el fundamento para efectuar exégesis e interpretaciones de la Biblia. En una sola frase: la teología cristiana de Agustín de Hipona fue ampliamente influenciada por la filosofía griega, sea esta platónica[400], neoplatónica o estoica.

Una vez estudiada la influencia griega en Agustín de Hipona es el turno de estudiar esta influencia en Tomás de Aquino, el gran teólogo de la Edad Media que marcó un hito histórico dejándonos un gran legado.

7.7 La influencia aristotélica en Tomás de Aquino

Tomás de Aquino es el último gigante que será objeto de estudio en esta investigación en lo que concierne al tema de la influencia que la filosofía griega ha tenido en su teología. Se ha dicho hasta la saciedad que Tomás de Aquino fue influenciado por el pensamiento de Aristóteles; y lo fue, sin embargo, huelga señalar que es muy escaso encontrar autores que citen fuentes primarias que demuestren la relación entre el filósofo griego y el teólogo, lo cual es frustrante e incorrecto, así que haremos nuestro mejor

399. El maniqueísmo fue considerado una secta del cristianismo, para otros, era una herejía del cristianismo. Lo cierto es que Maní se consideraba el último de los profetas, después de Zoroastro, Buda y Jesús. Un filósofo neoplatónico egipcio redactó un tratado que constituye la más antigua refutación conocida del maniqueísmo. Se recomienda el muy ilustrativo artículo de Bermejo Rubio, F. «Factores cristianos en el maniqueísmo». *RCatT*. Cataluña. XXXII/1. 2007, pp. 67-99.

400. En su libro *Contra los académicos* hace muchísimas referencias a Platón. En una de ellas declara: *...Platón el hombre más sabio y erudito de su tiempo, que de tal modo disertaba que todo, al pasar por su boca, cobraba grandeza y elevación, y tales cosas habló, que, de cualquier modo, que las dijese, nunca se empequeñecían en sus labios... Contra los académicos.* Capítulo XVII, 37. La anterior declaración nos muestra la profunda admiración que Agustín de Hipona sentía por Platón.

esfuerzo en este sentido. Para efectos de este trabajo hemos seleccionado un solo tema; *las cinco vías para demostrar la existencia de Dios*, y lo hemos hecho para honrar la memoria de mi primer profesor de filosofía, el sacerdote Francisco Flores, quien hace 44 años me dio una clase de teodicea fundamentada en el pensamiento tomista y me habló de las cinco vías de Santo Tomás.

7.7.1 Las cinco vías de Tomás de Aquino

Las cinco vías de Tomás de Aquino se encuentran en su *opus magna*: la *Summa teológica*[401], que fue la teología sistemática por antonomasia durante la Edad Media y que sigue siendo un clásico de la fe cristiana al que todo estudiante serio de teología tiene que consultar. A continuación, se exponen las cinco argumentaciones de Tomás de Aquino.

Primera vía: *El movimiento*

Es un hecho que nos consta por los sentidos que hay seres o materia en este mundo que se mueven; pero todo lo que se mueve es movido por otro, y como una serie infinita de causas es imposible hemos de admitir la existencia de un primer motor no movido por otro, inmóvil. Y ese primer motor inmóvil es Dios[402].

En el libro XII, capítulo 6 del libro *Metafísica*[403] escrito por Aristóteles está todo lo relacionado al primer motor no movido por nadie, pero que mueve eternamente todo. En el capítulo 7 del mismo libro llama a esta actividad como una eterna actividad intelectual. Tomás de Aquino había estudiado la *Metafísica* de Aristóteles y se dio cuenta que tenía una magnífica oportunidad de hacer un extraordinario *midrash* para dar un argumento muy válido sobre la existencia de Dios.

Segunda vía: *La causa eficiente*

La existencia de causas eficientes que no pueden ser causa de sí mismas, ya que para ello tendrían que haber existido antes de existir, lo cual es imposible. Además, tampoco podemos admitir una serie infinita de causas

---

401. De Aquino, T. *Suma teológica*. Biblioteca de Autores Cristianos. Madrid. 4ª Ed. 2001. Este es un trabajo monumental hecho por un equipo de eruditos dirigidos por José Martorell Capó.

402. *Ibid.*, p. 111.

403. Aristóteles. *Metafísica*. Traducción y notas de Tomás Calvo Martínez. Edit. Gredos. Madrid. 1994, pp. 482 y ss.

eficientes, por lo que tiene que existir una primera causa eficiente incausada. Y esa causa incausada es Dios[404].

El tema de la causa eficiente que es la causa incausada se encuentra en el libro de *Metafísica* de Aristóteles, justo en el libro II y en el numeral 3 y 7 respectivamente[405]. En este último nos habla de las cuatro causas de las que hablaba el filósofo ático, es a saber, la causa formal, la causa material, la causa eficiente y la causa final[406].

Tercera vía: *Contingencia*

Este se deduce de lo posible y de lo necesario. Existen seres que comienzan a existir y que perecen, es decir, que no son necesarios; si todos los seres fueran contingentes, no existiría ninguno, pero existen, por lo que deben tener su causa en un primer ser necesario, ya que una serie causal infinita de seres contingentes es imposible. Y este ser necesario es Dios.

En el libro de la *Metafísica* de Aristóteles vamos a encontrar la distinción entre *sustancia* y *accidente*, lo *necesario* y *lo contingente*, la *esencia* y la *existencia*. Pues de la distinción entre lo necesario y contingente que hace Aristóteles es la base del tercer argumento, entre otras cosas dice:

> *...no es posible que en los seres necesarios se busque la causa de su necesidad llevando este proceder indefinidamente... por tanto, es preciso admitir algo que sea absolutamente necesario, cuya causa de su necesidad no esté en otro, sino que él sea causa de la necesidad de los demás. Todos le dicen Dios[407].*

Todo este discurso lo vamos a encontrar en el libro IV de la *Metafísica*[408] donde Aristóteles explora la naturaleza y los atributos del ser a los que llama sustancia. En el libro VII habla de los cuatro sentidos de la sustancia, esencia, universal, género y sujeto. En otras palabras, lo que hace Tomás de Aquino es una síntesis de la filosofía de Aristóteles para construir el tercer argumento para demostrar la existencia de Dios. Todo un derroche de genialidad que nos ilustra sobre verdades irrefutables.

---

404. De Aquino, T. *Suma teológica. Op. cit.*, p. 112.

405. Aristóteles. *Física*. Traducción y notas de Guillermo de Echandía. Edit. Gredos. Madrid.1995, pp. 54 y ss. y 68 y ss.

406. *Ibid.*, p. 68.

407. De Aquino, T. *Suma teológica. Op. cit.*, p. 112.

408. Aristóteles. *Metafísica. Op. cit.*, Libro IV, pp. 161 y ss. Libro VII, pp. 279 y ss.

Cuarta vía: *Grados de perfección*

Se observa distintos grados de perfección en los seres de este mundo (bondad, belleza, etc.), y ello implica la existencia de un modelo con respecto al cual establecemos la comparación, un ser óptimo, máximamente verdadero, un ser supremo. Y ese ser supremo es Dios. Tomás de Aquino dice en su *Summa teológica*:

> ...*como quiere que, en cualquier género, lo máximo se convierte en causa de lo que pertenece a tal género; así el fuego, que es máximo calor, es la causa de todos los calores... del mismo modo hay algo que en todos los seres es causa de su existir, de su bondad, de cualquier otra perfección. Le llamamos Dios*[409].

Esta es una síntesis del Libro II de la *Metafísica*[410] de Aristóteles donde nos está hablando de los grados de perfección y pone como ejemplo el fuego. La virtud de Tomás de Aquino fue conectar una cosa con otra, hacer una analogía si pensamos en griego, un *midrash* si pensamos en hebreo. De todas maneras, el resultado es magnífico *hay algo que en todos los seres es causa de su existir.*

Quinta vía: *Finalidad*

Podemos ver que seres inorgánicos actúan con un fin; pero al carecer de conocimiento e inteligencia solo pueden tender a un fin si son dirigidos por un ser inteligente. Luego debe haber un ser sumamente inteligente que ordena todas las cosas naturales dirigiéndolas a su fin. Y ese ser inteligente es Dios.

Esta es una síntesis que de la *Física*[411] de Aristóteles hace Tomás de Aquino donde nos habla del elemento teleológico en donde existe un ser supremo que ordena todas las cosas dirigiéndolas hacia un fin, para evitar caer en un caos y dejar claro que vivimos en un sistema diseñado con un propósito.

---

409. De Aquino, T. *Suma teológica. Op. cit.*, p. 112.

410. Aristóteles. *Metafísica. Op. cit.*, Libro II, pp. 121 y ss.

411. Aristóteles. *Física. Op. cit.*, Libro II, capítulo 8, pp. 70 y ss. Para ampliar el tema véase Jaume, A. «La teleología aristotélica como una inferencia a la mejor explicación: un análisis epistemológico del principio de finalidad en el libro II de la *Física* de Aristóteles». *Agora.* Vol. 32/2. 2013, pp. 29-47.

7.7.2 *Análisis crítico del uso de la filosofía aristotélica en la teología*

Tomás de Aquino sabía de la influencia que tanto la cultura como la filosofía griega había tenido en el cristianismo. Él conocía la obra de san Agustín, 800 años antes que él, y la influencia que el platonismo y neoplatonismo había tenido en sus escritos. Así que él decidió explorar el pensamiento de otro gigante, Aristóteles, y quedó extasiado de encontrar tanta riqueza. Tomás de Aquino se dio cuenta que este pensamiento iba a ser de suprema importancia en la elaboración de su *Summa teológica,* donde quedó plasmado el papel que jugó el filósofo ático.

Sabemos que Tomás de Aquino no solamente estudió la obra de Aristóteles, sino que la comentó, por ejemplo, *la Ética nicomáquea*[412]*,* el de *Ánima*[413]*, la Física* y la *Metafísica* a la que ya nos hemos referido. En tal sentido, Tomás de Aquino no era solamente un conocedor de la filosofía de Aristóteles, sino que era un erudito, conocía el dedillo todos sus recovecos así que tenía toda la autoridad para poder usarla como fuente primaria en la elaboración de su *opus magna;* la *Summa teológica.*

Para finalizar no está de más decir que en esta época no solamente Tomás de Aquino se interesó por el pensamiento de Aristóteles, hubo otros personajes como Maimónides nacido en Córdoba, España y de gran trascendencia en Alejandría en el mundo judío y árabe respectivamente que escribieron en clave aristotélica[414]. También son célebres los filósofos Avicena y Averroes que fueron fieles discípulos y en cuya obra podemos identificar el pensamiento de Aristóteles.

En este capítulo quedó suficientemente claro que la teología cristiana se nutre amplia y consistentemente del pensamiento griego. Sus pensadores fueron únicos, sus escuelas marcaron verdaderos hitos históricos y cam-

---

412. El dato bibliográfico del texto original en castellano es: Aristóteles. *Ética nicomáquea.* Traducción y notas de Julio Pallí Bonet. Edit. Gredos. Madrid.1985. El libro de Tomás de Aquino en el que comenta la ética de Aristóteles es: Santo Tomás de Aquino, *Comentario de la Ética a* Nicómaco. Traducción y nota preliminar de Ana María Mollea. Edit. Clafic. Buenos Aires, 1983. Esta es la primera versión del comentario que se publica en lengua castellana y que es fruto de una labor ardua y paciente de un equipo de trabajo. El estudioso moderno puede recurrir al comentario tomista con dos ópticas distintas, determinadas respectivamente por el propósito de conocer la doctrina de Santo Tomás –y entonces el Comentario complementará el estudio de otras obras de Tomás de Aquino que desarrollan la disciplina en cuestión– o bien para disponer de un auxilio para abordar el texto aristotélico.

413. Aristóteles. *Acerca del Alma.* Traducción y notas de Tomás Calvo Martínez. Edit. Gredos. Madrid. 2014.

414. Daza y García. «Maimónides y su racionalismo religioso en clave aristotélica: Un intento de armonización». *RCEM.* N. 17. 2020, pp. 54-66.

biaron la fisonomía de la civilización occidental. Muchos temas de nuestra teología como el alma, el dualismo, el libre albedrío, el infierno, entre muchos otros más, tienen su origen en el pensamiento griego y es precisamente lo que hemos estudiado a lo largo de este capítulo.

Una vez dicho esto procedemos avanzar hacia el último capítulo de nuestra investigación; el gnosticismo, que es el resultado de una errada hermenéutica de la filosofía griega.

El gnosticismo: una hermenéutica errada de la filosofía griega

Sumario:
8.1 Filosofía griega y el gnosticismo. 8.2 El dualismo gnóstico.
8.3 El gnosticismo cristiano. 8.4 Biblioteca gnóstica de Nag Hammadi

La filosofía griega sirvió de fundamento no solo a la teología cristiana sino también al gnosticismo[415] que es una interpretación errada de la filosofía griega en cuanto a religión se refiere. Para efectos de nuestro estudio podemos hablar de dos tipos de gnosticismo: el gnosticismo no cristiano y el gnosticismo cristiano. Para entender esta filosofía a fondo es necesario estudiar ambos. El que se llama gnosticismo cristiano, que es el que nos interesa, es un *midrash* que hicieron filósofos del gnosticismo en el cual interpretaban de forma muy particular temas torales de la teología cristiana en relación con Cristo, el pecado, el hombre, entre otros, y que será objeto de estudio en este capítulo.

En el momento histórico que el gnosticismo comienza a darse la Iglesia está en pleno proceso de definición teológica; los dogmas aún no habían sido sancionados por ningún cuerpo eclesial, dicho en otras palabras, la teología estaba en su estado embrionario. De ahí que el gnosticismo llegara a tener una gran popularidad en los siglos primeros en la sociedad cristiana[416]. Para ser concretos, temas puntuales como la Trinidad, la resurrección de los cuerpos, la estandarización del canon del Nuevo Testamento, no

---

415. Se recomienda la bibliografía del profesor Francisco García Bazán quien es una autoridad en el tema en lengua castellana. Véase García Bazán, F. *La esencia del dualismo gnóstico*. Castañeda, Buenos Aires, 1978; *La Gnosis eterna. Antología de textos gnósticos griegos, latinos y coptos*, 2 vols. Trotta, Madrid, 2003/7 y *El gnosticismo: Esencia, origen y trayectoria*. Ed. Guadalquivir, Buenos Aires, 2009. Además, es útil la siguiente bibliografía: Ménard. E. J. «Les origines de la gnose». *RDSR*. Vol. 42 – 1. 1968, pp. 24 – 38. Sol Jimenez, E. «El gnosticismo y sus rituales. Una introducción general». *Antesteria*. N. 5. 2016, pp.225 – 240.

416. En este período la Iglesia tuvo ataques internos y externos. El gnosticismo era un ataque interno y las filosofías grecorromanas en boga eran ataques externos; empero el gnosticismo fue el que más problemas causó a la fe cristiana. Para más información

habían sido adoptados de forma oficial. Es importante señalar que después de los concilios ecuménicos de la Iglesia, donde se fija la mayoría de los dogmas pétreos de la fe cristiana, el gnosticismo comienza a perder popularidad hasta convertirse en una corriente intrascendente hasta el día de hoy.

Al igual que la teología cristiana, el gnosticismo se fragua en Alejandría. Este era el centro de las escuelas cristianas, era el lugar donde vivían los Padres de la Iglesia y por lo tanto el centro de producción académica que dio lugar a que otras personas hicieran una simbiosis de filosofía griega con teología cristiana que dio como resultado el gnosticismo que fue sindicado como una herejía por la Iglesia.

En este capítulo será objeto de estudio todo lo relacionado al gnosticismo y será dividido de la siguiente manera: la filosofía griega en el gnosticismo (1), dualismo gnóstico (2), el gnosticismo cristiano (3) y la biblioteca gnóstica de Nag Hammadi (4).

8.1 La filosofía griega en el gnosticismo

El gnosticismo es una filosofía o teología que tiene diferentes ramificaciones y su estudio y entendimiento tiene su grado de complejidad. Para comenzar, existe el gnosticismo panteísta de Valentino, originario de Alejandría, que vivió en el siglo II d. C. Luego tenemos el gnosticismo dualista expuesto por Saturnino y Basiliades discípulos de Menandro a quien se le puede considerar como el fundador de este movimiento. El tercer movimiento importante dentro del gnosticismo es el *antijudío* representado por Marción, sindicado por la Iglesia como un hereje y finalmente el gnosticismo semipagano representado por Carpócrates y Epífanes, ambos de Alejandría[417].

La filosofía de Platón es fuente primigenia del gnosticismo[418] y tiene una relación directa con el cristianismo. En primer lugar, porque ambos son contemporáneos y se dan en Alejandría, después porque ambos usan

---

véase Johansen, K. *A History of Ancient Philosophy. From the beginnings to Augustin*. Routledge. Great Britain. 1991, p. 579.

417. Carpócrates fue el fundador de una secta que se enmarcó en el gnosticismo en el 125 d. C. aproximadamente. Él y su hijo Epífanes lideraban una escuela filosófica en la ciudad de Alejandría basada en las ideas de Platón, las que mezcló con el pensamiento cristiano. Lo que de ellos se sabe es por los escritos de Clemente de Alejandría y de Ireneo de Lyon que se refirieron a ellos como herejes. Véase, entre otra abundante literatura a Whitley, T. «Who is Carpocrates». *AJR*. USA. 2015.

418. Sobre este tema nada mejor que el artículo del erudito profesor Josep Montserrat i Torrents «El platonismo de la doctrina valentiniana de las tres hipóstasis». *Enrahonar*. Cuadernos de Filosofía. Nº 1, 1981, pp. 17-31.

la filosofía griega como su fuente y finalmente porque el gnosticismo trata de interpretar a Jesús y la teología cristiana.

8.2 El dualismo gnóstico

El dualismo tiene que ver con la enseñanza de Platón en relación con la dicotomía entre cuerpo y espíritu. Los gnósticos aseguraban que la materia es mala y como corolario de lo anterior aseguraban que cualquier cosa que haga el cuerpo, incluso el pecado más grotesco, no tiene sentido porque la vida real solamente existe en el reino de los espíritus. El propósito último del gnóstico es escapar del cuerpo y por ende del mundo material en el que el hombre se encuentra en una especie de exilio.

Sobre el tema de la dicotomía entre cuerpo y espíritu hay todo un pensamiento bien articulado al que no vamos a entrar, solo baste decir que según los gnósticos el ser supremo no tenía ninguna intención de crear un mundo material solo uno espiritual y uno de los seres espirituales quiso producir algo por sí mismo y el resultado fue este mundo material. En otras palabras, ellos hablaban de los *eones*[419] o intermediarios entre el ser supremo y el mundo afirmando que uno de esos *eones*, llamado el *demiurgo* es el que origina el problema del mal.

El espíritu quedó prisionero del cuerpo y es necesario que este sea liberado. Para lograr la liberación es necesario que venga un mensajero del reino espiritual a que nos despierte nuestro espíritu dormido en nuestros cuerpos manejados por impulsos y pasiones.

La otra parte de la ecuación gnóstica es que ese mensajero espiritual debe darnos una información secreta a la que ellos llaman gnosis que es necesaria para nuestra liberación o salvación del alma.

Otro aspecto de la dualidad gnóstica es aquella que se refiere a la diferenciación que hacía Valentín[420] entre el Dios identificado con el Jehová del Antiguo Testamento y un Dios de carácter trascendental que habría sido predicado por Jesús y del que sería posible extraer referencias también en

---

419. Viene de la palabra griega *aion* que en castellano significa *edad, siempre constante, eternidad*.

420. Sobre este personaje, considerado como el o uno de los fundadores de esta secta, se recomienda ver Quispel, G. «The Original Doctrine of Valentinus the Gnostic». *Vigiliae Christianae*. Vol. 50. Nº 4, 1996, pp. 327-52. En este trabajo el autor señala tres cosas muy específicas de este maestro del gnosticismo: (1) Valentino conocía una sola Sofía, (2) según él, el preexistente Jesús había abandonado a su madre Sofía y había ascendido al Pleroma. (el cuerpo espiritual y el cuerpo celestial que Cristo trajo a la tierra, y (3) Valentino estaba en contra de Jehová, el Demiurgo al que él consideraba el causante de la muerte.

el Antiguo Testamento. Sobre este tema existe una carta escrita a un discípulo del gnosticismo que en alguna de sus partes reza así:

> Hay luego una ley mezclada con la injusticia, establecida para vindicación y castigo de los que cometen iniquidad, que manda arrancar ojo por ojo y diente por diente y vengar muerte por muerte. Pues el que comete injusticia en segundo lugar no por esto es menos injusto, solo varía el orden, la acción realizada es la misma… Por esto su hijo, venido al mundo, abrogó esta parte de la Ley, declarando que también él procedía de Dios… Si el Dios perfecto (Nuevo Testamento) es bueno según su naturaleza, como lo es en realidad —nuestro Salvador dijo que uno sólo es el Dios bueno, el Padre, al que él manifestó—, y si, en cambio, el de naturaleza contraria es malo y perverso, caracterizado por la injusticia, entonces el que se establece en medio de estos dos, que no es ni bueno ni malo, ni injusto, podría con toda propiedad ser llamado justo, pues es árbitro de su especial justicia… este es el Demiurgo creador (Viejo Testamento) de todo este mundo y de lo que en él se encierra; distinto en esencia de los otros dos…[421]

En esta cita se habla incluso de tres personajes, uno es el Dios del Antiguo Testamento que es un dios injusto, causante de la muerte. Luego tenemos al Dios del Nuevo Testamento que es la persona a la que se refiere Jesús y finalmente tenemos a Jesús mismo. Otro de los personajes de la historia que abrazó esta teología fue Marción que fue condenado oficialmente por la Iglesia como un hereje[422]. Una vez abordado lo relacionado al dualismo gnóstico, es oportuno llegar al punto medular como es el gnosticismo cristiano.

8.3 El gnosticismo cristiano

El gnosticismo como tal comienza a florecer hacia finales del primer siglo permeando los fundamentos de la fe cristiana, convirtiéndose *ipso facto* en

---

421. Véase *Epístola de Flora a Ptolomeo*. En Escritos del cristianismo primitivo.

https://escritosdelcristianismoprimitivo.com/Epistola-a-Flora-de-Ptolomeo/. Visto el 5 de octubre del 2022.

422. En el clásico de Ireneo en *Contra las herejías*, encontramos el nombre Marción salpicado por todas partes y en todas ellas bajo palabras condenatorias. Sobre el tema de los dos dioses señala lo siguiente: *Marción del Ponto, amplió su doctrina hablando de modo desvergonzado que aquel que anunciaron la ley y los profetas era el Dios creador de los males, que se complacía en guerras; era inconstante en sus opiniones y también se contradecía a sí mismo. Dijo que Jesús había venido a la Judea de parte de aquel Padre que está por sobre el Dios fabricador del mundo…* véase Ireneo de Lyon. *Contra los Herejes*. Conferencia del Episcopado Mexicano. México. Año 2000, pp. 71.

una verdadera amenaza. Según Montserrat Torrens el origen del gnosticismo se debe a dos factores que determinaron el nacimiento en la esfera cristiana:

> En primer lugar, el estudio y exégesis bíblica (Génesis especialmente), que ya había iniciado el judío Filón, significará un primer paso en la aparición del gnosticismo. Pero además se caracterizaron por llevar hasta la exageración la metodología alegórica en sus comentarios, lo cual les hace desembocar en muchas de las tesis que configuran el gnosticismo, como: la generación de las hipóstasis divinas, la diferenciación entre el Demiurgo y el Ser Supremo, la inserción del emphysema divino en el hombre, etc.

> El otro factor es de orden más filosófico. Sabemos que los intelectuales cristianos no están al margen de la especulación filosófica del momento. En este sentido sintonizan con la corriente filosófica de moda en los siglos I y II, como es el platonismo medio, corriente que se caracteriza por una interpretación peculiar de algunos diálogos platónicos como Timeo, Teeteto, Fedro, etc., todos ellos imbuidos de una interpretación más metafísica y religiosa de la realidad...[423]

Montserrat Torrens claramente responsabiliza de la herejía a dos factores: la interpretación alegórica de la Biblia griega + platonismo = gnosticismo. Tal conclusión es correcta desde la perspectiva de la ciencia, sin embargo, hay un elemento espiritual que hay que agregar que es la iluminación del Espíritu en el proceso de entendimiento de la Palabra. Aunque tal aseveración no suene científica, lo cierto es que, en las cosas del espíritu, se necesita la intervención del Espíritu para el entendimiento de la verdad, lo contrario a eso desemboca en herejías y pensamientos grotescos.

La coyuntura gnóstica dio lugar a que tanto el redactor del evangelio de Juan como de las cartas que llevan el mismo nombre enfilaran las baterías en contra de tal teología[424]. Es por esa razón que, de entrada, el redactor del evangelio de Juan deja claro que *en el principio era el logos... el logos era Dios... el logos se hizo carne...*[425] con estas declaraciones el redactor pulverizaba la doctrina docetista. El pasaje que afirma *el que me ha visto a mí, ha visto al Padre...*[426] clarifica la deidad de Cristo y ataca frontalmente la doctrina gnóstica que niega la Trinidad. El redactor de 1 de Juan advierte: ...*y*

423. García Bazán, F., Piñero A. y Monserrat Torrens, J. *Textos Gnósticos. Biblioteca de Nag Hammadi I.* Edit. Trotta. España. 2018, p. 36.

424. Cf. Rasimus, Tuomas. "Johannine Opponents, the Gospel of John, and Gnosticism". *Nag Hammadi à 70 Ans. Qu'avons-nous Appris?* 2019, pp. 211-228.

425. Juan 1:1 y 14.

426. Juan 14:9.

todo espíritu que no confiesa que Jesucristo ha venido en carne, no es de Dios; y este es el espíritu del anticristo, el cual vosotros habéis oído que viene, y que ahora ya está en el mundo...[427] Más claro no se puede ser, el redactor le llama al gnosticismo *el espíritu del anticristo*.

En resumen, la filosofía gnóstica dio origen a lo que se llamó el gnosticismo cristiano[428] que aseguraba que el mensajero espiritual que iba a librar al hombre del mundo material era Cristo. Esto dio como resultado una herejía inaceptable para el cristianismo que era la afirmación de que Cristo no podía tener un cuerpo como el nuestro, porque el cuerpo es malo por naturaleza y Él era el mensajero espiritual, de ahí surgen una serie de teorías como que el cuerpo de Cristo era una apariencia o que era un cuerpo no material. A todas estas doctrinas se le llamó *docetismo*[429] y por eso las citas a las que nos hemos referido anteriormente.

En lo relacionado a moral había dos posturas extremas por parte de la doctrina gnóstica, la una era vivir austeramente castigando el cuerpo para el debilitamiento frente al espíritu y la otra era dar rienda suelta al cuerpo, es decir, ascetismo por un lado y libertinaje por el otro.

8.4 La biblioteca gnóstica de Nag Hammadi

La biblioteca de Nag Hammadi es uno de los descubrimientos arqueológicos más importantes de mediados del siglo XX[430]. En la actual Egipto, específicamente en Nag Hammadi, muy al sur de Alejandría se encontró una serie de escritos del gnosticismo cristiano entre los que destacan

427. 1 de Juan 4:3.

428. Técnicamente es incorrecto hablar del gnosticismo cristiano puesto que ambos términos son excluyentes. Así que dicha frase debe entenderse en el contexto semántico que se dice que es su relación directa con Cristo, con la creencia gnóstica de la liberación del mundo material.

429. El docetismo es una doctrina herética defendida mayormente por Marción que sostenía que el cuerpo de Cristo no era real sino simplemente una apariencia. Agostino Molteni, sarcásticamente titula su artículo *y el verbo se hizo fantasma...* Tertuliano fue el maestro de la Iglesia que combatió arduamente a Marción y a sus seguidores. Véase Molteni, A. «El Verbo se hizo fantasma. La cristología docetista en el *Adversus Marcionem* de Tertuliano». *PLURA. RER.* Vol. 9. Nº 2. 2018, pp. 128-145.

430. En el año de 1945 hubo un descubrimiento asombroso de una colección de 13 papiros códices que contenía más de cincuenta textos hasta entonces desconocidos por el cristianismo. El descubrimiento se efectuó en el alto Egipto cerca de la moderna ciudad de Nag Hammadi. Estos textos de hace 20 siglos fueron escritos originalmente en griego y nos ha permitido ver el día de hoy una gran diversidad que caracterizó al cristianismo durante los primeros siglos de nuestra era. Una de las obras completas sobre el tema es la del editor Robinson, J. *The Nag Hammadi Library.* Harper. USA. Ed. 1988. Esta obra contiene 47 artículos sobre los diferentes libros encontrados en *Nag Hammadi* y es uno de los trabajos más completos sobre este tema.

varios evangelios[431] que causaron un gran asombro a la comunidad científica y que han venido a ser una gran contribución al mundo de las ciencias bíblicas.

El estudio de los escritos de la biblioteca excede el límite de nuestra investigación, por lo que vamos a centrarnos en el evangelio de Tomás y luego el de Judas. Nuestro objetivo será identificar todos aquellos elementos de la filosofía griega que se encuentran plasmados entre sus líneas y ver el *midrash* que los escritores hicieron de las fuentes que dieron origen al texto del Nuevo Testamento. Porque lo cierto es que evangelios como el de Tomás, nos permite ver que tanto los redactores del texto canónico del Nuevo Testamento como los redactores de los evangelios gnósticos usaron las mismas fuentes. La diferencia estriba en cómo usaran la filosofía griega y la interpretación que le dieron a las fuentes.

Aquí, por supuesto, está involucrado el corazón de los escritores, es decir, los elementos espirituales que mueven el péndulo hacia uno u otro lugar.

A continuación, el análisis de los dos evangelios antes mencionados.

8.4.1 Análisis del evangelio de Tomás

El evangelio de Tomás[432] contiene una serie de *dichos de Jesús*[433] que en su mayoría pueden ser encontrados en los evangelios canónicos[434], lo que hace peculiar a este escrito es el *midrash* gnóstico que hace su autor[435] y la

431. Entre los evangelios encontrados se puede citar al de Tomás y Judas, el apócrifo de Santiago, el evangelio de la Verdad, el apócrifo de Juan, el evangelio de Felipe, el evangelio de los Egipcios, el apocalipsis de Pablo, el apocalipsis de Adán, el apocalipsis de Pedro, el evangelio de María, los hechos de Pedro entre otros documentos de la Biblioteca. Para más información ver Meyer, M. W. *The secret teachings of Jesus. Four gnostic gospels.* Vintage Books. New York, 1986.

432. Para un estudio exhaustivo de todo lo relacionado con este evangelio se recomienda altamente ver Grant, R. y Freedman, D. *The secret sayings of Jesus.* Barnes & Noble Books. USA. 1960.

433. Esos dichos pueden clasificarse de la siguiente manera: dichos de sabiduría (proverbios), parábolas, dichos escatológicos (profecías), reglas para la comunidad. Los dichos aparecen por grupos, sin revelar un plan preconcebido de arreglo. En ocasiones, aparecen pequeños segmentos agrupados por su similaridad.

434. Los dichos 13, 19, 24, 38, 49, 92 se encuentran en los evangelios canónicos, también hay muchos *dichos* que se encuentran en los otros escritos gnósticos que dan testimonio que esta secta tenía un cuerpo literario bien constituido. Se recomienda ver la introducción que hace Koester, H. «The gospel of Thomas». En *The Nag Hammadi Library.* Harper. USA. Ed. 1988, pp. 124-126.

435. La paternidad literaria de este evangelio es atribuida a Dydimos Judas Tomás. Judas el gemelo. En arameo es Tomás y Dydimos en griego, que significa gemelo. En la iglesia siria Judas. *Ibid.*, p. 124.

ausencia total de aspectos torales de la teología cristiana como el pecado y el perdón y otros elementos que encontramos en los canónicos como las obras de Jesús, su enfrentamiento con los demonios, entre otros.

Entre los aspectos teológicos que señala se pueden citar los siguientes: Jesús es único e incomparable (dicho 12), es el *revelador* que se les apareció a ellos en carne (dicho 29) que es una alusión directa al docetismo. Él no nació de una mujer (dicho 15 y 47) siguiendo el relato de los evangelios canónicos. Él vino a revelar sus secretos y a dar dones (dicho 17) que conecta con el tema de la transmisión de la *gnosis* que representa la salvación del hombre. Conocerse a sí mismo es rechazar al mundo, toda cosa terrenal debe ser abandonada. Los cielos y la tierra son transitorios (dichos 10 y 108), estos dichos fuera de contexto no se les ve ningún problema, el detalle es la creencia que tenían los gnósticos de que el mundo había sido creado por error, por un *eón* rebelde.

Las citas del evangelio de Tomás hechas nos dejan claro el carácter gnóstico del evangelio; la filosofía griega interpretada a la luz del pensamiento cristiano está más que evidenciada en temas como el docetismo, por ejemplo. Ahora veremos brevemente el evangelio de Judas.

8.4.2 Análisis del evangelio de Judas

El descubrimiento del papiro que contiene el evangelio de Judas[436] y su posterior publicación causó una gran conmoción en el público; conmoción que con el tiempo ha ido diluyéndose[437]. Este evangelio consta de 26 páginas y fue hallado cerca de la localidad de Beni Masar, en Egipto, en 1978. En el año 2000 la Fundación Mecenas de Arte Antiguo de Basilea (Suiza) se hizo con el documento e inició los trabajos de traducción.

Este evangelio despertó mucha curiosidad entre el público porque, entre otras cosas, nos presenta una cara diferente de Judas Iscariote. Los evangelios canónicos nos hablan de un traidor, un personaje espurio sindicado como lo peor, sin embargo, en el evangelio gnóstico se nos presenta una figura completamente opuesta. Presenta a Judas de manera positiva,

---

436. Kasser, R. y otros. *The gospel of Judas.* National Geographic. USA. 2006. Este es un trabajo completo que no solamente contiene una traducción del Código *Tchacos* sino una serie de comentarios valiosos altamente ilustrativos del texto *per se,* así como del contexto religioso que dio origen a tan valioso material. Otro libro que resulta muy valioso sobre el tema es el del erudito profesor Bermejo Rubio, F. *El evangelio de Judas.* Ediciones Sígueme. Salamanca. 2012. El profesor Bermejo Rubio, junto a un equipo de talentosos profesores, no solamente traduce el manuscrito, sino que construye un aparato crítico extraordinario.

437. La publicación del evangelio de Judas la hizo *National Geographic* en abril del año 2006.

describiéndole como uno de los apóstoles predilectos de Cristo y explicando su traición como la culminación de un plan divino, destinado a provocar la crucifixión y dar así origen al cristianismo. En pocas palabras: Judas habría traicionado a Jesús siguiendo sus propias órdenes.

Entrando en materia, el evangelio de Judas comienza diciendo: *El relato secreto de la revelación que Jesús hizo en conversaciones con Judas Iscariote durante una semana antes de que celebrasen la Pascua*. En relación con la frase *palabras secretas*, el profesor Bermejo Rubio asevera: *La literatura etiquetada de gnóstica poseía, conscientemente, un carácter de secreto pues se reservaba a la élite de los elegidos*[438]. Es importante señalar que este estribillo gnóstico *palabras secretas* se repite en el título, comienzo o final de otros libros de la biblioteca de *Nag Hammadi* como ser el evangelio de Tomás o el apócrifo de Juan. La valorización crítica que hace el profesor Bermejo Rubio sobre esto es: *el postulado implícito de una tradición secreta desacredita, de entrada, las nociones del evangelio universal y de la tradición apostólica común*[439].

Otras de las curiosidades de este evangelio es que en su relato no se menciona el nacimiento de Jesús y la razón es bien sencilla, ellos niegan la humanidad de Cristo, él era una *apariencia* por el tema del cuerpo. En este mismo sentido hay un pasaje que es interesante considerarlo:

> *Él comenzó a hablar con ellos acerca de los misterios más allá del mundo y lo que va a ocurrir al final. A menudo él no se les aparecía a los discípulos como él mismo, sino que se encontraba entre ellos como un niño*[440].

El pasaje claramente dice *él no se les aparecía* en una clara alusión al docetismo gnóstico. Cristo no tenía un cuerpo de carne y hueso como el nuestro. Él simplemente *se aparecía* en este pasaje específico *como un niño*. La razón del docetismo es porque el cuerpo es *per se* malo, que es lo que la filosofía platónica nos dice, y Cristo, el transmisor de la gnosis no podía poseer este tipo de cuerpo. En otro de los pasajes Judas le dice a Cristo: *Tú eres del reino inmortal de Barbelo*. Para los gnósticos reino es un *eón*[441], y un *eón* son las emanaciones sucesivas de la divinidad que los gnósticos concibieron como los intermediarios necesarios entre lo espiritual y lo material. Así que Cristo era simplemente una emanación.

---

438. Bermejo Rubio, F. *El evangelio de Judas. Op. cit.*, p. 12.

439. *Íd.*

440. Todas las citas del evangelio de Judas serán una traducción del idioma inglés que se encuentra en el Código *Tchacos*.

441. Véase la nota de pie de página 21 y 22 de Kasser, R. y otros. *The gospel of Judas. Op. cit.*, p. 22-23.

Otro de los pasajes sugestivos es cuando Jesús le dice a Judas: *apártate de los otros que voy a decirte el misterio del reino...*, más adelante se lee: ... *te he explicado los misterios del reino... yo te he enseñado acerca de los secretos que ninguna persona ha visto...;* estas tres citas nos dejan claro que Jesús y Judas tenían una estrecha relación y que Jesús hace depositario a Judas de la *gnosis.* Como lo hemos dicho anteriormente, la *gnosis* es el conocimiento secreto que transmite el iluminado para la salvación de la persona.

El evangelio de Judas encontrado en Nag Hammadi es rico en enseñanzas gnósticas. Para efecto de esta investigación baste con decir que en él mismo subyace una interpretación bien particular de la filosofía griega que mezclada con el pensamiento cristiano produce una síntesis teológica sindicada como una herejía ampliamente refutada por los Padres de la Iglesia.

En conclusión, hemos visto como la imaginación de la mente humana puede llegar a crear teologías fantasiosas que ni con mucha fe se pueden llegar a creer. Ha quedado claro que el péndulo de la filosofía griega puede moverse en un sentido contrario a los intereses del cristianismo y esto lo hemos visto con el gnosticismo. Todo radica en el corazón de la persona que hace el trabajo de interpretación, así que una cosa es la síntesis teológica de Clemente de Alejandría y otra es la de Valentín. Ambos parten del texto sagrado, ambos tienen el pensamiento griego a su disposición, empero los resultados son diferentes. Sin duda, esa es la diferencia entre personas que son iluminadas y aquellas que no lo son, *mutatis mutandis* es la diferencia entre un escrito inspirado por el Espíritu Santo y uno que no lo es.

Con este capítulo cerramos la aventura que comenzamos con la imposición de la cultura griega y el establecimiento de la ciudad de Alejandría hasta el surgimiento y consolidación del gnosticismo. Hemos hecho un recorrido de unos setecientos años que ha tomado en confeccionar la Biblia griega y establecer la teología cristiana, que incluye el nacimiento y universalización del evangelio; el mensaje de salvación de Jesucristo, de quien podemos decir: ...*y nos ha dado entendimiento para conocer al que es verdadero; y estamos en el verdadero, en su Hijo Jesucristo. Este es el verdadero Dios, y la vida eterna*[442].

---

442. 1 de Juan 5:20.

Conclusiones

Una vez concluida la investigación sobre las fuentes griegas que dieron origen a la Biblia, al Nuevo Testamento y a la teología cristiana corresponde efectuar las respectivas conclusiones las cuales se harán capítulo por capítulo.

Capítulo 1

La helenización del mundo antiguo fue un fenómeno social impuesto mediante la violencia. Estaba fundamentado en el etnocentrismo de los griegos que miraban al mundo desde su plataforma étnica y cultural. Con la muerte de Alejandro fue el diádoco Ptolomeo el que materializó esta visión al fundar en la ciudad de Alejandría la biblioteca y convertirla con el paso de los años en el centro académico y cultural más grande del mundo de aquella época.

Desde la perspectiva teológica, la helenización es un movimiento sociocultural que en la economía de Dios iba a servir para establecer el vehículo para universalizar el mensaje del evangelio de Jesucristo. Comenzando con el idioma, pasando por las escuelas o sistema educativo de los griegos, la filosofía y la infraestructura académica que se había creado. En fin, era la plataforma ideal para transmitir el mensaje de salvación a todas las etnias de la tierra.

El establecimiento de la colonia judía en la ciudad de Alejandría es parte del plan de Dios. Era necesario que los judíos fueran asimilados por la cultura griega sin perder la conciencia de que eran el pueblo de Dios y depositarios de la revelación divina. Una vez asimilados hicieron uso de la infraestructura académica que el sistema les proveía e iniciaron un trabajo de producción literaria sencillamente impresionante. Para efectuar este trabajo se valieron no solo del idioma sino de la filosofía y cultura de los griegos.

Esto dio como resultado dos grupos de judíos: Los judíos de Alejandría y los judíos de Israel, que trajo como resultado una tensión entre ambos grupos que iba a durar varios siglos. Esta pugna se dio primero en el judaísmo y luego entre los cristianos.

Capítulo 2

Históricamente se ha señalado a la Septuaginta como la versión griega del *Tanaj* o Biblia hebrea, sin embargo, un estudio cuidadoso de una serie de elementos demuestra que la mal llamada *versión de los Setenta* es más que eso, es un cuerpo literario sancionado como sagrado, es decir, canonizado como Palabra de Dios. Entre las evidencias o pruebas para demostrar la anterior conclusión tenemos las siguientes: (1) *La prueba escritural,* la cual la encontramos en 2 de Timoteo 3:16: *Toda escritura es inspirada por Dios y útil para enseñar...* al momento de escribir este texto la única *Escritura* que circulaba era la Septuaginta con los libros deuterocanónicos. (2) *La prueba práctica,* que es aquella que encontramos en todas las citas que de la Septuaginta existen en el Nuevo Testamento, dando testimonio que esta fue la fuente que usaron sus redactores. (3) *La prueba del idioma,* siendo el idioma griego la *lingua franca* no había otra Biblia que usarse en el proyecto misionero de expansión de la Iglesia. En consecuencia, llamarle versión del *Tanaj* que aún no había sido canonizado por los sabios de Jammia es completamente absurdo.

La Septuaginta es la Biblia griega o el conjunto de libros que fueron sancionados como sagrados por la *enveterata consuetudo* de los cristianos del primer siglo. En primer lugar, la Septuaginta está formada por un cuerpo de libros que se tradujeron primero e interpretaron en el proceso de traducción del hebreo al griego, luego está formado por una serie de escritos y adiciones en idioma griego que formaron todo un *corpus litterarum* que fue aceptado por la Iglesia del primer siglo sin ningún problema.

Al ser la Septuaginta el único *corpus litterarum* reconocido como sagrado, esta se convirtió en la fuente primaria en la redacción del Nuevo Testamento. Las citas que allí se encuentran provienen directamente de la Septuaginta. En ese mismo sentido, se convierte en la fuente primaria de la teología cristiana. Los Padres alejandrinos usaron la Biblia griega en su ministerio docente, kerigmático y litúrgico de la Iglesia.

Capítulo 3

En el período intertestamentario surgieron dos géneros literarios hasta entonces desconocidos por los judíos, uno fue el apocalíptico y el otro fue el sapiencial. Este último tiene su origen o una influencia bien marcada de la intelectualidad alejandrina, que crea el género sapiencial *sui generis* que muestra al hombre una filosofía de vida, la forma como este debe conducirse no sin antes reflexionar en los aspectos prácticos de la vida del hombre. La diferencia fundamental entre la filosofía griega y la filosofía judía alejandrina es que aquella reflexiona en el porqué de las cosas intentando buscar sus primeras y últimas causas, en cambio la filosofía judía nos enseña cómo vivir, cómo conducirnos nosotros mismos y cómo conducirnos con las otras personas, no sin antes reflexionar en todas las experiencias humanas.

El cuerpo sapiencial está compuesto por los siguientes libros: Job, Proverbios, Eclesiastés, Eclesiástico y Sabiduría. La versión griega del libro de Eclesiástico, así como el de Sabiduría se cree fueron redactadas en Alejandría y ambos están impregnados de la cultura y filosofía griega y no podía ser otra manera, los redactores no pudieron haber escrito en un *vacivus* cultural.

Este cuerpo literario fue de suma importancia para los redactores del Nuevo Testamento pues redactores como el de la carta de Santiago hace una serie de *midrash* de textos del libro de Sabiduría que conecta a la perfección con el evangelio de Jesucristo, dándonos lecciones extraordinarias de ética cristiana. De la misma manera hace el apóstol Pablo con pasajes como el de Romanos capítulo 1.

Capítulo 4

La colonia de judíos que se forma en la ciudad de Alejandría no fue el resultado del azar sino de la consecuencia de un plan de Dios para la universalización del evangelio. El proyecto cultural, financiero y arquitectónico que comenzó Ptolomeo I o Sóter I sedujo no solamente a los judíos sino a otros pueblos. La infraestructura académica construida fue el caldo de cultivo para que se formara una clase intelectual que iba a ser la base para la confección de la Biblia griega, de la teología cristiana, de un rico cuerpo literario donde se fraguaron conceptos teológicos como mesías, infierno, resurrección de los muertos, solo por mencionar algunos.

Los judíos griegos fueron los primeros en aceptar las enseñanzas de Jesús y convertirse al cristianismo como aparece evidenciado en el libro de los Hechos. Los primeros siete diáconos electos por los apóstoles eran judíos griegos, entre los que destacaba Esteban. Aunque todos eran judíos al principio de la Iglesia, las diferencias entre uno y otro eran abismales. La cosmovisión de un judío de Israel es una y la de un alejandrino es otra. Como resultado lógico, hubo una pugna entre ambos bandos como se ve evidenciado en el libro de los Hechos.

El líder natural de la Iglesia primitiva era sin duda el apóstol Pedro, sin embargo, su estructura mental y el contexto social de dónde venía le impedía ser la persona que iba universalizar el mensaje del Jesucristo. En el episodio de la carta a los Gálatas, cuando Pablo lo reprende nos deja claro su estrechez mental en relación con el tema judío del evangelio. Es por eso por lo que, en la economía de Dios, había otro hombre con una cosmovisión diferente de quien Jesucristo dio testimonio diciendo *instrumento es-*

cogido me es este... refiriéndose al apóstol Pablo. De ahí que no nos extrañe que a partir del capítulo 11 del libro de los Hechos, Pedro simplemente desaparece de la escena y los focos reflectores se direccionan directamente al ministerio de Pablo, quien era un judío griego por antonomasia, un hombre que pensaba en griego, que había bebido hondamente en el pensamiento de los griegos, que estudiaba los manuscritos de la Septuaginta, pero que también era un rabino que había estudiado toda la teología judía. Todo esto sumando a su carácter y temperamento, tenemos como resultado a un hombre irrepetible en la historia, que universalizó el mensaje de Jesucristo el cual sigue teniendo vigencia.

Capítulo 5

Una de las contribuciones más importantes de la cultura griega, al judaísmo primero y al cristianismo después, es el método alegórico de interpretación. Este viene de las obras fantásticas de los autores griegos como Homero o Hesíodo, por ejemplo, que escribieron en código alegórico. En tal sentido encontramos una serie de libros escritos de la misma manera; el de Ester por ejemplo que es objeto de un estudio e interpretación en el anexo de esta investigación.

Cuando se usa el método alegórico, el redactor le da al libro como Ester, o Jonás o pasajes de Daniel un sentido figurado que no corresponde a lo literal pero que conecta con la realidad de la persona para quien se hace. El exégeta que realiza el trabajo de interpretación explica el libro descubriendo el otro sentido, aquel que va más allá de lo literal. En conclusión, la interpretación alegórica en las Escrituras pretende encontrar el sentido profundo y espiritual detrás del texto al que no se le puede llegar con el sentido literal.

El método alegórico es el método que Pablo utilizó en sus escritos en reiteradas ocasiones, por ejemplo, el pasaje de 1 de Corintios 10 donde alegoriza toda la experiencia del pueblo de Israel en su tránsito por el desierto, donde asegura que *la roca es Cristo*. Pablo era un judío helenista y como tal sabía el arte de hacer interpretaciones partiendo de alegorías. Otra de las alegorías de Pablo la encontramos en Gálatas donde alegoriza en Isaac e Ismael para hablar de la ley y la gracia. Finalmente, las tradicionales alegorías entre Adán y Cristo en la carta de Romanos nos dejan clara su metodología.

El método alegórico griego estaba tan arraigado que el mismo Jesús lo usó. Esto lo vemos en Juan capítulo seis cuando Jesús usa una serie de metáforas entre comer su carne y beber su sangre. Así que era común en la pedagogía judía usar alegorías que es una metodología que viene del mundo griego.

Es importante señalar que dentro del judaísmo no todos estuvieron de acuerdo con esta forma de interpretar las Escrituras. A este sector del cristianismo se le conoce como la escuela de Antioquía. La característica principal de esta escuela es la interpretación literal del texto, excepto en pasajes donde esto no sea posible como es obvio. El problema con esta escuela es que hay extensas narraciones alegóricas o escritos en lenguaje figurado que no pueden entenderse como históricas o literalmente. Aquí comienza el debate en temas como si las narraciones de los primeros once capítulos del Génesis son alegóricos o hechos históricos. La escuela de Antioquía afirmará que sí, a diferencia de la escuela de Alejandría que afirmará que no.

Capítulo 6

Como se ha afirmado en el transcurso de esta investigación, Alejandría era el centro cultural e intelectual más gran del mundo antiguo. Las escuelas cristianas que se fundaron allí dieron como resultado maestros insignes entre los que están los Padres de la Iglesia.

El primer gran personaje de trascendencia mundial fue el célebre Filón de Alejandría, quien fue un judío puente entre el judaísmo y el cristianismo. El trabajo colosal de este gigante consistió en relacionar la filosofía griega con el judaísmo, sentando las bases para el trabajo posterior de los Padres de la Iglesia. Estableció una relación inédita entre Platón y Moisés e hizo a uno deudor de otro. En palabras sencillas, Filón se adelantó a su tiempo, se atrevió hacer cosas que nadie había hecho antes y abrió un camino por el que iban a transitar los teólogos de la Iglesia, convirtiéndonos en deudores.

El primer padre alejandrino de la Iglesia fue el gran Clemente de Alejandría, que establece el fundamento de la teología cristiana con sus escritos *Protréptico*, el *Pedagogo* y los *Stromata* y nos hace a todos los que escribimos teología deudores. Este fue precursor de otro gigante, Orígenes de Alejandría, quien es el primer ser humano que registra la historia en haber escrito una teología sistemática, el *Peri Archon*. Además, es el autor de la monumental *Hexapla* que es la Biblia en seis columnas con una traducción diferente. Otro de los personajes célebres de la Alejandría de los primeros siglos fue Atanasio, quien se constituyó en el campeón de la Trinidad, defendiendo este dogma con pasión y mucha responsabilidad, enfrentando a Arrio y a sus seguidores.

Sin duda, Alejandría era un centro de efervescencia intelectual en aquella época, *si no pasaba en Alejandría, no pasaba*. Las raíces de nuestra Biblia y nuestra teología está más en Alejandría que en Israel. Dios había creado las circunstancias para que esta metrópoli se convirtiera en el epicentro intelectual del mundo; esto obedecía a sus propósitos de expansión del pensamiento cristiano por los cuatro confines de la tierra.

Capítulo 7

Uno de los filósofos griegos más importantes para el cristianismo es Platón. Este personaje de la historia escribió el diálogo de *Fedón* donde desarrolla conceptos sobre el alma, el cuerpo, la muerte, *inter alia* que sirve de base para la construcción de la teología cristiana. La influencia del pensamiento de este hombre dio origen a un movimiento filosófico al que se le llamó Neoplatonismo, que tuvo en Plotino una de sus figuras más importantes. Este movimiento está estrechamente vinculado con el pensamiento cristiano. Todo esto nos sirve para dejarnos claro que la teología cristiana no surge *ex nihilo*.

La influencia de la filosofía no solo se ve reflejada en la teología cristiana sino en el mismo Nuevo Testamento. El mejor ejemplo de esto es el concepto *logos* en el libro de Juan. *Logos* es un concepto que expuso Heráclito por primera vez, empero que fue evolucionando hasta quedar plasmado en el Nuevo Testamente e identificarlo directamente con el Dios encarnado, Jesucristo. El redactor del evangelio de Juan manejaba la filosofía griega de tal manera que puede relacionar el concepto y aplicarlo, sin duda algo extraordinario.

También vamos a tomar de la filosofía de Platón conceptos como el de infierno que aparece repetido en reiteradas ocasiones en *Fedón,* no en el sentido que lo entendemos nosotros, empero como un fundamento de la teología que hoy tenemos. En fin, tanto la Biblia como la teología cristiana está en deuda con la filosofía griega.

De la manera que Platón influenció a los Padres de la Iglesia, así como a san Agustín en su época, Aristóteles influenció en la Edad Media a personajes como Tomás de Aquino, quien escribiera la *Summa Teológica* donde se encuentra reflejado el pensamiento de este célebre personaje.

Capítulo 8

La filosofía griega no solamente influenció la construcción de la teología cristiana, también hubo personas que al hacer una simbiosis con el cristianismo hicieron interpretaciones que condujeron a herejías inaceptables. La más conocida y combatida tanto en la Biblia como por los primeros apologistas fue el gnosticismo.

El gnosticismo es una herejía que tiene una mala hermenéutica de la dicotomía alma–cuerpo de la filosofía platónica y da como resultado el docetismo, doctrina que enseña que el cuerpo de Cristo era una apariencia, porque Cristo no podía tener un cuerpo porque este era malo *per se*. Al afirmar semejante cosa, transgredía la doctrina de la encarnación y muchos aspectos de la cristología. También negaba la deidad de Jesucristo y una serie de aspectos inaceptables como que un conocimiento secreto es la llave para la salvación del hombre.

Otro de los aspectos del gnosticismo en su amplia biblioteca incluye lo que se llama, los evangelios gnósticos. Que son relatos de Jesús en relación con personajes del Nuevo Testamento como Judas o Pedro en donde Jesús transfiere la *gnosis* o conocimiento secreto que da como resultado la salvación del hombre.

Este trabajo de investigación es el segundo libro de una trilogía de *Las fuentes que dieron origen...* que principió con el libro de *Las fuentes que dieron origen al Nuevo Testamento,* que demuestra que los redactores del Nuevo Testamento no trabajaron en un *vacivus* cultural, sino que hicieron trabajo de indagación y usaron fuentes que surgieron mayormente en el período intertestamentario. Esta investigación desmitifica aquella idea absurda que una persona santa tomó una pluma y un papiro y escribió lo que el Espíritu le iba diciendo. Aunque no se dice tal cual, en la realidad ese es el concepto que se tiene. El segundo trabajo es este: *Las fuentes griegas que dieron origen a la Biblia y a la teología cristiana.* Con este análisis se va más lejos que el anterior, aquí se demuestra que tanto la Biblia como la teología cristiana es tributaria de la cultura y filosofía griega, que Dios usa esta realidad para que hombres como el apóstol Pablo, asimilado por dicha cultura, universalice el mensaje del evangelio de Jesucristo. El próximo libro será *Las fuentes que dieron origen al Apocalipsis de san Juan* con el cual se cierra la trilogía de *Las fuentes...*

Nuestra intención ha sido clara: quitar ese ropaje místico, irracional e insostenible que usualmente se le ha dado a la Escritura, desmitificar enseñanzas y conceptos que son irreales e ilógicos. Pretende dar respuestas coherentes, no contradictorias y creíbles para que las nuevas generaciones no crean que la fe cristiana está sustentada en irracionalidades.

Para terminar, asegurar a propios y extraños que en ninguno de los trabajos de investigación sobre la serie fuentes se menoscaba el concepto de inspiración, aunque sí se redefine. Nuestras conclusiones no afectan en un ápice el hecho que *...toda Escritura es inspirada por Dios y útil para enseñar, para reprender, para corregir, para instruir en justicia, a fin de que el hombre de Dios sea perfecto, enteramente instruido para toda buena obra.*

Anexo

Interpretación alegórica del libro de Ester

El libro de Ester es una de las historias fascinantes del *tanaj* judío que fue canonizado por el cristianismo en sus dos versiones, la versión griega o larga por el sector católico romano y ortodoxo y la hebrea o corta por el sector protestante y por el judaísmo.

En este anexo, el libro de Ester será objeto de una interpretación alegórica; y alegórica porque al ser esta una historia ficticia no nos deja ninguna opción al respecto.

EL CONTEXTO

El contexto literario

La confección de este relato se da en medio de un contexto donde está de moda escribir temas del pueblo judío relacionado con la diáspora, *v.g.* el libro de Daniel que se ubica en la diáspora del pueblo judío en Babilonia, luego tenemos el libro de Tobías ambientada en la diáspora de los judíos en Asiria y finalmente el relato que nos ocupa, el libro de Ester que nos narra el drama del pueblo de Dios vivido en Persia. Los judíos fueron cautivos de las tres potencias en el orden que las estamos enumerando.

El contexto político

Las historias se dan en una época de efervescencia social donde se levantaron pueblos con ansias de poder y dominio. En ese contexto los pueblos conquistados pasaban a una condición de vasallos y de esclavos. Fue exactamente lo que ocurrió a los judíos que fueron llevados a un destierro infame que los condenó a las humillaciones más crueles de la época.

El estudio de las narraciones de Daniel y Ester nos dejan claro que los elementos de la trama son exactamente igual en ambos relatos. El denominador común es la xenofobia de la potencia dominante y por ende la persecución y el deseo de exterminar a los *diferentes*. En ambos casos Dios interviene y libra a su pueblo o a su siervo. En el caso de Tobías la trama es diferente, sin embargo, al final del relato leemos lo siguiente:

> Antes de morir le llegó la noticia de la destrucción de Nínive, y vio que sus habitantes eran desterrados a Media por Ciaxares, rey de Media. Entonces alabó a Dios por todo lo que hizo con los habitantes de Nínive y de Asiria. Antes de morir pudo alegrarse de la destrucción de Nínive, y alabó al Señor, el Dios que vive por todos los siglos[443].

Esta última declaración evidencia lo que subyacía en el corazón de quien redactó esta historia, la animadversión de los judíos en contra de sus opresores que es el sentimiento que se comparte en Daniel y Ester. En Tobías no se nos narra una historia fantástica como en Daniel y Ester, pero al final el resultado es idéntico, el castigo de los opresores

El contexto religioso

Esta es la verdadera razón por la que estos relatos fueron escritos, para demostrar que en todas estas adversidades Dios estaba al control de todas las cosas y que si bien es cierto que Dios los había enviado al destierro era por el pecado en que habían incurrido, pero que esto no significaba una licencia para que los paganos los destruyesen, porque había una promesa de redención para el pueblo, que Dios los iba a traer de regreso. Por eso el libro de Ester relata la intervención clara de Dios en defensa de su pueblo y en el castigo de los conspiradores. De la misma manera como lo vemos en Daniel.

EL TEXTO

El texto hebreo del libro de Ester

El libro de Ester está clasificado dentro de los *ketuvim* o escritos. Los MSS de este libro son los más numerosos de la Biblia hebrea, aunque no existen MSS antes del siglo XI d. C. El más antiguo que existe es el Códice de Leningrado[444]. Los MSS que existen siguen el sistema Tiberense de vocalización y acentuación que fue introducido por los masoretas del Tiberiades en el año 650 d. C.

---

443. Tobías 14:15.
444. Data del año 1008-1009 d. C. y es el manuscrito más antiguo que existe de la Biblia hebrea. Usa el texto masorético y la vocalización de la escuela de Tiberiades. Se encuentra en la Biblioteca Nacional Rusa de San Petersburgo.

Los hebreos dividieron el libro en cinco *sedarim* o perícopas y en quince pequeñas secciones; clasificación que fue ignorada en la *políglota complutense* de 1514[445] que siguió el criterio de dividir el escrito en capítulos.

Se han confeccionado varios textos del Antiguo Testamento partiendo de una serie de manuscritos disponibles. Entre los más famosos están las tres ediciones de Rudolf Kittel[446], en 1906, 1912 y 1929 respectivamente. El otro texto hebreo, célebre el día de hoy, es la *Biblia Hebraica Stuttgartensia* y sus tres ediciones en 1967, 1977 y 1997[447]. Esta sirve de base o *textus receptus* para la traducción no solo del libro de Ester sino de todo el Antiguo Testamento.

En lo relacionado al texto hebreo del libro de Ester, José Almeida concluye que los MSS del libro de Ester son los más numerosos de la Biblia hebrea debido a la importancia que la fiesta del *Purim* tiene entre los judíos. Que el sistema de vocalización usado es el de los masoretas de Tiberiades. Por otro lado, concluye que las variantes textuales son escasas y que las

445. La denominada *Biblia Políglota Complutense* fue la primera edición impresa en varias lenguas de una Biblia completa. Es considerada uno de los testimonios más relevantes del humanismo cristiano del Renacimiento y el mayor monumento tipográfico de la imprenta española de la época. Su elaboración fue encargada por el cardenal Cisneros a la Universidad de Alcalá a principios del siglo XVI. Los trabajos preparatorios se iniciaron con la búsqueda de los textos sagrados, para lo cual el cardenal Cisneros compró o pidió prestados antiguos y valiosos códices latinos, caldeos, hebreos y griegos. Véase Biblia Políglota Complutense https://biblioteca.ucm.es/historica/biblia-poliglota-complutense. Visto el 6 de octubre del 2022.

446. Rudolf Kittel, de la escuela de *Tubinga*, fue un erudito profesor de Antiguo Testamento en Leipzig, Alemania. Comenzó a desarrollar una edición crítica de la Biblia hebrea en 1901, que luego se convertiría en la primera de su tipo. Su primera edición *Biblia Hebraica editada por Rudolf Kittel* se publicó como una obra en dos volúmenes en 1906 bajo la editorial JC Hinrichs en Leipzig.

447. La Biblia Hebraica Stuttgartensia (BHS) es la única edición crítica completa de la Biblia hebrea, con todas las variantes importantes de texto y las correcciones sugeridas presentadas en notas a pie de página. Es la sucesora de la Biblia Hebraica editada por Rudolf Kittel. A diferencia de las ediciones críticas del Nuevo Testamento griego, la BHS no tiene como finalidad reconstruir el texto original de la Biblia hebrea. Esto no sería posible basándose en los manuscritos disponibles: los testimonios textuales directos de mayor antigüedad son los manuscritos descubiertos a partir de 1949 en el desierto de Judea en las cuevas de Qumrán en el mar Muerto. La transcripción completa de mayor antigüedad de la Biblia hebrea que conocemos hoy en día es el Codex Leningradensis, que data del año 1008; de casi unos cien años de anterioridad, pero desafortunadamente no completo, es el Códex Aleppo del año 930. Los códices de Leningrado y Alepo representan dos casos destacados y ejemplares del llamado texto masorético. La BHS se utiliza en todo el mundo y se considera entre todas las denominaciones como una edición altamente fiable de la Biblia hebrea. Desde 2004, se ha visto sustituida sucesivamente por la Biblia Hebraica Quinta (BHQ). Para un conocimiento completo de la *Stuttgartensia* se recomienda ver Bazylinski, J. *Guía para investigación bíblica. Notas introductorias.* Edit. Verbo Divino. Pamplona. 2006, pp. 9-19.

mejores ediciones impresas son la *Políglota Complutense*, la *Segunda Biblia Rabínica* y las ediciones de la *BHK, BHS* y la *BHQ*[448].

El texto griego del libro de Ester

Al hablar del texto griego de Ester nos referimos a la traducción del hebreo que está plasmada en la Septuaginta. Como es sabido, el hebreo de la Septuaginta es diferente al de los masoretas de Tiberiades, de ahí que existan algunas variantes, aunque no de gran importancia, entre una y otra. La diferencia principal entre ambas versiones es el texto, o las adiciones[449] como le llama la Iglesia protestante, que encontramos en la Biblia griega.

El texto griego de Ester aparece en los MSS antiguos de más prestigio como son: 1) el Códice Vaticano (B) que data del s. IV. 2) El Códice Sinaítico א que también pertenece al s. IV. Este códice concuerda en su mayoría con el B, aunque muestra la influencia de la Hexapla de Orígenes. 3) Códice Alejandrino que se cree fue confeccionado el s. V. En este texto se ve la influencia de la Hexapla mucho más que de la B y א. A pesar de haber sido corregido a partir de la recensión de la Hexapla, preserva muchas lecturas independientes; y, en el conjunto, debe ser considerado más bien como un testigo del texto no revisado por Orígenes[450]. Además de los MSS antes mencionados, la versión griega de Ester aparece en la Hexapla de Orígenes, en la recensión de Hesiquio, así como en la Luciano[451].

En resumen, la versión griega de Ester aparece en los MSS de mayor prestigio que conocemos y que son la base de la crítica textual y del *textus receptus* de donde se derivan todas las traducciones de la Biblia.

448. Almeida, J. «Crítica Textual en el libro de Ester: un estudio sobre los textos "M", "T", "S", "G", "L" y "V"». *Tesis Doctoral*. Universidad de Barcelona. España. 2012, p. 28.

449. Para los cristianos de los primeros siglos, así como para los cristianos católicos y ortodoxos de la actualidad, estas no son adiciones al texto, sino parte integral del mismo.

450. Paton, L. B. *A Critical and Exegetical Commentary on the Book of Esther*. ICC. Edinburgh, 1908; reimpression., p. 32.

451. Las recensiones eran comentarios de corta extensión que se hacían sobre una obra literaria con el objeto de acercar la obra a los lectores. En relación con la Biblia griega, se mencionan tres recensiones, la de Hesiquio quien fue un lingüista alejandrino que confeccionó un diccionario de la lengua griega, la de Orígenes y la de Luciano. Véase Busto, J. R. «El texto lucianico en el marco del pluralismo textual. Estado de la cuestión y perspectivas». *Op.* cit., p. 3.

Diferencia entre el hebreo y el griego

La mayor diferencia entre ambas versiones son las seis "adiciones" que encontramos en la versión griega de Ester. La versión griega es aceptada por los cristianos católicos y ortodoxos y son rechazadas por los protestantes. Las adiciones son identificadas con letras que van de la A a la F. La A describe el sueño de Mardoqueo y el descubrimiento contra el complot de Artajerjes, la B es el edicto real decretado por Amán que ordenaba la masacre de los judíos, la C contiene las oraciones de Mardoqueo, la D describe la audiencia no anunciada de Ester con Artajerjes, la E es el contenido del edicto real en beneficio de los judíos y la F es la interpretación del sueño de Mardoqueo.

Otra de las diferencias en los textos es que la versión griega incluye la palabra *Dios* o el nombre de Dios que lo podemos leer 50 veces[452].

RELACIÓN DE ESTER CON OTROS LIBROS

El libro de Ester no es una historia aislada, tiene una estrecha relación con otros libros del Antiguo Testamento, pues surge en el seno de un movimiento donde había una tendencia clara a escribir narraciones fantásticas relacionadas con la hostilidad de las potencias extranjeras contra el pueblo judío y la intervención sobrenatural de Dios para librarlos, así como otras historias del pueblo relacionadas con su vida en el exilio. Ya nos hemos referido a los tres relatos del exilio, Daniel, Tobías y Ester; este último es el que estamos estudiando. Ahora, en el caso específico de Ester, este hay que estudiarlo a la luz de la historia de Judit y de Jonás.

Relación con el libro de Judit

Este tema ya fue abordado anteriormente y en él se subrayó lo siguiente: (1) Ester y Judit son la misma historia ambientadas en contextos políticos diferentes. Hay dos mujeres heroínas: Ester y Judit. Hay dos perversos tratando de destruir al pueblo de Dios: Amán y Holofernes. Hay una intervención sobrenatural de Dios en ambos relatos donde Dios vindica a su pueblo y destruye a sus enemigos. La diferencia de fondo en ambos relatos es que uno se da en el contexto del exilio judío en Persia y el otro se da en el contexto de una invasión de Babilonia a territorio del pueblo de Israel. (2) También se dijo que ambas historias son ficticias. Era una práctica muy común de la cultura griega escribir historias alegóricas fantásticas que dejaban en el lector la tarea de descubrir el extraordinario mensaje que

---

452. Almeida, J. «Crítica Textual en el libro de Ester: un estudio sobre los textos "M", "T", "S", "G", "L" y "V"» *Op. cit.*, p. 51.

estas tenían. En el caso que nos ocupa, en el libro de Ester hay un mensaje extraordinario de Dios no solamente para los judíos de aquella época sino para nosotros el día de hoy y ese será precisamente nuestro trabajo en este anexo, hacer una interpretación alegórica del libro de Ester fundamentada en los principios eternos de la Palabra de Dios que subyacen en tan extraordinario relato como es el libro de Ester.

Relación con el libro de Jonás

En realidad, no existe una relación directa con el libro de Jonás, excepto la de analizar la conducta de este cuando Dios le pide que vaya a Nínive, capital del Imperio asirio, a predicar un mensaje de arrepentimiento. El texto dice: Anda, vete a la gran ciudad de Nínive y anuncia que voy a destruirla, porque hasta mí ha llegado la noticia de su maldad. Pero Jonás, en lugar de obedecer, trató de huir del Señor... todos sabemos lo que pasó después, así que Dios tuvo que hacer un segundo llamado: El Señor se dirigió por segunda vez a Jonás, y le dijo: Anda, vete a la gran ciudad de Nínive y anuncia lo que te voy a decir. Jonás se puso en marcha y fue a Nínive todos sabemos lo que pasó después de la predicación de Jonás. Ahora, lo que nos interesa analizar es la reacción de Jonás a los planes de Dios: *A Jonás le cayó muy mal lo que Dios había hecho, y se disgustó mucho... te ruego que me quites la vida. Más me vale morir que seguir viviendo. Pero el Señor le contestó: —¿Te parece bien enojarte así?...*

El contexto sociopolítico es que los asirios eran hostiles a los judíos y estos los habían avasallado a estadios inverosímiles de humillación. De hecho, destruyeron el reino del norte de Israel cuya capital era Samaria y los llevaron cautivos, así que había un contingente israelita en el exilio. De manera que la reacción lógica del profeta sea la de huir al llamado de Dios, sea la de enojarse terriblemente contra Dios al grado de pedirle la muerte. Esto nos muestra que el sentimiento hostil era recíproco, y no era para menos, era lo lógico.

El relato de Jonás es otra historia fantástica[453] que muestra la misericordia de Dios contra un pueblo que había llevado al exilio un contingente israelita muy importante.

---

453. Véase el clásico de Aalders, G. C. *The problem with the book of Jonah.* The Tyndale Press. USA. 1948. Donde efectúa todo un estudio para determinar si esta es una historia real o ficticia. En la página 6 del libro cuenta la historia de una persona que fue tragado por una especie de ballena en las Islas Malvinas y que sobrevivió. Al final del artículo advierte que la historia era falsa. Su conclusión es que Jonás es un relato ficticio. En este mismo sentido se expresaron profesores como Bewer que aseguran que: *... this is not the record of actual historical events nor was it ever intended as such. It is a sin against the author to treat as literal prose what he intended as poetry. This story is poetry, not prose. It is a prose*

INTERPRETACIÓN ALEGÓRICA

La interpretación alegórica no es un capricho nuestro y menos un irrespeto a la Palabra de Dios, es simplemente nuestra única opción cuando estamos frente un relato fantástico como este en el que se nos cuenta una historia ficticia. Tal declaración no afecta en un ápice que esta sea Palabra de Dios y por lo tanto palabra inspirada útil para enseñar, corregir y redargüir. Este era un recurso pedagógico al que la cultura de aquella época estaba acostumbrada. Las parábolas de Jesús y sus declaraciones alegóricas en el libro de Juan son una demostración palmaria de que no existe ninguna razón para escandalizarse al afirmar que la trama descrita en el libro de Ester es irreal.

Como se ha demostrado a lo largo de toda esta investigación, el tema de escribir e interpretar alegóricamente viene de la cultura griega, esta influencia a los traductores e intérpretes de la Biblia griega, a los redactores del Nuevo Testamento y posteriormente a los Padres de la Iglesia, especialmente a los alejandrinos que escriben los primeros fundamentos teológicos de la fe cristiana. Con todo eso en mente, procederemos a efectuar la interpretación alegórica de este maravilloso libro que es el de Ester.

El cosmos satánico

El libro de Ester sigue el mismo formato que cualquier obra novelesca; el autor presenta o establece el origen del relato. En el caso que nos ocupa, esta es una historia ambientada en el reino persa de un tal rey Asuero[454] y comienza diciendo:

> ...el rey Asuero dio una fiesta en honor de todos los funcionarios y colaboradores del gobierno, de los jefes del ejército persa y medo, y de los gobernado-

---

poem, not history'. 'His story is thus a story with a moral, a parable... [... estos no son eventos históricos tampoco fue esa la intención del autor. Es un pecado contra el autor tratarlo como prosa literal cuando lo que él intentó fue poesía. Esta historia es poesía no prosa. Es un poema no historia, es una historia con una enseñanza moral, una parábola...]. Bewer, J. *The Literature of the Old Testament*. revised edition. Columbia UP. New York. 1945, pp. 403 y ss. En este mismo sentido se pronunció el profesor de Harvard John Pfeiffer: ...*the story of Jonah is neither an account of actual happenings nor an allegory of the destiny of Israel or of the Messiah... it is fiction, a short story with a moral*. [... la historia de Jonás no es un relato real, tampoco es una alegoría del destino de Israel o del Mesías... es ficción, una corta historia con una moraleja]. Véase Pfeiffer, J. *Introduction to the Old Testament*. Harper & Bros. New York-Londres. 1941, p. 587.

454. Asuero como tal no existe en la historia. La Biblia griega lo llama Artajerjes que sí fue un personaje real. La explicación que dan es que Asuero es el nombre hebreo para Artajerjes.

res y jefes de las provincias, con el fin de mostrarles la riqueza y grandeza de su reino y el extraordinario esplendor de su poderío...[455]

El texto anterior y los que siguen a este nos muestra al cosmos satánico[456], ese sistema en el que Satanás ha organizado a la humanidad incrédula, que excluye a Dios de toda ecuación y que se exhibe a través de sus riquezas, grandeza y poder. Es un sistema que involucra a la ciencia, la política, el deporte e incluso a la religión. Este sistema se rige por principios egoístas y prima el orgullo sobre todas las cosas.

Asuero quiere mostrar a sus amigos y enemigos el esplender de su imperio compuesto por ciento veintisiete provincias para lo cual celebra una bacanal que dura seis meses y después hay que celebrar una fiesta posterior de siete días más, por si lo anterior fuera insuficiente. El típico orgullo de los poderosos de la tierra que quieren que el mundo vea su grandeza, su poder, su pompa. El típico orgullo de los poderosos que despilfarran el dinero que no les pertenece en detrimento de una inmensa mayoría condenada a vivir en la pobreza y en la fría miseria. El típico orgullo de aquellos arrogantes que acceden al poder solo para exhibirse y nunca para procurar el bienestar de los pueblos.

Asuero y sus amigos representan los valores del cosmos satánico, un reino gobernado por Satanás a través de hombres inicuos que presentan una cara al público, empero en la realidad son depredadores de pueblos. Verdaderos actores políticos que viven siempre en rivalidades, consumiéndose en su orgullo y marginando a las grandes masas de personas a las que deben servir. El pasaje que reza:

> *En el séptimo día de fiesta, el rey estaba muy alegre debido al vino, y mandó a... siete hombres de su confianza, que llevaran a su presencia a la reina Vasti luciendo la corona real, para que el pueblo y los grandes personajes pudieran admirar la belleza de la reina, pues realmente era muy hermosa...*[457]

Nos muestra como el vicio y la orgia nubla la razón del hombre y lo lleva a estadios inverosímiles de perversidad. Presenta a la mujer como un objeto sexual al que se puede exhibir, humillar y tomar ventaja. Asuero quiere exhibir su trofeo, los sentimientos y la dignidad de Vasti no importa, lo que importa soy yo y solamente yo. Estos son los principios del cosmos satáni-

---

455. Ester 1:3 y ss.

456. Cosmos satánico es un término que C. I. Scofield expone por primera vez en la Biblia comentada por él en 1909. Es un concepto que desarrolló ampliamente L. S. Chafer en *Teología Sistemática. Op. cit.*, pp. 496 y ss.

457. Ester 1:10-11.

co: el egoísmo en su máxima expresión, donde el ser humano se valora por su belleza, o su posición social y económica y no por ser la imagen de Dios.

Es de admirar a la reina Vasti, que tuvo el valor, la dignidad y el arrojo de no dejarse usar por Asuero y ponerle fin al abuso de este hombre que no la respetaba. Este es un ejemplo para seguir, la dignidad y el respeto no se negocian. Esto tiene que ver con todos aquellos funcionarios del Estado que *por unos dólares más…* le venden el alma al diablo y sucumben ante la mentira del cosmos satánico.

¡Vaya pasaje este, qué enseñanzas tan ricas se puedan sacar de él! ¿Quién dijo que la forma alegórica de interpretar la Palabra del Altísimo era mala?

Infiltrando el cosmos satánico

El mensaje central del evangelio de Jesucristo es que la Iglesia se infiltre en el cosmos satánico y sea luz, predique el evangelio y llame a las personas a salir de ese sistema. Eso es precisamente lo que vemos en el libro de los hechos …*estos que trastornan al mundo entero, también han llegado aquí…*[458], el apóstol Pablo y sus discípulos habían incursionado en todas las esferas del cosmos y lo habían hecho tambalear, esto evidentemente provocó la reacción airada del imperio mediante una salvaje persecución que lejos de desanimar a los discípulos los catapultó a jornadas misioneras más agresivas. En el libro de Ester leemos lo siguiente:

> Mardoqueo tenía una prima, huérfana de padre y madre, que él había adoptado como hija cuando sus padres murieron. Se llamaba Hadasá, o Ester, y era muy bella y de hermoso porte. Cuando el edicto del rey se publicó y muchas jóvenes fueron reunidas en el palacio real de la ciudadela de Susa y puestas bajo el cuidado de Hegai, el guardián de las mujeres, entre ellas estaba Ester. La joven agradó mucho a Hegai y se ganó su estimación…[459]

Al seguir la treta de Asuero, Ester se establa infiltrando en el corazón mismo del cosmos satánico que representaba el megalómano rey, sin que este ni siquiera se enterara de lo estaba pasando. El movimiento de Ester fue audaz y arriesgado. Lo primero que hizo fue granjearse la simpatía de Hegai, sabía que este hombre era la puerta de entrada a Asuero. La Iglesia del Señor Jesucristo está llamada a infiltrarse en el corazón del cosmos satánico, si no hacemos eso, ¿cómo pretendemos que estos conozcan el evangelio

458. Hechos 17:6.
459. Ester 2:7 y ss.

237

a través de nuestra vida, de nuestro testimonio, de nuestro diario vivir? El Señor dice: *...no te ruego que los quites del cosmos... sino que los guardes del mal...*[460], es en el cosmos donde Dios nos quiere y nos necesita. Ester se infiltra y el cosmos satánico tiene un elemento de desequilibrio, de entropía, de desorden, de anarquía que hace que este se conmueva y se resquebraje. Una extraordinaria enseñanza para la Iglesia de hoy y su misión en el corazón mismo del reino de las tinieblas.

El mentor del infiltrado

El infiltrarse en el cosmos satánico no debe ser un acto impulsivo cargado de buenas intenciones, debe ser un acto producto de una cuidadosa planificación, estrategia y preparación. Para ejecutarlo se necesita que el infiltrado tengo un mentor, una persona de más experiencia y conocimiento que sirva de guía para que asegure el éxito de la misión. En el relato de Ester leemos:

> *Ester no dijo nada sobre su raza ni su familia, pues Mardoqueo le había ordenado que no lo hiciera. Y Mardoqueo se paseaba todos los días frente al patio del palacio de las mujeres, para saber si Ester estaba bien, y cómo la trataban...*[461]

Ester no estaba sola, estaba Mardoqueo, quien la había adoptado como hija y había diseñado toda la estrategia de infiltración. El hecho que este llegaba todos los días al patio del palacio nos revela el seguimiento que el mentor hace de Ester. Si vamos a tomar el cosmos satánico por asalto y si lo vamos a desestabilizar necesitamos mentores. Es un requisito *sine qua non* la formación de mentores que garantice la dirección y acompañamiento de la Iglesia en su gesta de conquistar el cosmos con el mensaje del evangelio de Jesucristo. Ester no estaba sola en su arriesgada misión, Mardoqueo estaba allí.

El carácter del mentor del infiltrado

No cualquier persona puede ser mentor, para serlo debe tener ciertas características intelectuales y sobre todo morales, debe moverse siempre por principios no por emociones. Porque solo estos parámetros le aseguraran el éxito de su gestión.

---

460. Juan 17:15.
461. Ester 2:10.

... Mientras Mardoqueo estaba sentado a la puerta del palacio real, oyó hablar a Bigtán y Teres... Estos, muy enojados, hacían planes para asesinar al rey Asuero. Cuando Mardoqueo supo de este complot, se lo contó a la reina Ester, quien a su vez lo comunicó al rey de parte de Mardoqueo. El asunto fue investigado y, al descubrirse que era cierto, los dos oficiales fueron condenados a la horca... [462]

¿Ud. cree que Mardoqueo actuó así porque tenía respeto y admiración por Asuero? La verdad que no, Mardoqueo se dio cuenta que esta era la oportunidad de ponerse en el radar de Asuero, para lo cual utilizó a Ester para asegurarse que el complot trascendiera y su nombre quedara registrado en los anales del imperio. Mardoqueo era un estratega por antonomasia, sabía lo que estaba haciendo y sabía que un día esto iba a generarle réditos. Este pasaje también nos muestra el valor de tener un infiltrado en el corazón del cosmos; hace que las cosas tengan trascendencia. El siguiente episodio nos muestra de una forma clara el carácter de un mentor del reino de Dios.

...y cuando Amán comprobó que Mardoqueo no se arrodillaba ni inclinaba la cabeza cuando él pasaba, se llenó de indignación... [463]

Mardoqueo era un hombre de principios y su filosofía de vida no le permitía inclinarse ante Amán aun cuando esta era una orden expresa que había salido del mismo corazón del cosmos satánico. Él sabía la consecuencia de su rebeldía frente al cosmos y frente a Dios. Él valoró los dos lados de la moneda y se decantó por el lado correcto. Este es el tipo de hombres que necesitamos en el reino de Dios, que no se arrodillen, ni inclinen la cabeza ante el poder y deslumbramiento del cosmos satánico. Gente del reino que esté lista a morir de pie antes que vivir de rodillas, que a la postre será vivir bien. Cuando un hombre o mujer de Dios incursiona en el mundo de las tinieblas debe tener cuidado de no vender su primogenitura por un plato de lentejas. Necesitamos más Mardoqueos en la Iglesia a día de hoy. Las consecuencias no se dejaron esperar, la reacción de Amán fue brutal y despiadada.

Amán, antitipo de Satanás

Si en la carta a los Romanos, Cristo es un antitipo de Adán, en el relato de Ester Amán es antitipo de Satanás. Si en Romanos Cristo es el segundo

462. Ester 2:21 y ss.
463. Ester 3:5.

Adán en el libro de Ester Amán es el segundo Satanás. Amán representa los ideales del engendro de maldad, que es perseguir y destruir al pueblo de Dios como se puede ver en el libro de Ester.

> *Entonces dijo Amán al rey Asuero: —Entre todos los pueblos que componen las provincias del reino de Su Majestad, hay uno que vive separado de los demás; tiene leyes distintas de las de otros pueblos, y no cumple las órdenes de Su Majestad. No conviene a Su Majestad que este pueblo siga viviendo en su reino. Por lo tanto, si a Su Majestad le parece bien, publíquese un decreto que ordene su exterminio...*[464]

Aquí tenemos al segundo Satanás conspirando, mintiendo, argumentando contra el pueblo de Dios y maquinando su exterminio. El error que comete este *pobre diablo* como cualquier otra representación en la vida actual es que, al oponerse a un hombre de Dios, a la Iglesia y a lo que esta representa es oponerse directamente a Dios y por lo tanto no tiene ninguna posibilidad de éxito, aunque al principio inflige dolor, angustia y trastorno emocional y no es para menos. Un decreto de exterminio es para poner a correr a cualquier, sin embargo, nunca debemos quedarnos de brazos cruzados ni dejar de confiar en las palabras de Jesús: *Sobre esta piedra edificaré mi iglesia y las puertas del infierno no prevalecerán contra ella...*[465], de manera que cuando incursionemos en el cosmos satánico y provoquemos la reacción despiadada de Satanás, estemos preparados con la *armadura del cristiano* y enfrentemos la conspiración con valor, estrategia y decisión, sabiendo *en quien hemos creído.*

El ADN del infiltrado

Con un decreto de exterminio encima las cosas se han puesto al rojo vivo y requiere la pronta intervención del infiltrado, pues estos no están de adorno en el cosmos satánico, están para salvaguardar los intereses del reino del Dios. Eso se lo deja bien claro Mardoqueo a Ester.

> *No creas que tú, por estar en el palacio real, vas a ser la única judía que salve la vida. Si ahora callas y no dices nada, la liberación de los judíos vendrá de otra parte, pero tú y la familia de tu padre morirán. ¡A lo mejor tú has llegado a ser reina precisamente para ayudarnos en esta situación!*[466]

464. Ester 3:8-9.
465. Mateo 16:18.
466. Ester 4:13 y ss.

Este es el mentor poniendo las cartas sobre la mesa y dejando claro a Ester que estar en el centro del cosmos satánico conlleva una responsabilidad ineludible que tenemos que enfrentar tarde o temprano. La situación era apremiante y se requería la intervención de Ester. Por supuesto que tal intervención la ponía a ella en riesgo de muerte, así que se arma de valor y hace lo que tiene que hacer.

> *Ve y reúne a todos los judíos de Susa, para que ayunen por mí... Mis criadas y yo haremos también lo mismo, y después iré a ver al rey, aunque eso vaya contra la ley. Y si me matan, que me maten.*[467]

Cuando una persona conoce su identidad en el reino de Dios y sabe cuál es su papel en el sistema que gobierna Satanás, actúa con valor a costa de su propia vida, así que la expresión: *Y si me matan, que me maten*[468] ha sido una que ha inflamado de valor a muchos cristianos a través de la historia. Su conducta y su determinación establecen un modelo de lo que debe ser el carácter de un infiltrado.

El favor de Dios para con el infiltrado

La reina Ester sabía perfectamente que llegar al patio interior del palacio sin ser llamada le podía costar la vida, de manera que necesitaba del favor de Dios para con el rey Asuero.

> *En cuanto el rey vio a la reina Ester en el patio, se mostró cariñoso con ella y extendió hacia ella el cetro de oro que llevaba en la mano. Ester se acercó y tocó el extremo del cetro, y el rey le preguntó: —¿Qué te pasa, reina Ester? ¿Qué deseas? ¡Aun si me pides la mitad de mi reino, te la concederé!*[469]

Sin duda Dios había intervenido y su favor estaba sobre Ester. Esta había ayunado y orado con todas las personas de su círculo íntimo y se había preparado para el momento sabiendo que *las armas de nuestra milicia no son carnales, sino poderosas en Dios para la destrucción de fortalezas...*[470] Cuando el hombre de Dios hace lo que tiene que hacer y llega a donde tiene que llegar es cuando vemos la intervención sobrenatural de Dios haciendo lo que nosotros no podemos hacer.

467. Ester 4:16.
468. Íd.
469. Ester 5:2 y ss.
470. 2 de Corintios 10:4.

Dios mueve los hilos en el cosmos satánico

Este es uno de los hechos más extraordinarios de la vida, que Dios mueve los hilos en el reino de Satanás, porque al ser todopoderoso y el gobernador del universo no podría ser de otra manera.

> Aquella misma noche, el rey no podía dormir, por lo que mandó que le trajeran el libro en que estaban escritos todos los sucesos importantes de la nación, para que se lo leyeran. En él encontraron el relato de cómo Mardoqueo había descubierto el complot preparado por Bigtán y Tere... entonces el rey preguntó: —¿Qué recompensa y honor ha recibido Mardoqueo por esta acción?[471]

Asuero no sabe quién es Mardoqueo ni que pende sobre su cabeza una orden de muerte, él simplemente pregunta: ¿Qué recompensa y honor ha recibido Mardoqueo por esta acción? A él lo que le importa es el hecho que este hombre salvó su vida y por lo tanto merece una recompensa. El rey no tiene ni la más mínima idea que Dios está moviendo los hilos de tal manera que habrá una grande redención de su pueblo. Cuando Asuero pregunta a Amán: ¿Qué debe hacerse al hombre a quien el rey quiere honrar? Ninguno de los dos sabe lo que Dios está haciendo, la redención de uno y la condenación de otro. El hecho que Dios mueva los hilos en el cosmos satánico debe traer confianza a nuestras vidas, especialmente cuando nosotros hacemos lo que nos corresponde hacer.

El segundo Satanás es destruido

Amán, el segundo Satanás, siguiendo la analogía del segundo Adán de Romanos, al levantarse en contra del reino de Dios y de aquellos que forman parte está condenado a fracasar. *Ninguna arma forjada contra ti...*[472] prosperará dice el Señor.

> Entonces Asuero preguntó: —¿Quién es y dónde está el que ha pensado hacer semejante cosa? —¡El enemigo y adversario es este malvado Amán! —respondió Ester.[473]

Al infiltrado en el cosmos satánico le tocó desenmascarar al enemigo, exhibir su perversidad y dejarlo al descubierto. Dios ha movido los hilos de tal

---

471. Ester 6:1-14.
472. Isaías 54:17.
473. Ester 7:5-6.

manera que el mismo mal que Amán había procurado contra Mardoqueo recayera sobre su propia cabeza.

En casa de Amán está lista una horca, como de veintidós metros, que él mandó construir para Mardoqueo, el hombre que tan buen informe dio a Su Majestad. —¡Pues cuélguenlo en ella! —ordenó el rey.[474]

Cuando se actúa en contra de Dios las cosas no pueden salir bien y el perverso que geste la acción caerá en su propia trampa.

La redención del agraviado

Si hay un mensaje que está claro a lo largo de toda la Biblia es que todos aquellos que se levantan contra el pueblo de Dios o uno de sus escogidos termina cayendo en su propia trampa, destruido, borrado de la escena y sindicado por la historia como un perverso convirtiéndose en un modelo de maldad. El pueblo de Dios siempre triunfa, siempre sale airoso, siempre termina con la cabeza en alto.

El rey Asuero contestó entonces a la reina Ester y a Mardoqueo, el judío: —Yo le he dado ya a Ester la casa de Amán, y a este lo han colgado en la horca por haber atentado contra la vida de los judíos. Ahora, los autorizo a escribir, en mi nombre, lo que mejor les parezca en favor de los judíos. ¡Y sellen las cartas con el sello real![475]

El mal fue revertido, los enemigos destruidos y los agraviados fueron vindicados. Es siempre así, las cosas no han cambiado, Dios sigue al control de todo y nosotros su pueblo estamos seguros en Él, no importa quien se levante contra nosotros.

Conclusiones

1. El hecho que la historia de Ester no sea un relato histórico sino ficticio, no afecta en un ápice el carácter sagrado que los judíos primero, y los cristianos después, le hemos dado a este libro. Es sin duda Palabra de Dios.

2. La alegoría es un método que viene del mundo griego y es una forma efectiva de enseñar verdades espirituales eternas.

474. Ester 7:9.
475. Ester 8:7-8.

3. Una de las ventajas de la alegoría es que se le puede dar varios enfoques y sacar verdades diferentes de cada uno de ellos. En tal sentido, la interpretación alegórica que recién hemos efectuado de Ester no es la única.

4. En la interpretación que hemos hecho hemos identificado al imperio de Asuero como el cosmos satánico, el sistema en el cual Satanás ha organizado a la sociedad incrédula.

5. El punto central de nuestra interpretación es que el cristiano debe infiltrarse en el cosmos satánico. Debe trascender en el cosmos satánico y debe servir a los intereses del reino de Dios. Este es el caso de Ester, a quien identificamos como la infiltrada.

6. El infiltrado nunca debe estar solo, debe tener siempre un mentor que le acompañe y le dirija. Aquí identificamos a Mardoqueo como el personaje que sirve de mentor a Ester en todo su peregrinaje por el cosmos.

7. En la interpretación se resaltan dos aspectos, primero el carácter del mentor que no se inclina ante Satanás, provocando la ira de este y la fidelidad de la infiltrada, que está dispuesta a todo por la verdad, al extremo de declarar *y si perezco, que perezca*.

8. El engendro de maldad, que no puede faltar en el libreto, es aquel cuyo trabajo es perseguir y destruir al pueblo de Dios. En este caso nos referimos a Amán, un hombre perverso a quien le llamamos el *segundo Satanás*.

9. Cuando el pueblo de Dios es llevado al límite, Dios siempre mueve los hilos e interviene de una forma sobrenatural para liberarlo.

10. El agresor siempre va a caer en la misma trampa que prepara porque es un error histórico oponerse a Dios o a todo aquello que lo represente.

11. Ante las adversidades más grandes que enfrenten los hijos de Dios, siempre habrá una redención para ellos, siempre habrá una victoria y los enemigos siempre serán derrotados y quedarán en vergüenza.

Bibliografía

Biblias consultadas

La Bible d'Alexandrie. (1986-1999). Comentada por Harl, M. Vol. 1-23. París. Francia: Éditions du Cerf.

Nueva Biblia de Jerusalén. (1978). Revisada y aumentada. Bilbao: Desclée de Brouwer.

Vulgata Latina. (1912). Traducida al castellano por Félix Torres Amat, obispo de Astorga. España.

Enciclopedia Católica Online. «Eclesiástico». https://ec.aciprensa.com/wiki/Eclesiástico. Visto el 23 de octubre del 2022.

Obras de referencia

Alesse, F. (2008). *Philo of Alexandria and Post-Aristotelian Philosophy.* Volume: 5. Netherlands: Brill Publishing House.

Allan, T. y otros. (2019). *Philosophers. Their lives and works.* USA: Penguin Random House.

Annas, J. y otros. (1983-2016). *Oxford Studies in Ancient Philosophy.* Vol. 1-50. England: Clarendon Press.

Anson, E. (2004). *Eumenes of Cardia. A Greek among Macedonians.* Vol. 3. Netherlands: Brill Publishing House.

Agustín de Hipona, A. *Confesiones.* Traducción y notas de Alfredo Encuentra Ortega. (2010). Madrid. Edit. Gredos.

———. *La Ciudad de Dios.* Traductor José Cayetano Díaz de Beyral. (Versión de 1913). Fundación del Libro Total.

———. *Obras escogidas: Confesiones.* Edición y notas de A. Ropero. (2018). Viladecavalls, España: CLIE.

———. *Obras escogidas: La Ciudad de Dios.* Edición y notas de A. Ropero. (2017). Viladecavalls, España: CLIE.

Aristóteles. *Metafísica.* Traducción y notas de Guillermo Echandía. (1994). Madrid: Edit. Gredos.

———. *Física.* Traducción y notas de Tomás Calvo Martínez. (1995). Madrid: Edit. Gredos.

————. *Ética Nicomáquea*. Traducción y notas de Julio Pallí Bonet. (1985). Madrid: Edit. Gredos.

————. *Acerca del Alma*. Traducción y notas de Tomás Calvo Martínez. (2014). Madrid: Edit. Gredos.

Atanasio. *Vida de Antonio*. Traducción y notas de Paloma Rupérez Granados. (1995). España: Edit. Ciudad Nueva.

————. *Encarnación del Verbo*. Traducción del griego de José C. Fernández Sahelices. (1997). España: Edit. Ciudad Nueva.

————. *Discursos contra los arrianos*. Traducción y notas de Ignacio de Ribera Martín. (2010). España: Edit. Ciudad Nueva.

————. *Epístolas a Serapión sobre el Espíritu Santo*. Traducción y notas de Carmelo Granado, S. J. (2007). España: Edit. Ciudad Nueva.

————. *Contra los paganos*. Traducción y notas de Luis Antonio Sánchez Navarro. (1992). España: Edit. Ciudad Nueva.

Austryn, H. (1962). *Philo. Foundations of Religious Philosophy in Judaism, Christianity, and Islam*. USA: Harvard University Press.

Azcárate, P. (1872). *Obras completas de Platón*. Madrid: Independientemente publicadas.

Borger, P. (2021). *Illuminations by Philo of Alexandria: Selected Studies on Interpretation in Philo, Paul and the Revelation of John*. Vol. 12. Netherlands: Brill Publishing House.

Buttrick, G. (1956). *The Song of Songs* (Exégesis), *The Interpreter's Bible*. Nueva York: Abingdon Press.

Calabi, F. (2007). *God's Acting, Man's Acting. Tradition and Philosophy in Philo of Alexandria*. Volume: 4. Netherlands: Brill Publishing House.

————. Editor. (2003). *Italian Studies on Philo of Alexandria*. Volume 1. Netherlands: Brill Publishing House.

Capanaga, V. y otros autores. (1953). *Obras de San Agustín III. Obras Filosóficas*. Madrid: Biblioteca de Autores Cristianos.

Chafer, L.S. (1986). *Teología Sistemática*. USA: Publicaciones Españolas.

Clarke, A. *The Holy Bible with a Commentary and Critical Notes*. Tomo III. Nueva York: Abingdon-Cokesbury Press.

Clemente de Alejandría. *Stromata: Cultura y religión*. Colección Fuentes Patrísticas. Tomo I. Edición bilingüe preparada por Marcelo Merino Rodríguez. (1996). Madrid: Edit. Ciudad Nueva.

————. *Stromata: Conocimiento religioso y continencia auténtica*. Colección Fuentes Patrísticas. Tomo II-III. Edición bilingüe preparada por Marcelo Merino Rodríguez. (1998). Madrid: Edit. Ciudad Nueva.

————. *Stromata. Martirio cristiano e investigación sobre Dios.* Colección Fuentes Patrísticas. Tomo IV-V. Edición bilingüe preparada por Marcelo Merino Rodríguez. (2003). Madrid: Edit. Ciudad Nueva.

————. *Stromata: Vida intelectual y religiosa del cristiano.* Colección Fuentes Patrísticas. Tomo VI-VIII. Edición bilingüe preparada por Marcelo Merino Rodríguez. (2005). Madrid: Edit. Ciudad Nueva.

————. *Obras escogidas: El Pedagogo.* Edición y notas de A. Ropero. (2017). Viladecavalls, España: CLIE.

De Luca, F. (2019). *Philo of Alexandria and Greek Myth. Narratives, Allegories, and Arguments.* Volume: 10. Netherlands: Brill Publishing House.

Dumm, D. R. (1971). «Judith» en *Comentario Bíblico de San Jerónimo II.* Madrid: Ediciones cristiandad.

Epicuro. *Obras completas.* Edición y traducción de José Vara. (9ª Ed. 2012). Madrid: Ediciones Cátedra.

Erickson, M. (2008). *Teología Sistemática.* Viladecavalls, España: CLIE.

Eusebio de Cesárea. *Historia Eclesiástica: la formación de la Iglesia desde el s. I hasta el s. III.* Trad. George Grayling. (2008). Viladecavalls, España: CLIE.

González, J. (1994). *Historia del cristianismo.* USA: Edit. Unilit.

Guthrie, W. K. C. *A history of greek Philosophy.* Vol. 1-6. (1962). Great Britain: Cambridge University Press.

Hadas-Lebel, M. (2012). *Philo of Alexandria. A Thinker in the Jewish Diaspora.* Volume: 7. Netherlands: Brill Publishing House.

Harper, A. F. (1969). «Libro del Cantar de los Cantares». *Comentario Bíblico Beacon.* Tomo III. Kansas: Casa Nazarena de Publicaciones.

Homer. *The Iliad.* Translated by Richmond Lattimore. (1982). USA: University of Chicago Press.

Ireneo de Lyon. *Contra los Herejes.* Conferencia del Episcopado Mexicano. Año 2000. México.

Justino Mártir. *Obras escogidas: Apologías. Diálogo con Trifón.* Edición y notas de Alfonso Ropero. (2017). Viladecavalls, España: CLIE.

Koskenniemi, E. (2019). *Greek Writers and Philosophers in Philo and Josephus. A Study of Their Secular Education and Educational Ideals.* Volume: 9. Netherlands: Brill Publishing House.

La Croce, E. (1983). *Santo Tomás de Aquino, Comentario de la Ética a Nicómaco.* Traducción y nota preliminar de Ana María Mollea. Buenos Aires: Edit. CIAFIC.

Mancini Lombardi, S. (2010). *Studies on the Ancient Armenian Version of Philo's Works.* Volume: 6. Netherlands. Brill Publishing House.

Martens, J. (2003). *One God, One Law. Philo of Alexandria on the Mosaic and Greco-Roman Law.* Volume: 2. Netherlands: Brill Publishing House.

Moreau, J. et Munnich, O. (2020). *Religion et rationalité: Philon d'Alexandrie et sa postérité.* Volume: 11. Netherlands: Brill Publishing House.

Morlet, S. 2021. *Les études philoniennes Regards sur cinquante ans de recherche* (1967-2017). Volume: 13. Netherlands: Brill Publishing House.

Orígenes de Alejandría. *Peri Archon ou traité des principes.* Henri Crouzel y Manlio Simonetti (Eds.). (1978, 1980, 1984). París: Éditions du Cerf.

———. *Contre Celse.* Marcel Borret (Ed.). (1899, 1967, 1968, 1969, 1976). Références au tome (chiffres romains), au chapitre et à la ligne. París: Éditions du Cerf.

———. *Contra Celso.* Traducción y notas de Daniel Ruiz Bueno. (1967). Madrid: BAC.

———. *Homélies sur l'exode.* (1985). París: Éditions du Cerf.

———. *Homilía sobre el Éxodo.* (1992). Introd. y notas de María I. Danieli. Traducción del latín de A. Castaño Félix. Colección Biblioteca de Patrística. Madrid: Ciudad Nueva.

———. *Commentaire sur le cantique des cantiques.* Colección: CGS, vol. VIII. (1925). W. A. Baehrens (Ed.). Leipzig.

———. *Comentario al Cantar de los Cantares.* Introducción y notas de Manlio Simonetti. Traducción de Argimiro Velasco Delgado, O. P. (1999). Madrid: Ed. Ciudad Nueva.

———. *Obras escogidas: Tratado de los principios.* Edición y notas de A. Ropero. (2002). Viladecavalls, España: CLIE.

———. *Sobre los principios.* Introducción, texto crítico, traducción y notas de Samuel Fernández. (2015). Madrid: Ed. Ciudad Nueva.

Paton, L. B. (1908). *A Critical and Exegetical Commentary on the Book of Esther.* ICC. Edinburgh.

Platón. *Timeo.* Obras completas. Edición de Patricio Azcárate. (1872). Madrid.

Plotino. *Enéada.* Tomo I. Traducción Jesús Igal. (1996). Buenos Aires: Edit. Planeta de Agostini.

———. *Enéada.* Tomo I y II. Traducción Jesús Igal. (1982). Madrid: Edit. Gredos.

———. *Enéada.* Tomo III y IV. Traducción Jesús Igal. (1985). Madrid: Edit. Gredos.

———. *Enéada.* Tomo V y VI. Traducción Jesús Igal. (1998). Madrid: Edit. Gredos.

Ropero, A. (2013). *Gran diccionario enciclopédico de la Biblia*. Viladecavalls, España: CLIE.

Society of Biblical Literature. *Septuagint and cognate Studies*. Vol. 1–76. (1972–2022). Atlanta, USA.

Tomás de Aquino. (4ta Ed. 2001). *Suma teológica*. Madrid: Biblioteca de Autores Cristianos.

Whitman, J. (1993). «Allegory», *The New Princeton Encyclopedia of Poetry, and Poetics*. Princeton University Press.

Libros especializados

Alesse, F. (2008). *Philo of Alexandria and post–Aristotelian Philosophy*. USA: Brill.

Alsina Clota, J. (1989). *El Neoplatonismo:síntesis del espiritualismo antiguo*. Barcelona: Edit. Anthropos.

Barclay, J. (1996). «The Jewish of the Diaspora» in *Early Christians Thoughts in its Jewish context*. Edit by John Barclay and John Sweet. Inglaterra: Cambridge University Press.

Benoit, P. (1974). «¿Está inspirada la versión de los Setenta?». Tomo I. *Exégesis y teología*. Madrid: Studium.

Bermejo Rubio, F. (2012). *El evangelio de Judas*. Salamanca: Ediciones Sígueme.

Bigg, C. (1968). *The Christian Platonist of Alexandria*. Amsterdam.

Brotóns Merino, M. J. (2015). *El diablo en la literatura griega del cristianismo primitivo: de los inicios a los padres alejandrinos*. España: Tesis doctoral de la Universidad de Valladolid.

Capanaga, V. y Erce G. (1952). *Obras de San Agustín*. Tomo IX. Tratados sobre la Gracia. Madrid: Biblioteca de Autores Cristianos.

Cappelletti, A. (1996). *Los estoicos antiguos*. Madrid: Edit. Gredos.

Castiñeira Fernández, A. (1998). «Introducción al pedagogo» en *El pedagogo* de Clemente de Alejandría. Madrid: Edit. Gredos.

Clark, E. (1977). *Clement's use of Aristotle: The Aristotelian contribution to Clement of Alexandria's refutation of Gnosticism*. USA: Edwin Mellen Press.

Collins, N. (2000). *The Library in Alexandria and the Bible in Greek*. Leiden, Países Bajos: Brill.

Corrigan, K. (2004). *Reading Plotinus. A practical introduction to Neoplatonism*. USA: Pardue University Press.

De Silva, D. (2004). *Introducing the Apocrypha: Message, Context, and Significance*. USA: Baker Academic.

Daubney, W. H. (1906). *The three additions to Daniel: a study*. Grand Rapids. USA: Christian Classics Ethereal Library.

Delgado Jara, I. «La Septuaginta y el texto masorético en las citas literales de Marcos» en *Métodos y técnicas en ciencias eclesiásticas. Fuentes, historiografía e investigación*. España: Universidad Pontificia de Salamanca.

Erskine, A. y Llewellyn, L. (2011). *Creating a Hellenistic World*. Gran Bretaña: The Classic Press of Wales.

Fernández Marco, N, Spottorno Díaz, M. V. (2008). *La Biblia griega Septuaginta. I El Pentateuco*. España: Ediciones Sígueme.

Fine. R. (2004). «*El libro de Ester: un posible referente bíblico para la gran sultana*». *Peregrinamente peregrinos*. Actas del V Congreso Internacional de la Asociación de Cervantistas, Lisboa, Fundaçâo Calouste Gulbenkian, 1-5 septiembre 2003. España: Asociación de Cervantistas.

——. (2008). «Siendo yo hebrea, Señor: una lectura de *La reina Ester* de Felipe Godínez en clave conversa». Compostella Aurea. Actas del VIII. Congreso de la Aiso.

——. (2010). «Los rostros de Ester. Tres versiones dramáticas aurisecula-res del libro de Ester: *La hermosa Ester* de Lope de Vega, *La reina Ester* de Godínez y *La gran sultana* de Cervantes». Vol. 7. *Hispania Judía*.

García Bazán, F. (1978). *La esencia del dualismo gnóstico*. Buenos Aires: Castañeda.

——. (2003/7). *La Gnosis eterna. Antología de textos gnósticos griegos, latinos y coptos*, 2 vols. Madrid: Trotta.

——. (2009.) *El gnosticismo: Esencia, origen y trayectoria*. Buenos Aires: Ed. Guadalquivir.

——, Piñero, A. y Monserrat Torrens, J. (2018). *Textos Gnósticos. Biblioteca de Nag Hammadi I*. España: Edit. Trotta.

García Gual, C., Martínez Hernández, M. y Lledó Iñigo, E. (1988). *Diálogos. Fedón, Banquete y Fedro*. Madrid: Edit. Gredos.

Gerleman, G. (1956). *Studies in the Septuagint*, III: Proverbs. Suecia: Lund Universitets Arsskrift.

Hengel, M. (2003). *Judaism and Hellenism: Studies in their Encounter in Palestine during the Early Hellenistic Period*. USA: Wipf and Stock.

Inge, W. R. (1937). «Religion» in *The Legacy of Greece*. Edited by R.W. Livingston. Londres: Oxford Clarendon Press.

Jaffé, D. (2007). *El Talmud y los origines judíos del cristianismo*. España: Desclée De Brouwer.

——. (2005). *Le Judaïsme et l'avènement du Christianisme. Orthodoxie et hétérodoxie dans la littérature talmudique I -II siécle*. París.

Koester, H. (1988). «The gospel of Thomas». En *The Nag Hammadi Library*. USA: HarperCollins

Larcher, C. (1969). *Études sur le livre de la Sagesse*. París: Edit. Gabalda.

Law, T. M. (2014). *Cuando Dios habló en griego. La Septuaginta y la formación de la Biblia Cristiana*. España: Ediciones Sígueme.

Lillo Botella, C. (2017). *Separación de caminos entre judíos y cristianos: una perspectiva geográfica–literaria*. España: Tesis doctoral de la Universidad de Alicante.

Marcovich, M. (2001). *Contra Celsum Libri VIII*. Leiden, Países Bajos: Brill.

Merino, M. (1996-2005). *Stromata*. Madrid: Ciudad Nueva.

———. (2008). *El Protréptico*. Madrid: Ciudad Nueva.

———. y Redondo, E. (1994). *Clemente de Alejandría, el pedagogo*. Madrid: Ciudad Nueva.

Morla, V. (2019). *Libros Sapienciales y otros escritos*. España: Edit. Verbo Divino.

Orígenes. *Contra Celso*. Traducción y notas de Daniel Ruiz Bueno. (3ª Ed. 2001). España: Biblioteca Autores Cristianos.

Orian, M. (2018). «The Temple Archive Used for the Fabrication of 1 Maccabees 10.25b– 45». *JQR*. Vol. 108, Núm. 4.

Pilch, J. J. (2016). *The Cultural Life Setting of the Proverbs*. USA: Fortress Press.

Piñero, A. (2006). *Biblia y helenismo: el pensamiento griego y la formación del cristianismo*. España: Ediciones El Almendro.

Quiles, I. *Plotino el Alma, la belleza y la contemplación*. 3ª ed. Buenos Aires: Ediciones Depalma.

Rankin, David I. (2006). *From Clement to Origen. The Social and Historical Context of the Church Fathers*. Gran Bretaña: Routledge.

Ravasi, G. (1999). *Qohélet*. Bogotá: San Pablo.

Robinson, J. (1988). *The Nag Hammadi Library*. USA: HarperCollins.

Rodríguez Torné, I. (2010). *Libro de Proverbios: tres textos, tres lecturas*. España: Tesis doctoral de la Universidad Complutense de Madrid.

Runia, D. (1995). *Philo and the Church Fathers*. USA: E. J. Brill.

Salles, R. (2006). *Los estoicos y el problema de la libertad*. Instituto de Investigaciones Filosóficas. México: Universidad Nacional Autónoma de México.

Schökel, L. A., Zurro, E. y Valverde, J. M. (1974). *Sabiduría: Los Libros Sagrados*. Madrid: Ediciones Cristiandad.

Stace, W. T. (1967). *A Critical History of Greek Philosophy*. New York: Macmillan.

Támez, Elsa. (1998). *Cuando los horizontes se cierran. Relectura del libro de Eclesiastés o Qohélet*. San José de Costa Rica: Edit. Departamento Ecuménico de Investigaciones.

Thackeray, M. A. (2003). *The letter of Aristeas*. USA: Wipf and Stock Publishers.

Triviño, J. M. (1976). *Introducción a Obras completas de Filón de Alejandría*. Tomo I-V. Buenos Aires: Acervo Cultural Editores.

Vallejo, I. (2021-28 ed.). *El infinito en un junco*. España: Siruela. Biblioteca de Ensayo.

Vara, J. (Editor) (2012, 9 ed.). *Epicuro. Obras completas*. Madrid: Ediciones Cátedra.

Williams, R. (2010). *Arrio: herejía y tradición*. Salamanca: Ediciones Sígueme.

Wentworth DeWitt, N. (1964). Epicurus, and his philosophy. USA: University of Minnesota Press.

Whybry, R. N. (1994). *The composition of the book of Proverbs*. JSOTS 168. Inglaterra: Sheffield Academic Press.

Zeller, E. (1955). *Outlines of the history of greek Philosophy*. Inglaterra: Meridian Books.

Artículos especializados

Alarcón Sainz, J. J. (2002). «Tárgum: las versiones arameas de la Biblia griega». *'Ilu*. Universidad Complutense de Madrid.

Álvarez Váldes, A. (1998). «La difícil historia del padre Lagrange». *Revista Criterio*. Núm. 2220.

Armenteros, V. (2011). «Middot en Tanjb a Génesis. Reglas del método histórico– gramatical en la hermenéutica del judaísmo antiguo». *DL*. X. Núm. 1.

Auwers, J. M. (1999). «La 'Bible d'Alexandrie'. Note sur l'esprit d'une entreprise en cours». *RTL*. T. 30.

Barton, G. (1898). «The composition of the book of Daniel». *JBL*. Vol. 17. Núm. 1.

Bell, H. I. (1941). «Anti-Semitism in Alexandria». *JORS*. Vol. 31.

Bermejo Rubio, F. (2007). «Factores cristianos en el maniqueísmo: *status quaestionis (Christiano - Manichaica* i)». *RCatT*. Cataluña. XXXII/1.

Bobichon, P. (2003). «Persécutions, calomnies, "Birkat ha-minim" et émissaires juifs de propagande antichrétienne dans les écrits de Justin Martyr», en *Revue des études juives* 162.

Boeri, M. (2014). «Determinismo, responsabilidad y acción en el estoicismo». *Sobre responsabilidade*. Brasil: Edit. Dissertatio.

Borges, J. L. (1997). «Dos maneras de traducir». *Textos Recobrados*. Buenos Aires: Emecé.

Bostock, G. (March 1987). «Allegory and the interpretation of the Bible in Origen» *JLT*. Vol. 1.

Botta, A. (2011). «Aspectos de la vida cotidiana en la colonia judía de Elefantina». *Antiguo Oriente: Cuadernos*. Centro de Estudios de Historia del Antiguo Oriente. Vol. 9.

Braicovich, R. (2014). «Moderación y ascetismo en Séneca, Musonio y Epicteto» *PFN*. N. 39. Julio–diciembre. Colombia.

Busto, J. R. (1990). «El texto luciánico en el marco del pluralismo textual. Estado de la cuestión y perspectivas». *EE*. España.

Calduch-Benages, N. (1997). «Ben Sira y el canon de las Escrituras». *Gregorianum*. Vol. 78. Núm. 2.

Cadbury, Henry J. (1929). «Egyptian Influence in the Book of Proverbs». *TJR*. Vol. 9. Núm. 1.

Ciner, P. (Ene.- junio, 2013). «Orígenes de Alejandría y el paradigma de la espiritualidad del desierto». *Scientiarum*. Maringá. V. 35. Núm. 1.

Cortes Campos, A. (Jul-dic. 2019). «Teología y ciencias sociales: el aporte de Juan Luis segundo». *Rev. Rupturas 9* (2), Costa Rica.

Casadesús Bordoy, E. (Mayo–junio. 2016). «Liberar el alma del cuerpo-prisión: la f unción de la verdadera filosofía». *Archai*. Núm. 17.

Courcelle, P. (1966). «Le corps-Tombeau». *REA*. Tomo 68. Núm. 1-2.

Daza y García. (2020). «Maimónides y su racionalismo religioso en clave aristotélica: Un intento de armonización». *RCEM*. Núm. 17.

Decharneux, B. (1990). «Mantique et oracles dans l'œuvre de Philon d'Alexandrie». *RIPR*. Vol. 3.

Del Valle, C. (1975). «Aproximaciones del método alegórico de Filón de Alejandría». *Helmantica. Revista de filología clásica y hebrea*. Universidad Pontificia de Salamanca. Tomo 26, N. 79-81. España.

Druille, P. (2008). «Clemente de Alejandría. El Protréptico». *Revista Circe 20*.

———. y Asade, D. (23/2 julio. 2019). «Filón de Alejandría y la embajada a Gayo en el Chronicon Syriacum e Historia Dynasticarum de Bar Hebraeus. Transmisión, texto y traducción». *Circe de clásicos modernos*. Argentina.

Domínguez Monedero, A. (2013). «Alejandro vs. Darío: de guerra de represalia a la conquista de Asia». En *Enemistades peligrosas. Encuentros y desencuentros del mundo antiguo*. Sociedad Española de Estudios Clásicos. España.

Domínguez del Triunfo, H. (2011). «El carácter del gobierno del reino Hasmoneo: entre la tradición y el helenismo». *ETF*. Serie II, Historia Antigua. Tomo 24. Madrid.

Doran, Robert. (2006). «The Revolt of the Maccabees». *The National Interest*. Núm. 85.

Doré, D. (2003). *Libro de la sabiduría de Salomón*. España: Edit. Verbo Divino.

———. (2006). «El libro de Judit o La guerra de la fe». *Cuaderno Bíblico 132*. Verbo Divino.

Dussel, E. (1987). «El paradigma del Éxodo en la Teología de la Liberación». *Concilium*. Edit. Verbo Divino. N. 209.

Elia, Ricardo, H. (2013). «El incendio de la biblioteca de Alejandría por los árabes: una historia falsificada». *βyzαντιον nea hellás*. N. 32.

Estrugas Mora, G. (Dic. 2005). «La biblioteca de Alejandría». *Abendua*. España.

Fernández Marcos, N. (2010). «El judaísmo helenístico y la biblioteca de Alejandría». *Razón y fe*.

Fernández, S. (2004). «El *Discurso verídico* de Celso contra los cristianos. Críticas de un pagano del siglo II a la credibilidad del cristianismo». *Teología y Biblia*. Vol. XLV, Pontificia Universidad Católica de Chile.

Fernández, C. (1995). «La biblioteca de Alejandría. Pasado y futuro». *Revista general de información y documentación*. Vol. 5. Universidad Complutense. Madrid.

Fox, M.V. (2007). «The Epistemology of the Book of Proverbs». *JBL*. Vol. 126. Núm. 4.

Gagnebin, C. (1964). «La pensée de Plotin, une philosophie de la vie spirituelle». *RTEDP*. Vol. 14. Núm. 2.

Gafford, J. A. (2015). «Life and conversion of Augustine of Hippo». *Tenor of our times*. Vol. 4. Issue 4.

Jaume, A. L. (2013). «La teleología aristotélica como una inferencia a la mejor explicación: un análisis epistemológico del principio de finalidad en el libro II de la *física* de Aristóteles». *Agora*. Vol. 32/2.

Jiménez de Aragón Sierra, P. (2019). «Helenización del judaísmo y judaización del helenismo». *Tras los pasos de Momigliano*. Barcelona: Ediciones Bellaterra.

Johansen, T. (2001). «Body, soul and tripartition in Plato's Timaeus». *Oxford studies in ancient philosophy*. Clarendon Press. Vol. XIX. Inglaterra.

Joosten, J. (2007). «The Original Language and Historical Milieu of the Book of Judith». *Meghillot: Studies in the Dead Sea Scrolls*. Vol. 1.

Klein, D. (2013). «Rabbi Ishmael, Meet Jaimini: The Thirteen Middot of Interpretation in Light of Comparative Law». *Hakirá*.16.

Kraley, S. (1990). «Neoplatonic Influences in Augustine's Confessions». *Anthos*. Vol. 1. Núm. 1.

Kruger, R. (2019). «Daniel 14: Un pintoresco desenmascaramiento de la fraudulenta religión politeísta imperial». *RIBLA*. Vol. 79. Núm. 1.

Lebreton, J. (1976). «La escuela cristiana de Alejandría antes de Orígenes», en A. Fliche y V. Martin (editores), *Historia de la Iglesia*, vol. II, Edicep, D. L. Valencia. P. 312.

Lillo Botella, C. (2014). «Los judíos y el judaísmo en la obra de Clemente de Alejandría». *Antigüedad in progres… Actas del primer congreso internacional de jóvenes investigadores del mundo antiguo*. Universidad de Murcia. España.

López Férez, J. A. (2009). «Filón de Alejandría: obra y pensamiento. Una lectura filológica». *Synthesis*. Vol. 16. Argentina.

López Kindler, A. (2013). «Constantino y el arrianismo». *ADHI*. Vol. 22.

Macatangay, F. M. (2013). «Μισθός and Irony in the Book of Tobit». *Biblica*, Vol. 94. Núm. 4.

Martínez, A. (2019). «Sigue sus huellas y busca: la sapiencia según las memorias de Jesús, el hijo de Sirá.» *RIBLA* 79 (1). Costa Rica.

Martínez, J. (1991). «Logos estoico y verbum cristiano. Apuntes para una historia de la Razón» *ASM*. Universidad Complutense de Madrid. N. 25.

Mathieu, B. (1987). «Le voyage de Platon en Égypte». *Annales du Service des Antiquités de l'Égypte* (ASAE). Núm. 71.

Memory, J. (17. Junio. 2001). «Lorenzo Lucena Pedrosa (1807-1881) Recuperando una figura señera de la segunda reforma española». *ADHC*.

Ménard. E. J. (1968). « Les origines de la gnose». *RDSR*. Vol. 42 – 1.

Merino, M. (2008/3). «Clemente de Alejandría, un filósofo cristiano» *Scripta Theologica*. Universidad de Navarra. España.

Mimouni, S. C. (1997). «La "Birkat ha-minim"; une prière juive contre les judéo- chrétiens», en *Revue des sciences religieuses*, 71.

Molteni, A. (2018). «El Verbo se hizo fantasma. La cristología docetista en el *Adversus Marcionem* de Tertuliano». *PLURA. RER*. Vol. 9. Núm. 2.

Montserrat i Torrents, J. (1981). «El platonismo de la doctrina valentiniana de las tres hipóstasis». *Enrahonar*. Cuadernos de Filosofía. Núm. 1.

Moore, Carey A. (1974). «Toward the dating of the book of Baruch». *The Catholic Biblical Quarterly*, Vol. 36. Núm. 3.

Muñoz León, D. (1998/2). «Principios básicos de la exégesis rabínica». *Revista Bíblica*. Año 60. Argentina.

Murillo, I. (2015). «El Uno (Primer Dios) de Plotino y el Dios de San Agustín». *CSF*. Suplemento 1, Vol. Núm. 42.

Naddaf, G. (2007). «La alegoría. Orígenes y desarrollo de la filosofía desde los presocráticos hasta la Ilustración». *Arete*. Vol. XIX. Núm. 1.

Núñez, M. A. (1997). «El concepto verdad en sus dimensiones griega y hebrea». *Andrew University Press.* Vol. 35. Núm. 1.

Olguín, M. V., Taverini, L. M., Gómez, A. E. (2015). «Métodos en el estudio del pensamiento analógico: tradiciones y nuevas perspectivas» Perspectivas *metodológicas.* Vol. 15. Núm. 16.

Parker, V. (2013). «The date of the material in 'II Maccabees': the bureaucratic evidence». *Hermes.* Vol. 141. Núm. 1.

Pearson, B. A. (1986). «Christians and Jews in First-Century Alexandria». *HTR.* 79, Núm. 1.

Philonenko, M. (1996). «L'origine essénienne du livre de Judith». Comptes rendus des séances de l'Académie des Inscriptions et Belles-Lettres. Núm. 4.

Portulas, J. (2007). «La carta de Aristeas a Falócratas». *Revista de la Historia de la Traducción.* Núm. 1. Universidad de Barcelona. España.

Quispel, G. (1996). «The Original Doctrine of Valentinus the Gnostic». *Vigiliae Christianae.* Vol. 50. Núm. 4.

Reese, James. (June. 90 [2] 1971). «Hellenistic Influence on the Book of Wisdom and Its Consequences». JBL.

Reymond, Eric D. (2015). «New Hebrew text of Ben Sira chapter 1 in MS a (t-s 12.863)». *RDQ.* Vol. 27. Núm. 1 (105).

Rivas, L. H. (2000/1). «La cuestión bíblica desde León XIII hasta Pío XI». *Teología.* Núm. 75.

———. (2018). «Las tradiciones rabínicas y la interpretación del Nuevo Testamento». *Cuestiones Teológicas.* Vol. 45. Núm. 103. Bogotá.

Rodríguez, I. (1960). «La cultura griega en San Pablo». *Helmántica.* Universidad Pontificia de Salamanca.

Ropero, A. (2021). «Contribución de los judeo–helenistas al cristianismo primitivo». *Biblia y Teología Hoy.* Viladecavalls, España: CLIE.

Rosenbaum, S. E. (1996). «Epicurean Moral Theory». *HPQ.* Vol. 13. Núm. 4.

Ruíz Larrea, I. (2013). «La sabiduría de Ben Sirá. El Eclesiástico y la libertad en la responsabilidad». *Textos del Judaísmo.* Máster en Ciencias de las Religiones. Universidad Complutense de Madrid. España.

Ruz Saldívar, C. (Febrero. 2013). «Jánuca el enfrentamiento entre el helenismo y el judaísmo». *RHCS.*

Sagaspe, F. (2 [4] 2018). «Las diferencias entre las escuelas de Alejandría y Antioquía». *Persona.* Buenos Aires.

Sánchez Castelblanco, W. G. (2015). «El influjo helenista en Sabiduría 16:5-14». *Franciscanum* 163, Vol. LVII.

Sanz Valdivieso, R. (Enero–diciembre, 2002). «Adriano el monje y la tradición antioqueña». *Carthaginensia*. Vol. XVIII. Instituto Teológico de Murcia. Universidad de Murcia. España.

Schellenberg, R. (2011). «Suspense, Simultaneity, and Divine Providence in the Book of Tobit». *JBL*. Vol. 130. Núm. 2.

Schliesser, B. (2021). «¿Why Did Paul Skip Alexandria? Paul's Missionary Strategy and the Rise of Christianity in Alexandria». *NTS*. Cambridge University Press.

Segundo, J. L. (Junio. 1986). «Opción por los pobres como clave hermenéutica para entender el Evangelio». *Sal Terrae*. Vol. 74.

Shotwell, J. (1920). «Christianity and History. Allegory and contribution of Origen». *JOP*. Vol. 17. Núm. 5.

Simpson, D. C. (1913). «The chief recensions of the book of Tobit». *JTS*. Vol. 14. Núm. 56.

Sol Jimenez, E. (2016). «El gnosticismo y sus rituales. una introducción general». *Antesteria*. Núm. 5.

Solmsen, F. (1983). «Plato and the Concept of the Soul (Psyche): Some Historical Perspectives». *JHI*. Vol. 44. Núm. 3.

Souvirón Morenilla, J. M. (2017). «Hegel y la teología liberal: la escuela de Tubinga». *Proyección* LXIV.

Starobinski-Safran, E. (1987). «La communauté juive d'Alexandrie à l'époque de Philo». *Alexandrina*. Mélanges offerts à Claude Mondésert S. J. París.

Thomas, J. D. (1972). «The Greek Text of Tobit». *JBL*. Vol. 91. Núm. 4.

Tomlin, G. (1998). «Christians and Epicureans in 1 Corinthians». *JSNT*. Vol. 20. Issue 68.

Torrey, C. (1915). «A new era in the history of the apocrypha». *The Monist*. Oxford University Press. Vol. 25. Núm. 2.

Vasiliu, Anca. (2020). «L'exégèse philosophique chez Philon d'Alexandrie. Étude d'une image», *RSPT*. Vol. 104. Núm. 1.

Vergara, F. (1988). «La Paideia griega». *RTX*. 11-12.

Vílchez Lindez, J. (1981). «El binomio justicia-injusticia en el libro de la Sabiduría»: *Cuadernos Bíblicos*. Núm. 7.

Weisman, F. (1995). «Los orígenes del pelagianismo». *Oriente – Occidente*. Vol. 12. Núm. 2.

Wilcken, U. (Oct. 1904). «Jews and Antisemites in Ancient Alexandria». AJOT. Vol. 8. Núm. 4.

Zaldívar, R. (2021). «Teología Hoy: Tres momentos que marcan un antes y un después». BYTH. Vol. 1. Núm. 1.

Zúñiga, H. J. (2017). «Qohélet sabiduría irreverente. Acercamientos históricos, culturales y filosóficos». *Aportes Bíblicos*. Núm. 25. San José de Costa Rica.

Otros libros

Aalders, G. C. (1948). *The problem with the book of Jonah*. USA: The Tyndale Press.

Almeida, J. (2012). «Crítica Textual en el libro de Ester: un estudio sobre los textos "M", "T", "S", "G", "L" y "V"». Tesis doctoral. España: Universidad de Barcelona.

Antolín Sánchez, J. (2000). *Influencias éticas y sociopolíticas del epicureísmo en el cristianismo primitivo*. Tesis doctoral. España: Universidad de Valladolid.

Applebaum, A. (1974). «The Legal Status of the Jewish Communities in the Diaspora», S. Safrai (ed.). *The Jewish People in the First Century*. USA: Fortress Press.

Bazylinski, J. (2006). *Guía para investigación bíblica. Notas introductorias*. Pamplona: Edit. Verbo Divino.

Berlin, A., y Paul J. Kosmin, eds. (2021). *The Middle Maccabees: Archaeology, History, and the Rise of the Hasmonean Kingdom*. USA: The Society of Biblical Literature.

Bewer, J. (1945). *The Literature of the Old Testament*. revised edition. New York: Columbia UP.

Calvino J. (2008). *La predestinación y la providencia de Dios*. Costa Rica: Edit. Clir.

Cazeaux, J. (2019). «Être juif et parler grec: l'allégorie de Philon». En el libro *'Juifs et chrétiens: un vis-à-vis permanent'*. Bruxelles : Presses de l'Université Saint-Louis.

Chuva, J. D. (2021). «Las reglas de Hillel y su influencia en el pensamiento paulino». *Tesis*. Colombia: Pontificia Universidad Javeriana.

Cliffs Notes. (1973). *Mythology*. USA: C. K. Hillegass.

Copi, I, Cohen, C. (2007). *Introducción a la lógica*. México: Noriega Editores.

Crouzel, H. (1998). *Orígenes, un teólogo controvertido*. Madrid: BAC.

Dodds, E. R. (1975). *Paganos y cristianos en una época de angustia*. Madrid: Ediciones Cristiandad.

Dorivel, G. (1999). «Les débuts du christianisme à Alexandrie». Une mégapole cosmopolite. Actes du 9ème colloque de la Villa Kérylos à

Beaulieu-sur-Mer les 2 & 3 octobre 1998. París: Académie des Inscriptions et Belles-Lettres.

Enelow, H. G. (Ed.). (1933). *Las treinta y tres reglas de interpretación según el texto de la Misná de Rabí Eliezer*. New York: Bloch.

Filón de Alejandría. *Contra Flaco. Traducción de Lluís Rovira Masnou*. (2019). España: Ediciones de la Tempestad.

Fiska Hagg, H. (2006). *Clement of Alexandria beginnings of Christian apophaticism*. Inglaterra: Oxford University Press.

Goldstein, J. (2020). «The Apocryphal book of Baruch». en *Semites, Iranians, Greeks, and Romans: Studies in their Interactions*. USA: Brown Judaic Studies.

Gundry, R. (3ª Edition. 1994). *A survey to the New Testament*. USA: Zondervan Publishing House.

Grant, R. y Freedman, D. (1960). *The secret sayings of Jesus*. USA: Barnes & Noble Books.

Hadas, M. (2006). *Greek Drama*. USA: Bantam Classic.

Hirschberger, J. (Décima Ed. 1982). *Breve historia de la Filosofía*. España: Edit. Herder.

Honigman, S. (2014). *Tales of High Priests and Taxes: The Books of the Maccabees and the Judean Rebellion against Antiochus IV*. 1st ed. USA: University of California Press.

Johansen, K. (1991). *A History of Ancient Philosophy. From the beginnings to Augustin*. Gran Bretaña: Routledge.

Kasser, R. y otros. (2006). *The gospel of Judas*. USA: National Geographic.

Käseman, E. (1978). *Ensayos exegéticos*. Salamanca: Sígueme.

Kruger, R., Croatto, S., Míguez, Néstor. (1996). *Métodos exegéticos.* Buenos Aires, Argentina: Instituto Superior Evangélico de Estudios Teológicos.

Marías, J. (1985). *Introducción a la filosofía*. Madrid: Edit. Alianza.

Marrou, H. I. (1948). *Histoire de l'éducation dans l'Antiquité*. París: Éditions du Seuil.

Martínez, J. (1984). *Hermenéutica Bíblica*. Viladecavalls, España: CLIE.

Martínez Saíz, T. (1995). *Melkita de Rabí Ismael*. España: Edit. Verbo Divino.

Meyer, M. W. (1986). *The secret teachings of Jesus. Four gnostic gospels*. New York: Vintage Books.

Moll, S. (2014). *Marción el primer hereje*. Salamanca: Ediciones Sígueme.

Moreno Pampliega, J. (2007). «El concepto de verdad en la polémica de Orígenes con Celso». *Tesis doctoral*. España: Universidad Nacional de Educación a Distancia UNED.

Moreno, P. (2010). *Por momentos hacia atrás... por momentos hacia adelante. Una historia del protestantismo en Colombia 1825-1945.* Cali: Edit. Bonaventuriana.

Øistein Endsjø, D. (2009). *Greek Resurrection Beliefs and the Success of Christianity.* USA: Palgrave Macmillan.

Pagán, S. (2012). *Introducción a la Biblia hebrea.* Viladecavalls, España: CLIE.

Pfeiffer, J. (1941). *Introduction to the Old Testament.* New York-Londres: Harper & Bros.

Platón. *Diálogos de Platón.* Estudio preliminar de Francisco Larroyo. (1978). México: Editorial Porrúa.

Pouderon, B. y Doré, J. (1998). *Les Apologistes Chrétien et la Culture Grecque.* París: Beauchesne.

Ropero, A. (1999). *Introducción a la Filosofía.* Viladecavalls, España: CLIE.

———. (2010). *Mártires y perseguidores.* Viladecavall, España: CLIE.

———. (2017). *Obras escogidas de Clemente de Alejandría.* Viladecavalls, España: CLIE.

———. (2018). *Obras escogidas de Orígenes.* Viladecavalls, España: CLIE.

Robin, L. (Ed. 1996). *Greek Thought and the origins of the scientific spirit.* Gran Bretaña: Routledge.

Schwartz, D. R. (2014). *Judeans and jews: four faces of dichotomy in ancient Jewish history.* Canadá: University of Toronto Press.

Shapira, H. (2007). «The schools of Hillel and Shammai». *Jewish Law Annual.* Edited by Berachyahu Lifshitz. Vol. 17.

Stephen, B. (2007). *The eight pillars of the greek wisdom.* USA: Fall River Press.

Soulier, H. (1876). *La doctrine du logos chez Philon d'Alexandrie.* Turin: Vicent Bona.

Tarn, W. (1979). *Alexander the great.* Londres: Cambridge University Press.

Traina, R. (Ed. 2022). *Methodical Bible Study.* USA: Zondervan Academic.

Valera, J. (1870). *Introducción a la historia de las religiones politeístas.* Madrid: Establecimiento Tipográfico Estrada.

Vásquez Allegue, J. (2004). *La pontificia Comisión Bíblica de León XIII.* Bibliotheca Salmanticensis. España: Universidad Pontificia de Salamanca.

Yee, Gale A., et al., edit. (2016). *The Apocrypha: Fortress Commentary on the Bible Study Edition.* USA: Fortress Press

Zaldívar, R. (2017). *A los Romanos: una carta de ayer para el mundo de hoy.* Honduras: Edit. Universidad para Líderes.

———. (2016). *Técnicas de análisis e investigación de la Biblia.* Viladecavalls, España: CLIE.

———. (2020). *Fuentes que dieron origen al Nuevo Testamento.* Viladecavalls, España: CLIE.

Páginas web

1. Citas del presidente Mao Tse Tung. (Ed. 1977). *Frase pronunciada en discurso de 1938 sobre la guerra prolongada.* https://www.memoria politicademexico.org/Textos/6Revolucion/IM/1964-Mao-Citas-Rojo.pdf. Consultada el 20 de julio de 2022.

2. Vavroušová, P. «La traducción e interpretación en la historia cultural de Hispanoamérica». https://www.researchgate.net/publication/342919548_Traduccion_e_interpretacion_en_la_historia_cultural_de_Hispanoamerica. Visto el 30 de julio, 2022.

3. Carta Encíclica *Providentissimus Deus* del sumo pontífice León XIII sobre los estudios bíblicos. Véase https://www.vatican.va/content/leo-xiii/es/encyclicals/documents/hf_l-xiii_enc_18111893_pro videntissimus-deus.html. Visto el 3 de agosto del 2022.

4. Véase Carta encíclica *Divino Afflante Spiritu* del sumo pontífice pío XII sobre los estudios bíblicos. https://www.vatican.va/content/pius-xii/es/encyclicals/documents/hf_p-xii_enc_30091943_divino-afflante-spiritu.html.

5. Billy Graham. *Samaritan Purse International Relief.* https://www.samaritanspurse.org/es/media/bio-billy-graham/. Visto el 18 de septiembre del año 2022.

6. Carta de Orígenes a San Gregorio de Taumaturgo. https://www.eltestigofiel.org/index.php?idu=pa_12800. Visto el 28 de septiembre de 2022.

7. San Alejandro de Alejandría, Obispo. https://www.eltestigofiel.org/index.php?idu=sn_693. Visto el 28 de septiembre del 2022.

8. *Atanasio: el teólogo que defendió la divinidad de Cristo.* https://bite project.com/atanasio/ Visto el 29 de septiembre del 2022.

9. Plotino en la Enciclopedia Herder https://encyclopaedia.herdereditorial.com/wiki/Autor:Plotino. Visto el 30 de septiembre del 2022.

10. La gracia de Jesucristo y el pecado original. https://www.august inus.it/spagnolo/grazia_cristo/index2.htm. Visto el 2 de octubre del 2022.

11. *Epístola de Flora a Ptolomeo.* En Escritos del cristianismo primitivo. *https://escritosdelcristianismoprimitivo.com/Epistola-a-Flora-de-Ptolomeo/.* Visto el 5 de octubre del 2022.

12. Biblia Políglota Complutense https://biblioteca.ucm.es/historica/biblia-poliglota-complutense. Visto el 6 de octubre del 2022.

13. *Contra los académicos* en formato digital en la siguiente dirección: https://agustinos.ec/wp-content/uploads/2021/09/CONTRA-LOS-ACADEMICOS.pdf. Visto el 7 de octubre del 2022.

14. Soliloquios de San Agustín. https://www.augustinus.it/spagnolo/soliloqui/soliloqui_1.htm

15. Phillip J. Long. *Sirach and the Greeks*. https://readingacts.com/2017/02/04/sirach-and-the-greeks/. Visto el 23 de octubre del 2022.

16. López Guix, J. G. (2013). Biblia y traducción, ¿no te he escrito 30 máximas? *El Trujamán*. Centro Virtual Cervantes. https://cvc.cervantes.es/trujaman/anteriores/abril_13/17042013.htm. Visto el 13 de noviembre del 2022.

17. LibrodeEnoc.https://web.seducoahuila.gob.mx/biblioweb/upload/El_libro_de_Enoc.pdf. Visto el 13 de noviembre del 2022.

18. Jewish Virtual Library. Alexandria, Egypt. https://www.jewishvirtuallibrary.org/alexandria. Visto el 30 de noviembre del 2022.

19. Iglesia Ortodoxa Copta de Alejandría puede ser encontrado en su sitio web https://copticorthodox.church/en/. Visto el 30 de noviembre del 2022.

20. Gatell, I. «La guerra de las Biblias: un episodio casi olvidado de nuestra historia (parte III). Véase *Enlace Judío*. 3 de marzo 2017. https://www.enlacejudio.com/2017/03/03/la-guerra-las-biblias-episodio-casi-olvidado-nuestra-historia-parte-iii/. Visto el 29 de junio del 2023.